DEUTSCHE APHORISMEN

AUS DREI JAHRHUNDERTEN

Auswahl von Federico Hindermann
und Bernhard Heinser

MANESSE VERLAG
ZÜRICH

Die Deutsche Bibliothek – CIP-Einheitsaufnahme

Deutsche Aphorismen aus drei Jahrhunderten
Ausw. von Federico Hindermann und Bernhard Heinser
4. Aufl. – Zürich : Manesse Verlag, 1992
(Manesse Bibliothek der Weltliteratur)
ISBN 3-7175-1742-2 Gewebe
ISBN 3-7175-1743-0 Ldr.

NE: Hindermann, Federico [Hrsg.]

DEUTSCHE APHORISMEN

GEORG CHRISTOPH LICHTENBERG

(1742–1799)

Wenn ich bisweilen viel Kaffee getrunken hatte und daher über alles erschrak, so konnte ich ganz genau merken, daß ich eher erschrak, ehe ich den Krach hörte; wir hören also gleichsam noch mit andern Werkzeugen als mit den Ohren.

*

Das Maß des Wunderbaren sind wir; wenn wir ein allgemeines Maß suchten, so würde das Wunderbare wegfallen und würden alle Dinge gleich groß sein.

*

Es gibt Menschen, die sogar in ihren Worten und Ausdrücken etwas Eigenes haben (die meisten haben wenigstens etwas, das ihnen eigner ist), da doch Redensarten durch eine lange Mode so und nicht anders sind; solche Menschen sind allzeit einer Aufmerksamkeit würdig; es gehört viel Selbstgefühl und Unabhängigkeit der Seele dazu, bis man so weit kommt. Mancher fühlt neu, und sein Ausdruck, womit er dieses Gefühl andern deutlich machen will, ist alt.

JOCOSERIA

Wenn er seinen Verstand gebrauchen sollte, so war es ihm, als wenn jemand, der beständig seine rechte Hand gebraucht hat, etwas mit der linken tun soll.

*

Ich habe bemerkt, daß Personen, in deren Gesichtern ein gewisser Mangel von Symmetrie war, oft die feinsten Köpfe waren.

*

Jeder Mensch hat auch seine moralische backside, die er nicht ohne Not zeigt und die er solange als möglich mit den Hosen des guten Anstandes zudeckt.

*

Ich gehe zuweilen in acht Tagen nicht aus dem Hause und lebe sehr vergnügt; ein ebenso langer Hausarrest auf Befehl würde mich in eine Krankheit werfen. Wo Freiheit zu denken ist, da bewegt man sich mit einer Leichtigkeit in seinem Zirkel, wo Gedankenzwang ist, da kommen auch die erlaubten mit einer scheuen Miene hervor.

*

Wir wundern uns zuweilen über die indianischen Völker, die sich Briefe in Knoten schicken; unsere Buchstaben sind nichts als Knoten von Linien, welche, wie man aus der Schattierung erkennt, gewisse Bänder machen.

Man soll sehr gut schießen, wenn man etwas getrunken; sehet da die Verwandtschaft zwischen Schützenkunst und Poesie.

*

Dem Weisen ist nichts groß und nichts klein, zumal zu der Zeit, wenn er philosophiert, wo ich allemal voraussetze, daß es ihn weder hungert noch dürstet, noch daß er seine Dose vergessen hat, wenn er schnupft. Alsdann könnte er, glaube ich, Abhandlungen über Schlüssellöcher schreiben, die so wichtig klängen als ein Jus naturae und ebenso lehrreich wären. In den kleinen alltäglichen Pfennigs-Begebenheiten steckt das moralische Universale ebensogut als in den großen, wie die wenigen Adepten wohl wissen. In einem Regentropfen steckt so viel Gutes und Künstliches, daß man ihn auf einer Apotheke unter einem halben Gulden nicht lassen könnte.

*

Jedermann kennt das Vergnügen und die angenehme Sicherheit, mit welcher man in neuen Strümpfen ausgeht, wenn die vorhergehenden schon öfters geflickt worden und dennoch zuweilen die Aufmerksamkeit der Leute durch ein Loch auf sich gezogen haben.

*

Bei jeder Veränderung unseres Zustandes werden uns gewöhnlich eine Menge von Dingen bald zu weit und bald zu eng, kurz unbrauchbar. So wie wir ein Paar Hosen verwachsen, so verwachsen

wir Umgang, Bibliotheken, Grundsätze und dergleichen, zuweilen ehe sie abgenutzt sind, und zuweilen, welches der schlimmste Fall ist, ehe wir
neue haben.

*

Wer Unterricht geben will, von dem kann man mit
Recht verlangen, daß er alles in einem Ton sage,
der zu erkennen gibt, daß er auch im Fall der Not
welchen annehmen könne.

Seine Zweifel zu sagen, ist einem freigebornen
Menschen erlaubt, er darf mit seinen Meinungen
handeln.

*

Berthold Schwarz, der aller Wahrscheinlichkeit
nach der erste war, der sich die Finger mit Schieß-
pulver verbrannte, hat doch nun auch Leute gefunden, die ihm diese geringe Ehre streitig machen
wollen.

*

Es ist ein Fehler, den der bloß witzige Schriftsteller
mit dem ganz schlechten gemein hat, daß er gemeiniglich seinen Gegenstand eigentlich nicht erleuchtet, sondern ihn nur dazu braucht, sich selbst zu zeigen. Man lernt den Schriftsteller kennen und sonst
nichts. So hart es auch zuweilen widergehen sollte,
eine witzige Periode wegzulassen, so muß es doch
geschehen, wenn sie nicht notwendig aus der Sache
fließt. Diese Kreuzigung gewöhnt allmählich den
Witz an die Zügel, die ihm die Vernunft anlegen
muß, wenn sie beide zusammen mit Ehren auskommen sollen.

Zu leben, wenn man nicht will, ist abscheulich; aber noch entsetzlicher wäre es, unsterblich zu sein, wenn man nicht wollte.

*

Nun, Liebster, Ihre Hand. – – Ihren Mund – so, nächstens mehr. Leben Sie wohl.

*

Sie glauben oft, um ein schöner Geist zu sein, müsse man etwas liederlich leben und gleichsam das Genie mit verdorbenen Sitten fett machen.

*

Tue nicht allzu fein, damit nicht ein natürlich Feinerer zuweilen merkt, daß du wirklich so bist, wie du ihn gerne finden wolltest.

*

Es gibt eine Art Vögelchen, die in die dicksten hohlen Bäume Löcher hacken; sie trauen ihren Schnäbeln so viel Kraft zu, daß sie allemal nach jedem Hieb auf die entgegengesetzte Seite des Baumes gehen sollen, um zu sehen, ob der Streich nicht durch und durch gegangen sei.

*

Wer hört Entschuldigungen, wenn er Handlungen hören kann?

*

Die Regeln der Grammatik sind bloße Menschensatzungen, daher auch der Teufel selbst, wenn er aus besessenen Leuten geredet, schlecht Latein redet.

Es war ihm unmöglich, die Wörter nicht in dem Besitz ihrer Bedeutung zu stören.

*

Die Astronomie ist vielleicht diejenige Wissenschaft, worin das wenigste durch Zufall entdeckt worden ist, wo der menschliche Verstand in seiner ganzen Größe erscheint und wo der Mensch am besten kennenlernen kann, wie klein er ist.

*

Die kleinsten Unteroffiziere sind die stolzesten.

*

Als der brave Mann tot war, so trug dieser den Hut, der den Degen so wie er, der ließ sich so frisieren, jener ging wie er, aber der redliche Mann wie er wollte keiner mehr sein.

*

Man könnte ihn den Zaunkönig der Schriftsteller nennen.

*

Ich habe einmal in Stade eine Ruhe mit einem heimlichen Lächeln in dem Gesicht eines Kerls erblickt, der seine Schweine glücklich in eine Schwemme gebracht hatte, worein sie sonst ungern gingen, desgleichen ich nachher nie wieder gesehen habe.

Ich mag immer den Mann lieber, der so schreibt, daß es Mode werden kann, als den, der so schreibt, wie es Mode ist.

*

Große Leute fehlen auch, und manche darunter so oft, daß man fast in die Versuchung gerät, sie für kleine zu halten.

*

Wenn man nun einmal in der Welt anfangen wollte, das bloß Nötige zu tun, so müßten Millionen Hungers sterben.

*

Die Menschen können nicht sagen, wie sich eine Sache zugetragen, sondern nur, wie sie meinen, daß sie sich zugetragen hätte.

*

Manches an unserm Körper würde uns nicht so säuisch und unzüchtig vorkommen, wenn uns nicht der Adel im Kopf steckte.

*

Ein Grab ist doch immer die beste Befestigung wider die Stürme des Schicksals.

*

Sich in einen Ochsen verwandeln ist noch kein Selbstmord.

Es ist eine Bemerkung, die ich durch vielfältige Erfahrung bestätigt gefunden habe, daß unter Gelehrten diejenigen fast allezeit die verständigsten sind, die nebenher sich mit einer Kunst beschäftigen oder, wie man im Plattdeutschen sagt, klütern.

*

Hast du selbst gedacht, so wird deine Erfindung einer schon erfundenen Sache gewiß allemal das Zeichen des Eigentümlichen an sich tragen.

*

Wenn ich sage: halte deine Zähne rein und spüle den Mund alle Morgen aus, das wird nicht so leicht gehalten, als wenn ich sage: nehme die beiden Mittelfinger dazu, und zwar über das Kreuz. Des Menschen Hang zum Mystischen. Man nütze ihn.

*

Einige Ärzte wollen nun gar glauben, daß das menschliche Geschlecht die venerischen Krankheiten und andere den Satiren zuzuschreiben habe, die man auf die Ärzte gemacht hat.

*

Ob ein Mann, der schreibt, gut oder schlecht schreibt, ist gleich ausgemacht, ob aber einer, der nichts schreibt und stillesitzt, aus Vernunft oder aus Unwissenheit stillesitzt, kann kein Sterblicher ausmachen.

Daß der Mensch das edelste Geschöpf sei, läßt sich auch schon daraus abnehmen, daß es ihm noch kein anderes Geschöpf widersprochen hat.

*

Es läßt sich ohne sonderlich viel Witz so schreiben, daß ein anderer sehr vielen haben muß, es zu verstehen.

*

Einer unserer Voreltern muß in einem verbotenen Buch gelesen haben.

*

Man kann eine Sache wieder so sagen, wie sie schon ist gesagt worden, sie vom Menschenverstand weiter abbringen oder sie ihm nähern; das erste tut der seichte Kopf, das zweite der Enthusiast, das dritte der eigentliche Weltweise.

*

Wenn ein Buch und ein Kopf zusammenstoßen und es klingt hohl, ist das allemal im Buch?

*

Der Philosoph setzt sich oft über die Großen der Erde weg mit einem Gedanken; der Große setzt sich über sie weg und fühlt es.

*

Ich glaube kaum, daß es möglich sein wird zu erweisen, daß wir das Werk eines höchsten Wesens, und nicht vielmehr zum Zeitvertreib von einem sehr unvollkommenen sind zusammengesetzt worden.

Der Mann hatte so viel Verstand, daß er fast zu nichts mehr in der Welt zu gebrauchen war.

*

Es wäre ein Tier möglich, das seinen Körper nicht übersehen könnte, so wie unsre Seele sich nicht deutlich begreifen kann, ob sie gleich weiß, daß sie da ist.

*

Ich kann nicht leugnen, daß mir, als ich zum erstenmal sah, daß man nun in meinem Vaterland anfange zu wissen, was Wurzelzeichen sind, die klaren Freudentränen in die Augen gedrungen sind.

*

Da saß nun der große Mann und sah seinen jungen Katzen zu.

*

Da sie sahen, daß sie ihm keinen katholischen Kopf aufsetzen konnten, so schlugen sie ihm wenigstens seinen protestantischen ab.

*

Es ist nicht zu leugnen, daß das Wort *Nonsense,* wenn es mit gehöriger Nase und Stimme ausgesprochen wird, etwas hat, das selbst den Wörtern Chaos und Ewigkeit wenig oder nichts nachgibt. Man fühlt eine Erschütterung, die, wo mich meine Empfindung nicht betrügt, von einer fuga vacui des menschlichen Verstandes herrührt.

Er teilte des Sonntags Segen und oft schon des Montags Prügel aus.

*

Aristoteles hat angemerkt, daß unter allen Arten von Autoren die Dichter ihre Werke am liebsten haben.

*

Es ist ein großer Unterschied zwischen etwas *noch* glauben und es *wieder* glauben. *Noch* glauben, daß der Mond auf die Pflanzen wirke, verrät Dummheit und Aberglaube, aber es *wieder* glauben, zeugt von Philosophie und Nachdenken.

*

Ich bin eigentlich nach England gegangen, um deutsch schreiben zu lernen.

*

Es gibt Leute, die so fette Gesichter haben, daß sie unter dem Speck lachen können, daß der größte physiognomische Zaubrer nichts davon gewahr wird, da wir arme winddürre Geschöpfe, denen die Seele unmittelbar unter der Epidermis sitzt, immer die Sprache sprechen, worin man nicht lügen kann.

*

Um eine fremde Sprache recht gut sprechen zu lernen und wirklich in Gesellschaft zu sprechen mit dem eigentlichen Akzent des Volks, muß man nicht allein Gedächtnis und Ohr haben, sondern auch in gewissem Grad ein kleiner Geck sein.

Wenn die Menschen plötzlich tugendhaft würden, so müßten viele Tausende verhungern.

*

Ein Buch ist ein Spiegel; wenn ein Affe hineinguckt, so kann freilich kein Apostel heraussehen. Wir haben keine Worte, mit dem Dummen von Weisheit zu sprechen. Der ist schon weise, der den Weisen versteht.

*

Die Natur hat die Menschen durch die Brust verbunden, und die Professores hätten sie gerne mit dem Kopf zusammen.

*

Die große Regel: Wenn dein Bißchen an sich nichts Sonderbares ist, so sage es wenigstens ein bißchen sonderbar.

*

Ich erinnere mich deutlich, daß ich in meiner ersten Jugend einmal ein Kalb wollte apportieren lehren; allein ob ich gleich merkte, daß ich merklich in den nötigen Fertigkeiten zunahm, so verstunden wir uns einander alle Tage weniger, und ich ließ es endlich ganz und habe es nachher nie wieder versucht.

*

Es gibt Leute, die glauben, alles wäre vernünftig, was man mit einem ernsthaften Gesicht tut.

Ein guter Ausdruck ist so viel wert als ein guter Gedanke, weil es fast unmöglich ist, sich gut auszudrücken, ohne das Ausgedrückte von einer guten Seite zu zeigen.

*

Sobald man anfängt, alles in allem zu sehen, so wird man gemeiniglich dunkel im Ausdruck. Man fängt an, mit Engelszungen zu reden.

*

Die hitzigsten Verteidiger einer Wissenschaft, die nicht den geringsten scheelen Seitenblick auf dieselbe vertragen können, sind gemeiniglich solche Personen, die es nicht sehr weit in derselben gebracht haben und sich dieses Mangels heimlich bewußt sind.

*

Die unterhaltendste Fläche auf der Erde für uns ist die vom menschlichen Gesicht.

*

Ich habe Leute gekannt, die haben heimlich getrunken und sind öffentlich besoffen gewesen.

*

Die letzte Hand an sein Werk legen, das heißt es verbrennen.

Die Wälder werden immer kleiner, das Holz nimmt ab, was wollen wir anfangen? Oh, zu der Zeit, wenn die Wälder aufhören, können wir sicherlich so lange Bücher brennen, bis wieder neue aufgewachsen sind.

*

Was für einen Effekt würde es nicht auf mich haben, wenn ich einmal in einer ganz schwarz behangenen großen Stube, wo auch die Decke mit schwarzem Tuch beschlagen wäre, und bei schwarzen Fußteppichen, schwarzen Stühlen und schwarzem Kanapee, in einem schwarzen Kleide bei einigen wenigen Wachskerzen sitzen müßte und von schwarz gekleideten Leuten bedient würde?

*

Ich denke, wenn man etwas in die Luft bauen will, so sind es immer besser Schlösser als Kartenhäuser.

*

Zum Lärmmachen wählt man die kleinsten Leute, die Tambours.

*

Die Metapher ist weit klüger als ihr Verfasser, und so sind es viele Dinge. Alles hat seine Tiefen. Wer Augen hat, der sieht alles in allem.

*

Die Orakel haben nicht sowohl aufgehört zu reden, als vielmehr die Menschen ihnen zuzuhören.

Der Mensch kann sich Fertigkeiten erwerben und kann ein Tier werden, wo er will. Gott macht die Tiere, der Mensch macht sich selber.

*

Man findet Spuren aller Wissenschaften in den Sprachen und umgekehrt vieles in den Sprachen, das in den Wissenschaften nützen kann.

*

Ich kann nicht sagen, daß ich ihm feind gewesen wäre, aber auch nicht gut; es hat mir nie von ihm geträumt.

*

Alle Unparteilichkeit ist artifiziell. Der Mensch ist immer parteiisch und tut sehr recht daran. Selbst Unparteilichkeit ist parteiisch. Er war von der Partei der Unparteiischen.

*

Da, wo das Auge undeutlich sieht, ist schon eine Art von Tod; wo kein deutliches Bild ist, ist keine Vorstellung.

*

Es ist schade, daß es keine Sünde ist, Wasser zu trinken, rief ein Italiener, wie gut würde es schmecken.

*

Wenn wir die Aufmerksamkeit auf schwache Empfindungen vermehren lernen, so können sie uns den Dienst von starken tun.

Von dem, was der Mensch sein sollte, wissen auch die Besten nicht viel Zuverlässiges; von dem, was er ist, kann man aus jedem etwas lernen.

*

Es regnet allemal, wenn's Jahrmarkt ist oder wenn wir Wäsche trocknen wollen; was wir suchen, ist immer in der letzten Tasche, in die wir die Hand stecken.

*

Daß man solch närrisches Zeug träumt, wundert mich nicht; allein, daß man glaubt, man wäre es selbst, der so was täte und dächte, das wundert mich.

*

Kleine Fehler zu entdecken, ist seit jeher die Eigenschaft solcher Köpfe gewesen, die wenig oder gar nicht über die mittelmäßigen erhaben waren; die merklich erhabenen schweigen still oder sagen nur etwas gegen das Ganze, und die großen Geister schaffen nur, ohne zu tadeln.

*

Die Gebrechlichen haben oft Fertigkeiten, deren ein ordentlich gebauter Mensch, wo nicht unfähig, doch sie zu erlernen nicht entschlossen genug ist.

*

Wenn die feinen Weltleute fragen: Gott weiß warum? so ist es immer ein sicheres Zeichen, daß sie außer dem lieben Gott noch einen großen Mann kennen, der es auch weiß.

Wenn man einmal weiß, daß einer blind ist, so meint man, man könnte es ihm auch von hinten ansehen.

*

Der Trieb, unser Geschlecht fortzupflanzen, hat noch eine Menge anderes Zeug fortgepflanzt.

*

Ein physikalischer Versuch, der knallt, ist allemal mehr wert als ein stiller; man kann also den Himmel nicht genug bitten, daß, wenn er einen etwas will erfinden lassen, es etwas sein möge, das knallt; es schallt in die Ewigkeit.

*

Wenn du die Geschichte eines großen Verbrechers liesest, so danke immer, ehe du ihn verdammst, dem gütigen Himmel, der dich mit deinem ehrlichen Gesicht nicht an den Anfang einer solchen Reihe von Umständen gestellt hat.

*

Zur Aufweckung des in jedem Menschen schlafenden Systems ist das Schreiben vortrefflich, und jeder, der je geschrieben hat, wird gefunden haben, daß Schreiben immer etwas erweckt, was man vorher nicht deutlich erkannte, ob es gleich in uns lag.

*

Man muß die Kinder in einen Korb sperren, aber ihnen den Korb so angenehm machen als möglich, das heißt: wer ein großer Violinspieler werden soll, muß täglich acht Stunden geigen, von der Zeit an, da er eine Geige halten kann und so weiter. Das ist der Korb, aus dem er nicht darf, allein darin muß ihm alles sehr erleichtert werden.

*

Was man so sehr prächtig Sonnenstäubchen nennt, sind doch eigentlich Dreckstäubchen.

*

Es wäre ein denkendes Wesen möglich, dem das Zukünftige leichter zu sehen wäre als das Vergangene. Bei den Trieben der Insekten ist schon manches, das uns glauben machen muß, daß sie mehr durch das Künftige als das Vergangene geleitet werden. Hätten die Tiere ebensoviel Erinnerung des Vergangenen als Vorgefühl vom Künftigen, so wäre uns manches Insekt überlegen; so aber scheint die Stärke des Vorgefühls immer in umgekehrtem Verhältnis mit der Erinnerung an das Vergangene zu stehen.

*

Es gibt in Rücksicht auf den Körper gewiß wo nicht mehr, doch ebenso viele Kranke in der Einbildung als wirklich Kranke; in Rücksicht auf den Verstand ebensoviel, wo nicht sehr viel mehr Gesunde in der Einbildung als wirklich Gesunde.

*

Wenn auch das Gehen auf zwei Beinen dem Menschen nicht natürlich ist, so ist es doch gewiß eine Erfindung, die ihm Ehre macht.

Noch eine neue Religion einzuführen, die die Wirksamkeit der christlichen haben sollte, ist wohl unmöglich, deswegen bleibe man dabei und suche lieber daraufzutragen; und gewiß sind auch die Ausdrücke Christi so beschaffen, daß man, solange die Welt steht, das Beste wird hineintragen können.

*

Die Superklugheit ist eine der verächtlichsten Arten von Unklugheit.

*

Wer weniger hat, als er begehrt, muß wissen, daß er mehr hat, als er wert ist.

*

Die Leichenöffnungen können diejenigen Fehler nicht entdecken, die mit dem Tode aufhören.

*

Die Fliege, die nicht geklappt sein will, setzt sich am sichersten auf die Klappe selbst.

*

Keine Klasse von Stümpern wird von den Menschen mit größerer Nachsicht behandelt als die prophetischen.

*

Ich habe den Weg zur Wissenschaft gemacht wie Hunde, die mit ihren Herren spazieren gehen, hundertmal dasselbe vorwärts und rückwärts, und als ich ankam, war ich müde.

Die Gesundheit ansteckend.

*

In den Schriften berühmter Schriftsteller, aber mittelmäßiger Köpfe, findet man immer höchstens
das, was sie einem zeigen wollen, da in den
Schriften des systematischen Denkers, der alles mit
seinem Geiste umfaßt, man immer das Ganze sieht
und wie jedes zusammenhängt. Erstere suchen und
finden ihre Nadel bei dem Licht eines Schwefel-
hölzchens, das nur an der Stelle leuchtet und küm-
merlich, wo es sich befindet, da die andern ein
Licht anzünden, das sich über alles erstreckt.

*

Das, was man wahr empfindet, auch wahr auszudrücken, das heißt mit jenen kleinen Beglaubi-
gungszügen der Selbstempfindung, macht eigentlich den großen Schriftsteller; die gemeinen bedienen sich immer der Redensarten, die immer Kleider vom Trödelmarkt sind.

*

Der Dachdecker stärkt sich vielleicht durch ein
Morgengebet zu den größten Gefahren; das sind
glückliche Menschen, die das können; vielleicht
aber auch durch eine Dosis von gebranntem Kat-
zenhirn. O wenn man manchmal wüßte, was den
Leuten Mut gibt!

*

Der vollkommenste Affe kann keinen Affen zeich-
nen; auch das kann nur der Mensch, aber auch nur der
Mensch hält dieses zu können für einen Vorzug.

So wie man mit den Kinnladen nachhilft, wenn man mit einer schlechten Schere Papier schneidet oder wenn man sehr viele Blätter auf einmal schneiden will (ich habe dieses an meinem kleinen Jungen von fünf Jahren bemerkt), so gibt es vermutlich eine Menge Verrichtungen selbst des Geistes.

*

Sehr viele und vielleicht die meisten Menschen müssen, um etwas zu finden, erst wissen, daß es da ist.

*

Es gibt sehr viele Menschen, die unglücklicher sind als du. Gewährt zwar kein Dach, darunter zu wohnen; allein sich bei einem Schauer darunter zu retirieren, ist das Sätzchen gut genug.

*

Vom Wahrsagen läßt sich's wohl leben in der Welt, aber nicht vom Wahrheitsagen.

*

Mancher Schriftsteller, sobald er ein bißchen Beifall erhält, glaubt, alles von ihm interessiere die Welt. Der Schauspielschmierer Kotzebue hält sich sogar berechtigt, dem Publikum zu sagen, daß er seiner sterbenden Frau ein Klistier gesetzt habe.

*

S. tat selten Unrecht, aber was er tat gemeiniglich zur unrechten Zeit.

Ich sehe die Rezensionen als eine Art von Kinder-
krankheit an, die die neugebornen Bücher mehr
oder weniger befällt. Man hat Exempel, daß die ge-
sündesten daran sterben und die schwächlichen oft
durchkommen. Manche bekommen sie gar nicht.
Man hat häufig versucht, ihnen durch Amulette
von Vorrede und Dedikation vorzubeugen oder sie
gar durch eigene Urteile zu inokulieren; es hilft
aber nicht immer.

*

Rousseau hat, glaube ich, gesagt: ein Kind, das
bloß seine Eltern kennt, kennt auch die nicht recht.
Dieser Gedanke läßt sich auf viele andere Kenntnisse, ja auf alle anwenden, die nicht ganz reiner
Natur sind: wer nichts als Chemie versteht, versteht auch die nicht recht.

*

In dem freien Frankreich, wo man jetzt aufknüpfen
lassen kann, wen man will.

*

Die Welt jenseits der geschliffenen Gläser ist wichtiger als die jenseits der Meere und wird vielleicht
nur von der jenseits des Grabes übertroffen.

*

Eine goldne Regel: Man muß die Menschen nicht
nach ihren Meinungen beurteilen, sondern nach
dem, was diese Meinungen aus ihnen machen.

Die Allmacht Gottes im Donnerwetter wird nur bewundert entweder zur Zeit, da keines ist, oder hintendrein beim Abzuge.

*

Es gibt manche Leute, die nicht eher hören, bis man ihnen die Ohren abschneidet.

*

Ordnung führt zu allen Tugenden! Aber was führt zur Ordnung?

*

Es ist sonderbar, daß nur außerordentliche Menschen die Entdeckungen machen, die hernach so leicht und simpel scheinen; dieses setzt voraus, daß die simpelsten, aber wahren Verhältnisse der Dinge zu bemerken sehr tiefe Kenntnisse nötig sind.

*

Wenn man annähme, daß alle Vorstellungen der Menschen eine Art von Raserei wären, ein Toll-hauszustand, so muß doch ein Wesen sein, das diese Absicht hat; die Tollen sind abgerissene Fä-den bei dieser Spinnerei, die der Spule nicht folgen. In diesen findet man das Werk Gottes. Sie sind auch bei manchen Völkern heilig. Die Rasenden geben uns Aussichten in die Haushaltung des Ganzen, die uns nichts anderes gibt. Sie sind das gedrückte Auge, das elektrische Figuren und Sonnen und Drellmuster gibt.

Der Weisheit erster Schritt ist: alles anzuklagen, der letzte: sich mit allem zu vertragen.

*

Man wirft oft den Großen vor, daß sie sehr viel Gutes hätten tun können, das sie nicht getan haben. Sie könnten antworten: Bedenkt einmal das Böse, das wir hätten tun können und *nicht* getan haben.

*

Es macht allemal einen sonderbaren Eindruck auf mich, wenn ich einen großen Gelehrten oder sonst einen wichtigen und gesetzten Mann sehe, dabei zu denken, daß doch einmal eine Zeit war, da er den Maikäfern ein Liedchen sang, um sie zum Auffliegen zu ermuntern.

*

Selbst die sanftesten, bescheidensten und besten Mädchen sind immer sanfter, bescheidener und besser, wenn sie sich vor dem Spiegel schöner gefunden haben.

*

Das Populärmachen sollte immer so getrieben werden, daß man die Menschen damit heraufzöge. Wenn man sich herabläßt, so sollte man immer daran denken, auch die Menschen, zu denen man sich herabgelassen hat, ein wenig zu heben.

*

Die kleinen Mädchen haben ein Spiel, da sie sich schnell umdrehn und ihre Röckchen fliegen machen, alsdann schnell niederkauern und mit allen diesen Umständen ein bißchen Luft unter dem Röckchen fangen, das sich sehr bald verliert. Sich brüsten, um nichts zu fangen, ist oft ihr Geschäft auch in reifern Jahren und gerade mit demselben Fangapparat.

*

Es ist eine ganz bekannte Sache, daß die Viertel-*stündchen* größer sind als die Viertel*stunden*.

*

Wieviel in der Welt auf Vortrag ankommt, kann man schon daraus sehen, daß Kaffee, aus Weinglä-sern getrunken, ein sehr elendes Getränk ist, oder Fleisch bei Tische mit der Schere geschnitten, oder gar, wie ich einmal gesehen habe, Butterbrot mit einem alten, wiewohl sehr reinen Schermesser ge-schmiert.

*

Der Franzos ist ein sehr angenehmer Mann um die Zeit, wo er zum zweitenmal anfängt an Gott zu glauben.

*

Ich wollte einen Teil meines Lebens hingeben, wenn ich wüßte, was der mittlere Barometerstand im Paradiese gewesen ist.

*

Die großen Feldherren wollten wir gerne entbeh-ren, wenn wir nur dafür desto mehr große Stadt- und Landesherren bekämen.

Er leistete seiner Frau die eheliche Pflicht des Prah-
lens an jedem Abende. Er suchte ihr begreiflich zu
machen, daß er der erste Mann in der Stadt oder
wohl gar im Staate sei. Vertraulichkeit ist nirgends
größer als zwischen rechtschaffenen Eheleuten; sie
gründet sich zwischen rechtschaffenen Menschen
auf Aufopferung der Schamhaftigkeit in dem einzigen Falle der ehelichen Verhältnisse. Dieses vermehrt das Verbrechen des Ehebruchs gar sehr. Es
gibt der ehelichen Pflichten gewiß mehrere; dahin
gehört auch die für die Frau, daß sie schlechter-
dings den Beweis von dem Wert ihres Mannes dem
Manne selbst überläßt; ihm implicite glaubt, allenfalls nur mit gesundem Menschenverstand hier
und da moderiert. Des Mannes Pflicht ist, zu glauben, daß das Weib das treuste in der Welt sei, sobald sie es sagt. Ja, er muß sogar an Reservationes
nicht einmal glauben. Doch wird auch hier gesunde Vernunft, wo sie stattfindet, zu verbessern
und nachzuholen wissen. Seine Frau mußte ihm
alle Abende die eheliche Pflicht leisten, seine Prah-
lereien anzuhören.

*

Bei den meisten Menschen gründet sich der Un-
glaube in einer Sache auf blinden Glauben in einer
andern.

*

Ist es nicht sonderbar, daß die Menschen so gerne
für die Religion *fechten* und so ungerne nach ihren
Vorschriften *leben*?

Ich vergesse das meiste, was ich gelesen habe; nichtsdestoweniger aber trägt es zur Erhaltung meines Geistes bei.

*

Sollten es nicht die guten Menschen sein, die die Religion verehren –, anstatt daß die Religion die guten Menschen macht?

*

Wer in sich selbst verliebt ist, hat wenigstens bei seiner Liebe den Vorteil, daß er nicht viele Nebenbuhler erhalten wird.

*

Wovon das Herz *nicht* voll ist, davon geht der Mund über, habe ich öfters wahr gefunden als den entgegengesetzten Satz.

*

Wer recht nachahmen könnte, ahmt nicht leicht nach.

*

Das Wort *Gottesdienst* sollte verlegt und nicht mehr vom Kirchengehen, sondern bloß von guten Handlungen gebraucht werden.

*

Je größer der Mann ist, desto strafbarer ist er, wenn er Fehler anderer ausplaudert, die er erkennt. Wenn Gott die Heimlichkeiten der Menschen bekanntmachte, so könnte die Welt nicht bestehen. Es wäre, als wenn man die Gedanken anderer sehen könnte. Wohl dem Menschen, der keinen Ausplauderer hat, der ihm an Kenntnissen überlegen ist!

*

Es ist wirklich nichts abscheulicher, als wenn sich selbst zugezogene Strafgerichte noch einlaufen, nachdem man schon lange angefangen hat sich zu bessern.

*

Keine Leute sind eingebildeter als die Beschreiber ihrer Empfindungen, zumal wenn sie dabei etwas Prosa zu kommandieren haben.

*

Ich kenne die Miene der affektierten Aufmerksamkeit, es ist der niedrigste Grad von Zerstreuung.

*

Es ist sonderbar, daß diejenigen Leute, die das Geld am liebsten haben und am besten zu Rate halten, gerne im Diminutivo davon sprechen. «Da kann ich doch meine sechshundert *Tälerchen* dabei verdienen» – «ein hübsches *Sümmchen*!» – Wer so sagt, schenkt nicht leicht ein halbes Tälerchen weg.

*

Wenn die Menschen sagen, sie wollen nichts geschenkt haben, so ist es gemeiniglich ein Zeichen, daß sie etwas geschenkt haben wollen.

Die Dienstmädchen küssen die Kinder und schütteln sie mit Heftigkeit, wenn sie von einer Manns-
person beobachtet werden; hingegen präsentieren
sie sie in der Stille, wenn Frauenzimmer auf sie
sehen.

*

Wie glücklich würde mancher leben, wenn er sich
um anderer Leute Sachen so wenig bekümmerte
als um seine eigenen.

*

Jedes Gebrechen im menschlichen Körper erweckt
bei dem, der darunter leidet, ein Bemühen, zu
zeigen, daß es ihn nicht drückt: der Taube will
gut hören, der Klumpfuß über rauhe Wege zu Fuß
gehen, der Schwache seine Stärke zeigen und so
weiter.

*

Der Mensch ist der größten Werke alsdann fähig,
wenn seine Geisteskräfte schon wieder abnehmen,
so wie es im Julius und um zwei Uhr des Nachmit-
tags, da die Sonne schon wieder zurückweicht und
sinkt, heißer ist, als im Junius und um zwölf Uhr.

*

Ein Mädchen, das sich seinem Freund nach Leib
und Seele entdeckt, entdeckt die Heimlichkeiten
des ganzen weiblichen Geschlechts; ein jedes Mädchen ist die Verwalterin der weiblichen Mysterien.
Es gibt Stellen, wo Bauernmädchen aussehen wie
die Königinnen, das gilt von Leib und Seele.

Wer sagt, er hasse alle Arten von Schmeicheleien, und es im Ernst sagt, der hat gewiß noch nicht alle Arten kennengelernt, teils der Materie, teils der Form nach.

*

Wenn man selbst anfängt, alt zu werden, so hält man andere von gleichem Alter für jünger, als man in früheren Jahren Leute von ebendem Alter hielt.

*

Wird man wohl vor Scham rot im Dunkeln? Daß man vor Schrecken im Dunkeln bleich wird, glaube ich, aber das erstere nicht. Denn bleich wird man seiner selbst, rot seiner selbst und anderer wegen. – Die Frage, ob Frauenzimmer im Dunkeln rot werden, ist eine sehr schwere Frage; wenigstens eine, die sich nicht bei Licht ausmachen läßt.

*

Auch selbst den weisesten unter den Menschen sind die Leute, die Geld bringen, mehr willkommen als die, die welches holen.

*

Die edle Einfalt in den Werken der Natur hat nur gar zu oft ihren Grund in der edlen Kurzsichtigkeit dessen, der sie beobachtet.

*

Er war einer von denen, die alles besser machen wollen, als man es verlangt. Dieses ist eine abscheuliche Eigenschaft in einem Bedienten.

Die gesundesten und schönsten, regelmäßigst gebauten Leute sind die, die sich alles gefallen lassen. Sobald einer ein Gebrechen hat, so hat er seine eigne Meinung.

*

Die Leute, die niemals Zeit haben, tun am wenigsten.

*

Die Vorgriffe des Genies sind kühn und groß, gehen auch oft tief, aber die Kraft dazu erstirbt früh. Die geschlossene Vernunft greift nicht so verwegen vor, aber hält länger aus. Man ist selten nach sechzig Jahren noch ein triebmäßiger Vorgreifer, aber man kann immer noch ein sehr guter, regelmäßiger und erfindender Denker sein. Man zeugt selten in jenen Jahren Kinder, aber man wird desto geschickter, die erzeugten zu erziehen, und Erziehung ist Zeugung einer andern Art.

*

Es ist eine alte Regel: Ein Unverschämter kann bescheiden aussehen, wenn er will, aber kein Bescheidener unverschämt.

*

Die Gleichheit, die wir verlangen, ist der erträglichste Grad von Ungleichheit. So vielerlei Arten von Gleichheit es gibt, worunter es fürchterliche gibt, ebenso gibt es verschiedene Grade der Ungleichheit, und darunter welche, die ebenso fürchterlich sind. Von beiden Seiten ist Verderben. Ich bin daher überzeugt, daß die Vernünftigen beider Parteien nicht so weit von einander liegen, als man glaubt; und daß die Gleichheit der einen Partei und die Ungleichheit der andern wohl gar am Ende dieselbigen Dinge mit verschiedenen Namen sein könnten.

*

Es kommt nicht darauf an, ob die Sonne in eines Monarchen Staaten nicht untergeht, wie sich Spanien ehedem rühmte; sondern was sie während ihres Laufes in diesen Staaten zu sehen bekommt.

*

Es ist jederzeit eine sehr traurige Betrachtung für mich gewesen, daß in den meisten Wissenschaften auf Universitäten so vieles vorgetragen wird, das zu nichts dient, als junge Leute dahin zu bringen, daß sie es wieder lehren können. Griechisch wird gelehrt, auf daß man es wieder lehren könne; und so geht es vom Lehrer zum Schüler, der, wenn er gut einschlägt, höchstens wieder Lehrer wird und wieder Lehrer zieht.

*

Homer hat gewiß nicht gewußt, daß er *gut* schrieb, so wenig wie Shakespeare. Unsere heutigen guten Schriftsteller müssen alle die fatale Kunst lernen: *zu wissen, daß sie gut schreiben.*

*

Eine seltsamere Ware als *Bücher* gibt es wohl schwerlich in der Welt. Von Leuten gedruckt, die sie nicht verstehen; von Leuten verkauft, die sie nicht verstehen; gebunden, rezensiert und gelesen von Leuten, die sie nicht verstehen; und nun gar geschrieben von Leuten, die sie nicht verstehen.

*

Die Mathematik ist eine gar herrliche Wissenschaft, aber die Mathematiker taugen oft den Henker nicht. Es ist fast mit der Mathematik wie mit der Theologie. So wie die der letztern Beflissenen, zumal wenn sie in Ämtern stehen, Anspruch auf einen besonderen Kredit von Heiligkeit und eine nähere Verwandtschaft mit Gott machen, obgleich sehr viele darunter wahre Taugenichtse sind, so verlangt sehr oft der sogenannte Mathematiker für einen tiefen Denker gehalten zu werden, ob es gleich darunter die größten Plunderköpfe gibt, die man nur finden kann, untauglich zu irgendeinem Geschäft, das Nachdenken erfordert, wenn es nicht unmittelbar durch jene leichte Verbindung von Zeichen geschehen kann, die mehr das Werk der Routine als des Denkens sind.

*

Es ist, wie die tägliche Erfahrung lehrt, sehr wenig Anstrengung nötig, etwas zu sagen, das eine ganz beträchtliche erfordert, es zu verstehen. Hingegen erfordert es außerordentlich viel Talent, einem vernünftigen Manne etwas Neues und Wichtiges so leicht vorzutragen, daß er sich freut, es jetzt zu wissen, und sich schämt, es nicht selbst bemerkt zu haben.

Was eigentlich den Schriftsteller für den Menschen ausmacht, ist, beständig zu sagen, was der größte Teil der Menschen denkt oder fühlt, *ohne es zu wissen*. Der mittelmäßige Schriftsteller sagt nur, was jeder würde *gesagt* haben.

*

Eine gute Bemerkung über das sehr Bekannte ist es eigentlich, was den wahren Witz ausmacht.

*

Es ist mit dem Witz wie mit der Musik. Je mehr man hört, desto feinere Verhältnisse verlangt man.

*

Die Briefe eines klugen Mannes enthalten immer den Charakter der Leute, an die er schreibt.

*

Man hat so viele Anweisungen, den Wein recht zu bauen, und noch keine, ihn recht zu trinken. Er wächst nur gut unter dem Schutz eines sanften Himmels, und ähnliche Seelen müssen diejenigen haben, die ihn am besten trinken.

*

Es wäre vielleicht gut, wenn Redner sich einen hohen Absatz am Schuh machen ließen, um im Fall der Not sich auf einmal viel größer zu machen. Diese Figur müßte, zur rechten Zeit gebraucht, von unglaublicher Wirkung sein.

Ihr Geschichtsschreiber, rückt den Helden nicht auf, daß ohne euch ihre glänzendsten Taten nach hundert Jahren vergessen sein würden, denn ohne diese glänzenden Taten hätte man nie etwas von euch erfahren.

*

Der Vater: Mein Töchterchen, du weißt, Salomo sagt: wenn dich die bösen Buben locken, so folge ihnen nicht.

   Die Tochter: Aber Papa, was muß ich dann tun, wenn mich die guten Buben locken?

*

Wenn auch einmal einer lebendig begraben wird, so bleiben dafür hundert andere über der Erde hängen, die tot sind.

*

Bei Prophezeiungen ist der Ausleger oft ein wichtigerer Mann als der Prophet.

*

Er verschluckte viel Weisheit; es war aber, als wenn ihm alles in die unrechte Kehle gekommen sei.

*

Es gibt Predigten, die man ohne Tränen zu weinen nicht anhören und ohne welche zu lachen nicht lesen kann.

*

Wir fressen einander nicht, wir schlachten uns bloß.

Lessings Geständnis, daß er für seinen gesunden Verstand fast zuviel gelesen habe, beweist, wie gesund sein Verstand war.

*

Das Buch hatte die Wirkung, die gemeiniglich gute Bücher haben: es machte die Einfältigen einfältiger, die Klugen klüger, und die übrigen Tausende blieben ungeändert.

*

Es ist sehr reizend, ein ausländisches Frauenzimmer unsere Sprache sprechen und mit schönen Lippen Fehler machen zu hören. Bei Männern ist es nicht so.

*

Sie sprechen für ihre Religion nicht mit der Mäßigung und Verträglichkeit, die ihnen ihr großer Lehrer mit Tat und Worten predigte, sondern mit dem zweckwidrigen Eifer philosophischer Sektierer und mit einer Hitze, als wenn sie Unrecht hätten. Es sind keine Christen, sondern *Christianer*.

*

Das *Ja* mit dem Kopfschütteln und das *Nein* mit dem Kopfnicken wird einem sehr schwer, bekommt aber doch nachher eine eigene Bedeutung, wenn man es kann.

*

Jedermann ist wenigstens des Jahrs einmal ein Genie. Die eigentlich sogenannten Genies haben nur die guten Einfälle dichter.

Wenn jemand etwas schlecht macht, das man gut erwartete, so sagt man: nun ja, so kann ich's auch. Es gibt wenige Redensarten, die soviel Bescheidenheit verraten.

*

Gelegenheit macht nicht Diebe allein, sie macht auch beliebte Leute, Menschenfreunde, Helden. Von dem Einfalle, den ein Witziger hat, gehört mehr als die Hälfte dem Dummkopfe zu, den er traf.

*

Die Neigung der Menschen, kleine Dinge für wichtig zu halten, hat sehr viel Großes hervorgebracht.

*

Man führt gegen den Wein nur die bösen Taten an, zu denen er verleitet; allein er verleitet auch zu hundert guten, die nicht so bekannt werden. Der Wein reizt zur Wirksamkeit, die Guten im Guten und die Bösen im Bösen.

JOHANN WOLFGANG GOETHE

(1749–1832)

Alle Verhältnisse der Dinge wahr. Irrtum allein in
dem Menschen. An ihm nichts wahr, als daß er irrt,
sein Verhältnis zu sich, zu andern, zu den Dingen
nicht finden kann.

*

Das Wahre ist gottähnlich: es erscheint nicht unmittelbar, wir müssen es aus seinen Manifestationen erraten.

*

Was man Idee nennt: das, was immer zur Erscheinung kommt und daher als Gesetz aller Erscheinungen uns entgegentritt.

*

Das unmittelbare Gewahrwerden der Urphäno-
mene versetzt uns in eine Art von Angst: wir fühlen unsere Unzulänglichkeit; nur durch das ewige
Spiel der Empirie belebt, erfreuen sie uns.

*

Mitteilung durch Analogien halt' ich für so nützlich als angenehm: der analoge Fall will sich nicht
aufdringen, nichts beweisen; er stellt sich einem

andern entgegen, ohne sich mit ihm zu verbinden. Mehrere analoge Fälle vereinigen sich nicht zu geschlossenen Reihen, sie sind wie gute Gesellschaft, die immer mehr anregt als gibt.

*

Glaube, Liebe, Hoffnung fühlten einst in ruhiger gesellliger Stunde einen plastischen Trieb in ihrer Natur; sie befleißigten sich zusammen und schufen ein liebliches Gebild, eine Pandora im höhern Sinne: die Geduld.

*

Genau besehen, haben wir uns noch alle Tage zu reformieren und gegen andere zu protestieren, wenn auch nicht in religiösem Sinne.

*

Die christliche Religion ist eine intentionierte politische Revolution, die, verfehlt, nachher moralisch geworden ist.

*

Es gibt zwei friedliche Gewalten: das Recht und die Schicklichkeit.

*

Toleranz sollte eigentlich nur eine vorübergehende Gesinnung sein: sie muß zur Anerkennung führen. Dulden heißt beleidigen.

Was die Franzosen tournure nennen, ist eine zur
Anmut gemilderte Anmaßung. Man sieht daraus,
daß die Deutschen keine tournure haben können;
ihre Anmaßung ist hart und herb, ihre Anmut mild
und demütig, das eine schließt das andere aus und
sind nicht zu verbinden.

*

Es begegnet mir von Zeit zu Zeit ein Jüngling, an
dem ich nichts verändert noch gebessert wünschte;
nur macht mir bange, daß ich manchen vollkommen geeignet sehe, im Zeitstrom mit fortzu-
schwimmen, und hier ist's, wo ich immerfort aufmerksam machen möchte: das dem Menschen in
seinem zerbrechlichen Kahn eben deshalb das Ru-
der in die Hand gegeben ist, damit er nicht der
Willkür der Wellen, sondern dem Willen seiner
Einsicht Folge leiste.

*

Was ist das für eine Zeit, wo man die Begrabenen
beneiden muß?

*

Es gibt bedeutende Zeiten, von denen wir wenig
wissen, Zustände, deren Wichtigkeit uns nur durch
ihre Folgen deutlich wird. Diejenige Zeit, welche
der Same unter der Erde zubringt, gehört vorzüglich mit zum Pflanzenleben.

*

Die historischen Zeiten erscheinen uns im vollen
Tag. Man sieht vor lauter Licht keinen Schatten,
vor lauter Hellung keinen Körper, den Wald nicht

vor Bäumen, die Menschheit nicht vor Menschen; aber es sieht aus, als wenn jedermann und allem Recht geschähe, und so ist jedermann zufrieden.

*

Das Höchste, was wir von Gott und der Natur erhalten haben, ist das Leben, die rotierende Bewegung der Monas um sich selbst, welche weder Rast noch Ruhe kennt; der Trieb, das Leben zu hegen und zu pflegen, ist einem jeden unverwüstlich eingeboren, die Eigentümlichkeit desselben jedoch bleibt uns und andern ein Geheimnis.

*

Wie viele Jahre muß man nicht *tun*, um nur einigermaßen zu wissen, was und wie es zu tun sei!

*

Was man nicht versteht, besitzt man nicht.

*

Um mich zu retten, betrachte ich alle Erscheinungen als unabhängig voneinander und suche sie gewaltsam zu isolieren; dann betrachte ich sie als Korrelate, und sie verbinden sich zu einem entschiedenen Leben. Dies bezieh ich vorzüglich auf Natur; aber auch in bezug auf die neueste, um uns her bewegte Weltgeschichte ist diese Betrachtungsweise fruchtbar.

*

Es ist nichts schrecklicher als eine tätige Unwissenheit.

Es gibt Menschen, die auf die Mängel ihrer
Freunde sinnen; dabei ist nichts zu gewinnen. Ich
habe immer auf die Verdienste meiner Widersacher acht gehabt und davon Vorteil gezogen.

*

Es geht uns mit Büchern wie mit neuen Bekannt-
schaften. Die erste Zeit sind wir hoch vergnügt,
wenn wir im Allgemeinen Übereinstimmung finden, wenn wir uns an irgendeiner Hauptseite unserer Existenz freundlich berührt fühlen; bei nä-
herer Bekanntschaft treten alsdann erst die Diffe-
renzen hervor, und da ist denn die Hauptsache
eines vernünftigen Betragens, daß man nicht, wie
etwa in der Jugend geschieht, sogleich zurück-
schaudere, sondern daß man gerade das Überein-
stimmende recht festhalte und sich über die Diffe-
renzen vollkommen aufkläre, ohne sich deshalb
vereinigen zu wollen.

*

Das Erlebte weiß jeder zu schätzen, am meisten der
Denkende und Nachsinnende im Alter; er fühlt mit
Zuversicht und Behaglichkeit, daß ihm das nie-
mand rauben kann.

*

Die Sinne trügen nicht, das Urteil trügt.

*

Wissen: das Bedeutende der Erfahrung, das immer
ins Allgemeine hinweist.

Wir würden unser Wissen nicht für Stückwerk erklären, wenn wir nicht einen Begriff von einem
Ganzen hätten.

*

Da nun den Menschen eigentlich nichts interessiert als seine Meinung, so sieht jedermann, der
eine Meinung vorträgt, sich rechts und links nach
Hülfsmitteln um, damit er sich und andere bestär-
ken möge. Des Wahren bedient man sich, solange
es brauchbar ist; aber leidenschaftlich-rhetorisch
ergreift man das Falsche, sobald man es für den
Augenblick nutzen, damit als einem Halbargu-
mente blenden, als mit einem Lückenbüßer das
Zerstückelte scheinbar vereinigen kann. Dieses zu
erfahren war mir erst ein Ärgernis, dann betrübte
ich mich darüber, und nun macht es mir Schaden-
freude: ich habe mir das Wort gegeben, ein solches
Verfahren niemals wieder aufzudecken.

*

Wer einem Autor Dunkelheit vorwerfen will, sollte erst sein eigen Inneres beschauen, ob es denn da
auch recht hell ist: in der Dämmerung wird eine
sehr deutliche Schrift unlesbar.

*

Alles, was wir Erfinden, Entdecken im höheren
Sinne nennen, ist die bedeutende Ausübung, Betätigung eines originalen Wahrheitsgefühles, das, im
stillen längst ausgebildet, unversehens, mit Blitzes-
schnelle zu einer fruchtbaren Erkenntnis führt. Es

ist eine aus dem Innern am Äußern sich entwik-
kelnde Offenbarung, die den Menschen seine Gott-
ähnlichkeit vorahnen läßt. Es ist eine Synthese von
Welt und Geist, welche von der ewigen Harmonie
des Daseins die seligste Versicherung gibt.

*

Alles Gescheite ist schon gedacht worden, man
muß nur versuchen, es noch einmal zu denken.

*

Man braucht nicht alles selbst gesehen noch erlebt
zu haben; willst du aber dem andern und seinen
Darstellungen vertrauen, so denke, daß du es nun
mit dreien zu tun hast: mit dem Gegenstand und
zwei Subjekten.

*

Wir haben das unabweichliche, täglich zu erneu-
ernde, grundernstliche Bestreben, das Wort mit
dem Empfundenen, Geschauten, Gedachten, Erfahrenen, Imaginierten, Vernünftigen möglichst
unmittelbar zusammentreffend zu erfassen.

*

Es ist mit Meinungen, die man wagt, wie mit Stei-
nen, die man voran im Brette bewegt: sie können
geschlagen werden, aber sie haben ein Spiel einge-
leitet, das gewonnen wird.

*

Lichtenbergs Schriften können wir uns als der wun-
derbarsten Wünschelrute bedienen: wo er einen
Spaß macht, liegt ein Problem verborgen.

Bei Erweitung des Wissens macht sich von Zeit zu Zeit eine Umordnung nötig; sie geschieht meistens nach neueren Maximen, bleibt aber immer provisorisch.

*

Echt ästhetisch-didaktisch könnte man sein, wenn man mit seinen Schülern an allem Empfindungswerten vorüberginge oder es ihnen zubrächte im Moment, wo es kulminiert und sie höchst empfänglich sind. Da aber diese Forderung nicht zu erfüllen ist, so müßte der höchste Stolz des Kathederlehrers sein, die Begriffe so vieler Manifestationen in seinen Schülern dergestalt zum Leben zu bringen, daß sie für alles Gute, Schöne, Große, Wahre empfänglich würden, um es mit Freuden aufzufassen, wo es ihnen zur rechten Stunde begegnete. Ohne daß sie es merkten und wüßten, wäre somit die Grundidee, woraus alles hervorgeht, in ihnen lebendig geworden.

*

Gewisse Bücher scheinen geschrieben zu sein, nicht damit man daraus lerne, sondern damit man wisse, daß der Verfasser etwas gewußt hat.

*

Das Allgemeine und Besondere fallen zusammen: das Besondere ist das Allgemeine, unter verschiedenen Bedingungen erscheinend.

Das Besondere unterliegt ewig dem Allgemeinen;
das Allgemeine hat ewig sich dem Besonderen zu
fügen.

*

Die Erscheinung ist vom Beobachter nicht losge-
löst, vielmehr in die Individualität desselben ver-
schlungen und verwickelt.

*

Das Erhabene, durch Kenntnis nach und nach ver-
einzelt, tritt vor unserm Geist nicht leicht wieder
zusammen, und so werden wir stufenweise um das
Höchste gebracht, was uns gegönnt war, um die
Einheit, die uns in vollem Maß zur Mitempfin-
dung des Unendlichen erhebt, dagegen wir bei
vermehrter Kenntnis immer kleiner werden. Da
wir vorher mit dem Ganzen als Riesen standen,
sehen wir uns als Zwerge gegen die Teile.

*

Hypothesen sind Wiegenlieder, womit der Lehrer
seine Schüler einlullt; der denkende treue Beobachter lernt immer mehr seine Beschränkung kennen,
er sieht: je weiter sich das Wissen ausbreitet, desto
mehr Probleme kommen zum Vorschein.

*

Der Mensch findet sich mitten unter Wirkungen
und kann sich nicht enthalten, nach den Ursachen
zu fragen; als ein bequemes Wesen greift er nach
der nächsten als der besten und beruhigt sich dabei;
besonders ist dies die Art des allgemeinen Men-
schenverstandes.

Es gibt Pedanten, die zugleich Schelme sind, und
das sind die allerschlimmsten.

*

Schon jetzt erklären die Meister der Naturwissen-
schaften die Notwendigkeit monographischer Behandlung und also des Interesse an Einzelnheiten.
Dies aber ist nicht denkbar ohne eine Methode, die
das Interesse an der Gesamtheit offenbart; hat man
das erlangt, so braucht man freilich nicht in Millionen Einzelnheiten umherzutasten.

*

Es folgt eben gar nicht, daß der Jäger, der das Wild
erlegt, auch zugleich der Koch sein müsse, der es
zubereitet. Zufälligerweise kann ein Koch mit auf
die Jagd gehen und gut schießen; er würde aber
einen bösen Fehlschluß tun, wenn er behauptete,
um gut zu schießen, müsse man Koch sein. So
kommen mir die Mathematiker vor, die behaupten, daß man in physischen Dingen nichts sehen,
nichts finden könne, ohne Mathematiker zu sein,
da sie doch immer zufrieden sein könnten, wenn
man ihnen in die Küche bringt, das sie mit Formeln
spicken und nach Belieben zurichten können.

*

Der Mensch an sich selbst, insofern er sich seiner
gesunden Sinne bedient, ist der größte und genaue-
ste physikalische Apparat, den es geben kann, und
das ist eben das größte Unheil der neuern Physik,
daß man die Experimente gleichsam vom Menschen abgesondert hat und bloß in dem, was künst-

liche Instrumente zeigen, die Natur erkennen, ja,
was sie leisten kann, dadurch beschränken und beweisen will.

*

Man tut immer besser, daß man sich grad ausspricht, wie man denkt, ohne viel beweisen zu wollen; denn alle Beweise, die wir vorbringen, sind
doch nur Variationen unserer Meinungen, und die
Widriggesinnten hören weder auf das eine noch auf
das andere.

*

Gegner glauben, uns zu widerlegen, wenn sie ihre
Meinung wiederholen und auf die unsrige nicht
achten.

*

Diejenigen, welche widersprechen und streiten,
sollten mitunter bedenken, daß nicht jede Sprache
jedem verständlich sei.

*

Eigentlich lernen wir nur von Büchern, die wir
nicht beurteilen können. Der Autor eines Buchs,
das wir beurteilen könnten, müßte von uns lernen.

*

Wem die Natur ihr offenbares Geheimnis zu ent-
hüllen anfängt, der empfindet eine unwiderstehli-
che Sehnsucht nach ihrer würdigsten Auslegerin,
der Kunst.

Kunst: eine andere Natur, auch geheimnisvoll, aber verständlicher; denn sie entspringt aus dem Verstande.

*

Wir wissen von keiner Welt als im Bezug auf den Menschen; wir wollen keine Kunst, als die ein Abdruck dieses Bezugs ist.

*

Die Kunst ist eine Vermittlerin des Unaussprechlichen; darum scheint es eine Torheit, sie wieder durch Worte vermitteln zu wollen. Doch indem wir uns darin bemühen, findet sich für den Verstand so mancher Gewinn, der dem ausübenden Vermögen auch wieder zugute kommt.

*

Man weicht der Welt nicht sicherer aus als durch die Kunst, und man verknüpft sich nicht sicherer mit ihr als durch die Kunst.

*

Die Symbolik verwandelt die Erscheinung in Idee, die Idee in ein Bild, und so, daß die Idee im Bild immer unendlich wirksam und unerreichbar bleibt und, selbst in allen Sprachen ausgesprochen, doch unaussprechlich bliebe.

*

Die Allegorie verwandelt die Erscheinung in einen Begriff, den Begriff in ein Bild, doch so, daß der Begriff im Bilde immer noch begrenzt und vollständig zu halten und zu haben und an demselben auszusprechen sei.

Mein Verhältnis zu Schiller gründete sich auf die entschiedene Richtung beider auf *einen* Zweck, unsere gemeinsame Tätigkeit auf die Verschiedenheit der Mittel, wodurch wir jenen zu erreichen strebten.

Bei einer zarten Differenz, die einst zwischen uns zur Sprache kam, und woran ich durch eine Stelle seines Briefs wieder erinnert werde, macht' ich folgende Betrachtungen.

Es ist ein großer Unterschied, ob der Dichter zum Allgemeinen das Besondere sucht oder im Besondern das Allgemeine schaut. Aus jener Art entsteht Allegorie, wo das Besondere nur als Beispiel, als Exempel des Allgemeinen gilt; die letztere aber ist eigentlich die Natur der Poesie, sie spricht ein Besonderes aus, ohne ans Allgemeine zu denken oder darauf hinzuweisen. Wer nun dieses Besondere lebendig erfaßt, erhält zugleich das Allgemeine mit, ohne es gewahr zu werden, oder erst spät.

*

Das ist die wahre Symbolik, wo das Besondere das Allgemeinere repräsentiert, nicht als Traum und Schatten, sondern als lebendig-augenblickliche Offenbarung des Unerforschlichen.

*

Den Stoff sieht jedermann vor sich, den Gehalt findet nur der, der etwas dazu zu tun hat, und die Form ist ein Geheimnis den meisten.

Das *Was* des Kunstwerks interessiert die Menschen mehr als das *Wie;* jenes können sie einzeln ergreifen, dieses im Ganzen nicht fassen. Daher kommt das Herausheben von Stellen, wobei zuletzt, wenn man wohl aufmerkt, die Wirkung der Totalität auch nicht ausbleibt, aber jedem unbewußt.

*

Die Würde der Kunst erscheint bei der Musik vielleicht am eminentesten, weil sie keinen Stoff hat, der abgerechnet werden müßte. Sie ist ganz Form und Gehalt und erhöht und veredelt alles, was sie ausdrückt.

*

Werke der Kunst werden zerstört, sobald der Kunstsinn verschwindet.

*

Das sogenannte Aus-sich-Schöpfen macht gewöhnlich falsche Originale und Manieristen.

*

Daß Menschen dasjenige noch zu können glauben, was sie gekonnt haben, ist natürlich genug; daß andere zu vermögen glauben, was sie nie vermochten, ist wohl seltsam, aber nicht selten.

*

Jemand sagte: «Was bemüht ihr euch um den Homer? Ihr versteht ihn doch nicht.» Darauf antwortet' ich: Versteh ich doch auch Sonne, Mond und Sterne nicht; aber sie gehen über meinem Haupt

hin, und ich erkenne mich in ihnen, indem ich sie
sehe und ihren regelmäßigen wunderbaren Gang
betrachte, und denke dabei, ob auch wohl etwas
aus mir werden könnte.

*

Albrecht Dürern förderte ein höchst innigstes rea-
listisches Anschauen, ein liebenswürdiges menschliches Mitgefühl aller gegenwärtigen Zustände;
ihm schadete eine trübe, form- und bodenlose
Phantasie.

*

Klassisch ist das Gesunde, romantisch das Kranke.

*

Engländer und Franzosen haben uns darin überbo-
ten. Körper, die bei Leibesleben verfaulen und sich
in detaillierter Betrachtung ihres Verwesens erbauen, Tote, die zum Verderben anderer am Leben
bleiben und ihren Tod am Lebendigen ernähren:
dahin sind unsre Produzenten gelangt!

*

Es steht manches Schöne isoliert in der Welt, doch
der Geist ist es, der Verknüpfungen zu entdecken
und dadurch Kunstwerke hervorzubringen hat. –
Die Blume gewinnt erst ihren Reiz durch das Insekt, das ihr anhängt, durch den Tautropfen, der sie
befeuchtet, durch das Gefäß, woraus sie allenfalls
ihre letzte Nahrung zieht. Kein Busch, kein Baum,
dem man nicht durch die Nachbarschaft eines Fel-

sens, einer Quelle Bedeutung geben, durch eine mäßige einfache Ferne größern Reiz verleihen könnte. So ist es mit menschlichen Figuren und so mit Tieren aller Art beschaffen.

*

Der Aberglaube gehört zum Wesen des Menschen und flüchtet sich, wenn man ihn ganz und gar zu verdrängen denkt, in die wunderlichsten Ecken und Winkel, von wo er auf einmal, wenn er einigermaßen sicher zu sein glaubt, wieder hervortritt.

*

Es ist ein großer Unterschied, ob ich lese zu Genuß und Belebung oder zu Erkenntnis und Belehrung.

*

Wenn einem Autor ein Lexikon nachkommen kann, so taugt er nichts.

*

Es ist nichts theatralisch, was nicht für die Augen symbolisch wäre.

*

Märchen: das uns unmögliche Begebenheiten unter möglichen oder unmöglichen Bedingungen als möglich darstellt.

*

Roman: der uns mögliche Begebenheiten unter unmöglichen oder beinahe unmöglichen Bedingungen als wirklich darstellt.

Beim Übersetzen muß man bis ans Unübersetzliche herangehen; alsdann wird man aber erst die fremde Nation und die fremde Sprache gewahr.

*

Laßt uns doch vielseitig sein! Märkische Rübchen schmecken gut, am besten gemischt mit Kastanien, und diese beiden edlen Früchte wachsen weit auseinander.

*

Die größte Achtung, die ein Autor für sein Publikum haben kann, ist, daß er niemals bringt, was man erwartet, sondern was er selbst auf der jedesmaligen Stufe eigener und fremder Bildung für recht und nützlich hält.

*

Das Publikum beklagt sich lieber unaufhörlich, übel bedient worden zu sein, als daß es sich bemühte, besser bedient zu werden.

*

Tief und ernstlich denkende Menschen haben gegen das Publikum einen bösen Stand.

*

In dem Erfolg der Literaturen wird das frühere Wirksame verdunkelt und das daraus entsprungene Gewirkte nimmt überhand; deswegen man wohltut, von Zeit zu Zeit wieder zurückzublicken. Was an uns Original ist, wird am besten erhalten und belobt, wenn wir unsre Altvordern nicht aus den Augen verlieren.

Leider bedenkt man nicht, daß man in seiner Muttersprache oft ebenso dichtet, als wenn es eine fremde wäre. Dieses ist aber also zu verstehen: Wenn eine gewisse Epoche hindurch in einer Sprache viel geschrieben und in derselben von vorzüglichen Talenten der lebendig vorhandene Kreis menschlicher Gefühle und Schicksale durchgearbeitet worden, so ist der Zeitgehalt erschöpft und die Sprache zugleich, so daß nun jedes mäßige Talent sich der vorliegenden Ausdrücke als gegebener Phrasen mit Bequemlichkeit bedienen kann.

*

Der Deutsche soll alle Sprachen lernen, damit ihm zu Hause kein Fremder unbequem, er aber in der Fremde überall zu Hause sei.

*

Wer fremde Sprachen nicht kennt, weiß nichts von seiner eigenen.

*

Die Muttersprache zugleich reinigen und bereichern, ist das Geschäft der besten Köpfe. Reinigung ohne Bereicherung erweist sich öfters geistlos; denn es ist nichts bequemer, als von dem Inhalt absehen und auf den Ausdruck passen. Der geistreiche Mensch knetet seinen Wortstoff, ohne sich zu bekümmern, aus was für Elementen er bestehe; der geistlose hat gut *rein* sprechen, da er nichts zu sagen hat. Wie sollte er fühlen, welches kümmerliche Surrogat er an der Stelle eines bedeutenden Wortes gelten läßt, da ihm jenes Wort nie lebendig war, weil er nichts dabei dachte? Es gibt gar viele Arten von Reinigung und Bereicherung, die eigentlich alle zusammengreifen müssen, wenn die Sprache lebendig wachsen soll. Poesie und leidenschaftliche Rede sind die einzigen Quellen, aus denen dieses Leben hervordringt, und sollten sie in ihrer Heftigkeit auch etwas Bergschutt mitführen, er setzt sich zu Boden, und die reine Welle fließt darüber her.

*

Ich denke immer, wenn ich einen Druckfehler sehe, es sei etwas Neues erfunden.

*

Ein jeder, weil er spricht, glaubt, auch über die Sprache sprechen zu können.

*

Ich bedaure die Menschen, welche von der Vergänglichkeit der Dinge viel Wesens machen und sich in Betrachtung irdischer Nichtigkeiten verlieren. Sind wir ja eben deshalb da, um das Vergängliche unvergänglich zu machen; das kann ja nur dadurch geschehen, wenn man beides zu schätzen weiß.

*

Wir mögen die Welt kennen lernen, wie wir wollen, sie wird immer eine Tag- und eine Nachtseite behalten.

Unreine Lebensverhältnisse soll man niemand wünschen; sie sind aber für den, der zufällig hineingerät, Prüfsteine des Charakters und des Entschiedensten, was der Mensch vermag.

*

Es bleibt einem jeden immer noch soviel Kraft, das auszuführen, wovon er überzeugt ist.

*

Kenne ich mein Verhältnis zu mir selbst und zur Außenwelt, so heiß ich's Wahrheit. Und so kann jeder seine eigene Wahrheit haben, und es ist doch immer dieselbige.

*

Gar oft im Laufe des Lebens, mitten in der größten Sicherheit des Wandels bemerken wir auf einmal, daß wir in einem Irrtum befangen sind, daß wir uns für Personen, für Gegenstände einnehmen ließen, ein Verhältnis zu ihnen erträumten, das dem erwachten Auge sogleich verschwindet; und doch können wir uns nicht losreißen, eine Macht hält uns fest, die uns unbegreiflich scheint. Manchmal jedoch kommen wir zum völligen Bewußtsein und begreifen, daß ein Irrtum so gut als ein Wahres zur Tätigkeit bewegen und antreiben kann. Weil nun die Tat überall entscheidend ist, so kann aus einem tätigen Irrtum etwas Treffliches entstehen, weil die Wirkung jedes Getanen ins Unendliche reicht. So ist das Hervorbringen freilich immer das Beste, aber auch das Zerstören ist nicht ohne glückliche Folge.

Ein Zustand, der alle Tage neuen Verdruß zuzieht, ist nicht der rechte.

*

Wie kann man sich selbst kennen lernen? Durch Betrachten niemals, wohl aber durch Handeln. Versuche, deine Pflicht zu tun, und du weißt gleich, was an dir ist.

*

Was aber ist deine Pflicht? Die Forderung des Tages.

*

Pflicht: wo man liebt, was man sich selbst befiehlt.

*

Erfüllte Pflicht empfindet sich immer noch als Schuld, weil man sich nie ganz genug getan.

*

Es ist schwer, gegen den Augenblick gerecht sein: der gleichgültige macht uns Langeweile, am guten hat man zu tragen und am bösen zu schleppen.

*

Der Augenblick ist eine Art von Publikum: man muß ihn betrügen, daß er glaube, man tue was; dann läßt er uns gewähren und im Geheimen fortführen, worüber seine Enkel erstaunen müssen.

*

Alles, was wir treiben und tun, ist ein Abmüden; wohl dem, der nicht müde wird!

Wenn man von den Leuten Pflichten fordert und ihnen keine Rechte zugestehen will, muß man sie gut bezahlen.

*

Es darf sich einer nur für frei erklären, so fühlt er sich den Augenblick als bedingt. Wagt er es, sich für bedingt zu erklären, so fühlt er sich frei.

*

Freiwillige Abhängigkeit ist der schönste Zustand, und wie wäre der möglich ohne Liebe.

*

Man ist nur eigentlich lebendig, wenn man sich des Wohlwollens andrer freut.

*

Die Freigebigkeit erwirbt einem jeden Gunst, vorzüglich wenn sie von Demut begleitet wird.

*

Mit jemand leben oder *in* jemand leben ist ein großer Unterschied. Es gibt Menschen, in denen man leben kann, ohne mit ihnen zu leben, und umgekehrt. Beides zu verbinden ist nur der reinsten Liebe und Freundschaft möglich.

*

Wenn ein paar Menschen recht miteinander zufrieden sind, kann man meistens versichert sein, daß sie sich irren.

Mit wahrhaft Gleichgesinnten kann man sich auf die Länge nicht entzweien, man findet sich immer wieder einmal zusammen; mit eigentlich Widergesinnten versucht man umsonst, Einigkeit zu halten, es bricht immer wieder einmal auseinander.

*

Ich möchte gern ehrlich mit dir sein, ohne daß wir uns entzweiten; das geht aber nicht. Du benimmst dich falsch und setzest dich zwischen zwei Stühle, Anhänger gewinnst du nicht und verlierst deine Freunde. Was soll daraus werden!

*

Toren und gescheite Leute sind gleich unschädlich. Nur die Halbnarren und Halbweisen, das sind die gefährlichsten.

*

Man sagt: «Eitles Eigenlob stinkt.» Das mag sein; was aber fremder und ungerechter Tadel für einen Geruch habe, dafür hat das Publikum keine Nase.

*

Die Menge kann tüchtige Menschen nicht entbehren, und die Tüchtigen sind ihnen jederzeit zur Last.

*

Nicht jeder, dem man Prägnantes überliefert, wird produktiv; es fällt ihm wohl etwas ganz Bekanntes dabei ein.

Man muß bedenken, daß unter den Menschen gar viele sind, die doch auch etwas Bedeutendes sagen wollen, ohne produktiv zu sein, und da kommen die wunderlichsten Dinge an den Tag.

*

Die Menschen kennen einander nicht leicht, selbst mit dem besten Willen und Vorsatz; nun tritt noch der böse Wille hinzu, der alles entstellt.

*

In der Welt kommt's nicht drauf an, daß man die Menschen kenne, sondern daß man im Augenblick klüger sei als der vor uns Stehende. Alle Jahrmärkte und Marktschreier geben Zeugnis.

*

Wir lernen die Menschen nicht kennen, wenn sie zu uns kommen; wir müssen zu ihnen gehen, um zu erfahren, wie es mit ihnen steht.

*

Ich finde es beinahe natürlich, daß wir an Besuchenden mancherlei auszusetzen haben, daß wir sogleich, wenn sie weg sind, über sie nicht zum liebevollsten urteilen; denn wir haben sozusagen ein Recht, sie nach unserm Maßstabe zu messen. Selbst verständige und billige Menschen enthalten sich in solchen Fällen kaum einer scharfen Zensur.

*

Wenn man dagegen bei andern gewesen ist und hat sie mit ihren Umgebungen, Gewohnheiten, in ihren notwendigen unausweichlichen Zuständen

gesehen, wie sie um sich wirken oder wie sie sich
fügen, so gehört schon Unverstand und böser
Wille dazu, um das lächerlich zu finden, was uns in
mehr als einem Sinne ehrwürdig scheinen müßte.

*

Es gibt kein äußeres Zeichen der Höflichkeit, das
nicht einen tiefen sittlichen Grund hätte. Die rechte
Erziehung wäre, welche dieses Zeichen und den
Grund zugleich überlieferte.

*

Das Betragen ist ein Spiegel, in welchem jeder sein
Bild zeigt.

*

Es gibt eine Höflichkeit des Herzens; sie ist der
Liebe verwandt. Aus ihr entspringt die bequemste
Höflichkeit des äußern Betragens.

*

Besonderes Vergnügen, sich mit Personen, die
man liebt, über Dinge zu erklären und weitläufig
zu sein, Empfinden rege zu machen, wenn man
gleich weiß, daß, was man sagt, nicht wahr ist.

*

Die angenehmsten Gesellschaften sind die, in welchen eine heitere Ehrerbietung der Glieder gegen
einander obwaltet.

*

Wer vor andern lange allein spricht, ohne den Zu-
hörern zu schmeicheln, erregt Widerwillen.

Die Vorurteile der Menschen beruhen auf dem jedesmaligen Charakter der Menschen, daher sind
sie, mit dem Zustand innig vereinigt, ganz unüberwindlich; weder Evidenz noch Verstand noch Vernunft haben den mindesten Einfluß darauf.

*

Durch nichts bezeichnen die Menschen mehr ihren
Charakter als durch das, was sie lächerlich finden.

*

Der sinnliche Mensch lacht oft, wo nichts zu lachen
ist. Was ihn auch anregt, sein inneres Behagen
kommt zum Vorschein.

*

Gewissen Geistern muß man ihre Idiotismen lassen.

*

Was einem angehört, wird man nicht los, und
wenn man es wegwürfe.

*

Jeder hat etwas in seiner Natur, das, wenn er es
öffentlich aussprächte, Mißfallen erregen müßte.

*

Nicht allein das Angeborene, sondern auch das Er-
worbene ist der Mensch.

Sich in seiner Beschränktheit gefallen, ist ein elender Zustand; in Gegenwart des Besten seine Beschränktheit fühlen, ist freilich ängstlich, aber diese Angst erhebt.

*

Ein großer Fehler: daß man sich mehr dünkt, als man ist, und sich weniger schätzt, als man wert ist.

*

Der echte Schüler lernt aus dem Bekannten das Unbekannte entwickeln und nähert sich dem Meister.

*

Der geringste Mensch kann komplett sein, wenn er sich innerhalb der Grenzen seiner Fähigkeiten und Fertigkeiten bewegt; aber selbst schöne Vorzüge werden verdunkelt, aufgehoben und vernichtet, wenn jenes unerläßlich geforderte Ebenmaß abgeht. Dieses Unheil wird sich in der neuern Zeit noch öfter hervortun; denn wer wird wohl den Forderungen einer durchaus gesteigerten Gegenwart und zwar in schnellster Bewegung genugtun können?

*

Wir können einem Widerspruch in uns selbst nicht entgehen; wir müssen ihn auszugleichen suchen. Wenn uns andere widersprechen, das geht uns nichts an, das ist ihre Sache.

Die Leidenschaft erhöht und mildert sich durchs Bekennen. In nichts wäre die Mittelstraße vielleicht wünschenswerter als im Vertrauen und Verschweigen gegen die, die wir lieben.

*

In jeder großen Trennung liegt ein Keim von Wahnsinn; man muß sich hüten, ihn nachdenklich auszubrüten und zu pflegen.

*

Wie man aus Gewohnheit nach einer abgelaufenen Uhr hinsieht, als wenn sie noch ginge, so blickt man auch wohl einer Schönen ins Gesicht, als wenn sie noch liebte.

*

Welcher Gewinn wäre es fürs Leben, wenn man dies früher gewahr würde, zeitig erführe, daß man mit seiner Schönen nie besser steht, als wenn man seinen Rivalen lobt. Alsdann geht ihr das Herz auf, jede Sorge, euch zu verletzen, die Furcht, euch zu verlieren, ist verschwunden; sie macht euch zum Vertrauten, und ihr überzeugt euch mit Freuden, daß ihr es seid, dem die Frucht des Baumes gehört, wenn ihr guten Humor genug habt, anderen die abfallenden Blätter zu überlassen.

*

Der liebt nicht, der die Fehler des Geliebten nicht für Tugenden hält.

Lüsternheit: Spiel mit dem zu Genießenden, Spiel mit dem Genossenen.

*

Daß man gerade nur denkt, wenn man das, worüber man denkt, nicht ausdenken kann!

*

Wenn die Affen es dahin bringen könnten, Langeweile zu haben, so könnten sie Menschen werden.

*

Es gibt problematische Naturen, die keiner Lage gewachsen sind, in der sie sich befinden, und denen keine genugtut. Daraus entsteht der ungeheure Widerstreit, der das Leben ohne Genuß verzehrt.

*

Man darf nur alt werden, um milder zu sein; ich sehe keinen Fehler begehen, den ich nicht auch begangen hätte.

*

Der Undank ist immer eine Art Schwäche. Ich habe nie gesehen, daß tüchtige Menschen wären undankbar gewesen.

*

Wer kann sagen, er erfahre was, wenn er nicht ein *Erfahrender* ist?

Wenn man alle Gesetze studieren sollte, so hätte man gar keine Zeit, sie zu übertreten.

*

Der Bach ist dem Müller befreundet, dem er nutzt, und er stürzt gern über die Räder; was hilft es ihm, gleichgültig durchs Tal hinzuschleichen?

*

Aufrichtig zu sein, kann ich versprechen, unparteiisch zu sein, aber nicht.

*

Eine Sammlung von Anekdoten und Maximen ist für den Weltmann der größte Schatz, wenn er die ersten an schicklichen Orten ins Gespräch einzustreuen, der letzten im treffenden Falle sich zu erinnern weiß.

*

Wer muß Langmut üben?
Der große Tat vorhat,
bergan steigt,
Fische speist.

*

Nicht überall, wo Wasser ist, sind Frösche; aber wo man Frösche hört, ist Wasser.

*

Man geht nie weiter, als wenn man nicht mehr weiß, wohin man geht.

FRIEDRICH MAXIMILIAN KLINGER

(1752–1831)

Man hört zuzeiten Welt-, Hof- oder Geschäftsleute sagen: «Der Mann ist mir zu gescheit!», das heißt: «Er ist kein Werkzeug!»

*

Die schönste Weisheit selbst wird in dem Munde eines erfahrenen Alten lästig, wenn er bei seinen Sprüchen, Ermahnungen und Urteilen vergißt, wie vielen Anteil sein Alter daran hat.

*

Man sagt sprichwörtlich: «Der große Mann ist es nicht vor seinem Kammerdiener»; ich möchte hinzusetzen: Welch ein unerträglicher Mensch müßte der große Mann sein, der es auch vor seinem Kammerdiener wäre! Der wahrhaft große Mann ist es nur am gehörigen Orte, an der rechten Stelle, im übrigen ist er wie unsereiner, und je mehr seine Größe unter dem Natürlichen und Gutmütigen vor unsern Augen verschwindet, je mehr fühlen und erkennen wir sie, und auch nur so können wir sie lieben. Nicht die Kraft und ihre immer gespannte Darstellung, die kleinen menschlichen Schwächen oder die Herablassung durch Güte dazu machen liebenswürdig. Der große Mann zeigt uns alsdann, unser aller Mutter sei auch die seine, er bleibe ihr getreu und sei uns noch nah verwandt!

*

Der große Mann unterscheidet sich durch gar vieles von dem kleinen. Unter andern auch dadurch, daß er aus vielem Kleinen etwas Großes macht und dieser aus dem Großen selbst etwas Kleines.

*

Witz entspringt aus dem Geiste, dem Kopfe; er ist nur dann recht stechend und allzeit fertig, wenn er in der moralischen Gleichgültigkeit gegen das Lächerliche und Schlechte so weit gekommen ist, daß er es nur als Gegenstand des Spotts, als glückliche Veranlassung zu glänzenden Einfällen betrachtet. Der Sarkasmus entspringt aus dem Herzen, das starke Gefühl desselben entzündet den Geist, seine Blitze fahren durch die düstern Wolken, die der Unwille, die Verachtung über und gegen das Schlechte, Niederträchtige zusammengetrieben haben. So trifft der Sarkasmus des empörten, edlen, geistreichen Mannes den Schuldigen durch Geist und Fleisch; den Einfall des bloß Witzigen schreibt dieser der Bosheit oder dem Kitzel zu und geht ungetroffen vorüber.

*

Ein Mann, der immer mit festem Sinn nach Maximen und Grundsätzen in der Welt handelt und doch sein Glück machen will, kömmt mir wie ein Feldherr vor, der Schlachten großer Vorgänger

kopiert, sie ausführt, ohne die Stellung des Feindes
damit verglichen oder die seine darnach beurteilt
zu haben; oder wie einer, der sich zu einem Zwei-
kampf bewaffnet, ohne zu wissen, mit was für
Waffen sein Gegner ihm entgegentreten wird. Der
wahre Glücksjäger tritt ohne alle Waffen auf, er
verbeugt sich vor jedem Kämpfer, zeigt gar keinen
Mut, fällt vor jedem Streich besiegt nieder – und
steht doch endlich als Sieger auf, da im Gegenteil
der erste, wenn ihm auch durch Zufall ein glücklicher Streich gelingt, der endlichen Niederlage gewiß am nächsten ist. Soll man also weder Maximen
noch Grundsätze haben? Das sage ich nicht; ich
sage nur, daß der Mann, der sie zum Glückmachen
brauchen will, nicht vergessen muß, daß, sowenig
zwei Blätter der größten Eiche oder aller Bäume
eines ganzen Waldes sich einander gleichen, ebensowenig gleichen sich zwei Lagen im menschlichen Leben, und daß es nicht mit der Maxime
allein gelingt, sich in diese ungleichen Lagen hin-
einzuschicken.

*

Wen Glück und Unglück nicht auf die Probe gestellt haben, der stirbt wie ein Reichssoldat, der nie
den Feind gesehen hat.

*

Der Biedermann, der es nun einmal darauf ange-
legt hat, sich mit den Schurken herumzuschlagen,
vergesse ja nicht, seinen Harnisch jeden Morgen

anzuschnallen; am besten, er legt ihn nie ab; denn auch in der tiefsten Einsamkeit lauert ein sehr gefährlicher Feind auf ihn.

*

Wer da sagt: «Ich traue keinem Menschen», traut den Menschen schon insoweit, daß er glaubt, man könne ihnen so etwas ins Gesicht sagen. Er wird schon weiter gehen oder weiter geführt werden, als er gehen wollte, da man seinen Leibspruch kennt.

*

Soviel muß doch der Materialist zugeben, daß es die Meinung ist, die Seele komme uns von dem Oberherrn der Geister – also vom Himmel – und kehre wieder zu ihm zurück –, welche die erhabensten Gedanken, Empfindungen und wohl auch Taten hervorgebracht hat. Wenigstens muß er selbst darüber erstaunen und seinen Dogmatismus so lange fallen lassen, bis er ihn bei kälterm Sinne wieder aufnehmen kann.

*

Die Katholiken mögen die Protestanten immer Ketzer schelten; das, was sie von Aufklärung erhalten haben, sowie die wenige Geistesfreiheit, deren sie genießen, verdanken sie ihnen doch, und sie lohnen es, wie Menschen immer Wohltaten lohnen.

*

Der Gesetzgeber, Priester, politische Kopf, Despot oder was er war, der die armen, eingeschreckten Menschen glauben machte, eine allgemeine Was-

serflut habe einst, um der Sünde willen, unser
ganzes Geschlecht vertilgt, wußte wohl, daß er zu
Leuten sprach, die so etwas zu verdienen glauben
konnten.

*

Die meisten Menschen sterben, ohne nur ein Wort
davon zu wissen, daß sie durch ein unbegreifliches
Wunder gezeugt worden sind, durch ein ebenso
großes Wunder gelebt haben und von nichts als
den erstaunungsvollsten Wundern der Natur umgeben waren. Sie ahnden gar nicht, daß sie ihre
Tage auf einem Schauplatz voller Zauberschlösser
zugebracht haben, deren herrliche Erscheinungen
und Wunder keine Einbildungskraft erreicht, kein
Verstand durchdringt, kein Gedächtnis faßt und
keine menschliche Zunge nennt. Wer die Natur
durch ihre großen Historiker und die Beobachtung
selbst nicht kennt, der geht aus dem Grabe im Mut-
terleib in das Grab der Erde hinüber, ohne daß sich
der Schleier vor seinen Sinnen verdünnt hat, und
ich weiß nicht, wie er die Wunder jener Welt ansieht und erkennt, da er in dieser ein Fremdling
geblieben ist und sozusagen ohne Maßstab an-
kömmt.

JOHANN GOTTFRIED SEUME

(1763–1810)

Wer aus sich herauslebt, tut immer besser, als wer in sich hineinlebt.

*

Wo ein einziger Mann den Staat erhalten kann, ist der Staat in seiner Fäulnis kaum Erhaltung wert.

*

Wer keine Ungerechtigkeit vertragen kann, gelangt selten zu Ansehn in der Gegenwart; und wer es kann, verliert den Charakter für die Zukunft.

*

Einem Menschen, der seinen Bruder unbesonnen um Hülfe zum Himmel weist, sollte man die Erde zur Hölle machen, und zwar ohne Aussicht auf den Himmel.

*

Das Los der Menschen scheint zu sein, nicht Wahrheit, sondern Ringen nach Wahrheit; nicht Freiheit und Gerechtigkeit und Glückseligkeit, sondern Ringen darnach.

Der Himmel hat uns die Erde verdorben.

*

Wem sein eigener Beifall nicht genügt, macht an dem Beifall der Welt einen schlechten Gewinn.

*

Leben heißt wirken und vernünftig wirken. Nach unserer Weise heißt es aber leiden und vernünftig leiden.

*

Wer nicht mit schlechten Menschen in Gesellschaft sein kann, ist noch zu wenig in der Welt gewesen. Wem aber ihre Gesellschaft reine Unbefangenheit läßt, oder gar Vergnügen gewährt, war zu viel in der Welt.

*

Wenn man sagt, eine Nation kann die Freiheit nicht vertragen, so heißt das: der weit größere Teil derselben besteht aus Schurken, Narren und Dummköpfen; oder ein einziger versteht es, sie dazu zu machen.

*

Wer in sich nicht Licht und Kraft genug hat, kommt bei dem Studium der Geschichte in Gefahr, sich unbedingt dem Unsinn zu ergeben.

*

Aus der freien Narrheit der Individuen kann für den Staat große Weisheit gedeihen.

Das Schild der Humanität ist die beste, sicherste Decke der niederträchtigsten öffentlichen Gaunerei.

*

Innere Furchtsamkeit führt zur Sklaverei; äußere Besorgnis hält die Freiheit.

*

Die Nation, welche nur durch einen einzigen Mann gerettet werden kann und soll, verdient Peitschenschläge.

*

Das Zwielicht ist der Raum des Dichters und der Kunst überhaupt. Wo die Vernunft an die Sinnlichkeit und die Sinnlichkeit an die Vernunft grenzt, ist der Mensch in seinem schönsten Spiele. Vernunft ohne Sinnlichkeit scheint nicht mehr menschlich zu sein; und Sinnlichkeit ohne Vernunft ist es gewiß nicht. Stimmung für die Kunst und Genuß in derselben ist also der Stempel der Humanität. Die Sinnlichkeit mag darin herrschen; aber die Vernunft hat ihr die Herrschaft übertragen: und sie herrsche so, daß ihre Kommittentin die Vollmacht nicht zurücknimmt!

*

Wer Ansprüche macht, beweist eben dadurch, daß er keine zu machen hat.

*

Jede Periode des Lebens hat ihre Leidenschaften. Das Alter, das man für die weiseste halten sollte, hat gewöhnlich die schmutzigsten.

Einige leben vor ihrem Tode, andere nach ihrem
Tode. Die meisten Menschen leben aber weder vor
noch nach demselben; sie lassen sich gemächlich in
die Welt herein, und aus der Welt hinaus vegetie-
ren.

*

Ob die Weiber so viel Vernunft haben als die Männer, mag ich nicht entscheiden; aber sie haben ganz
gewiß nicht so viel Unvernunft.

*

Wo man anfängt, den Krieger von dem Bürger zu
trennen, ist die Sache der Freiheit und Gerechtigkeit schon halb verloren.

*

«Was ist der Mann?» fragen andere. «Wer ist sein
Herr Vater?» fragt der Deutsche.

*

Wer keinen Freund hat, verdient keinen; ein halb
wahrer Satz. Aber wer keinen Feind hat, verdient
keinen Freund; möchte eher zu beweisen sein.

*

De mortuis et absentibus nil nisi bene, ist zwar sehr
human, aber nur halb wahr. Die Moral sagt wohl
weiter nichts als: man soll das Schlimme von einem
Manne am liebsten geradezu dem Manne selbst
sagen: da kann es moralisch am besten wirken.

Es ist oft nichts unphilosophischer als die Philosophen, und nichts dümmer als die Gelehrten. Daß
man sich dumm lernt und närrisch philosophiert,
sind ziemlich gewöhnliche Erscheinungen.

*

Man wird zum Gotteslästerer und Vernunftleug-
ner bei dem Blick auf die Welt: und doch ist dieser
Gedanke an Gott und Vernunft das einzige Heilige
und Große, was wir haben. Der Rest ist Schlamm
und Sumpfluft.

*

Wo ich in einem Staate gesetzlich von einem Sklaven höre, nehme ich sogleich die Möglichkeit von
zehn Millionen an; der Keim dazu ist gelegt. Und
wo sich einer vor dem andern mit Freiheiten und
Rechtsvorzügen brüsten kann, wird Freiheit und
Gerechtigkeit noch lange nicht wohnen.

*

Das Wort *Staatskörper* ist sehr passend gewählt:
denn man hat bis jetzt wenig daran gedacht, auch
Seele hineinzubringen.

*

Die Gelehrten haben meistens die abgeschliffenste
Gleichgültigkeit gegen Recht und Unrecht, und
vermieten ihr Bißchen erbärmliche Dialektik für
den schmutzigsten Gewinn an den Meistbieten-
den; aber die Staatsverweser und die Religionsvor-
steher tun auch alles Mögliche, um aus rechtlichen,
vernünftigen Leuten Indifferentisten zu machen.

Herrschen ist Unsinn, aber Regieren ist Weisheit.
Man herrscht also, weil man nicht regieren kann.

*

Eine gute Tat, wenn sie wirklich die Probe hält, ist
besser als Millionen guter Worte; aber manchmal
ist das Wort die Tat selbst; und dann hat es hohen
Wert.

*

Wenn dem Menschen nicht immer etwas teurer ist
als das Leben, so ist das Leben nicht viel wert.

*

Die Menschen sind durch die täglichen Erscheinungen um sich her so an Schändlichkeiten gewöhnt, daß sie alle Augenblicke von einer künftigen Infamie mit aller Unbefangenheit wie von
einer Sache sprechen, die zu der sogenannten guten
Ordnung der Dinge gehöre.

*

Dem Himmel darf man Hohn sprechen, der duldet's; denn er ist groß und seiner Allmacht und
Weisheit gewiß. Der Menschen Dünkel und äffische Göttlichkeit antasten, bringt Ketten und
Tod; denn sie sind klein und fühlen den Ungrund
ihrer Anmaßungen. Sie schützen also Torheit mit
Laster und Laster mit Verbrechen.

Gewisse Dinge glaube ich sogleich, wenn ich sie
höre, so sehr haben sie den Stempel der Wahrheit;
gewisse Dinge muß ich sehen und hören, um sie
zu glauben; und gewisse Dinge glaube ich nicht,
wenn ich sie auch sehe und höre.

*

Die meisten Leidenschaften scheuen den Tag, und
sind schon gefährlich genug: aber furchtbar ver-
heerend sind die, die in der Finsternis geboren werden und sich vom Sonnenlicht nähren: Ruhmsucht
und Herrschsucht.

JEAN PAUL

(1763–1825)

Die Schriftsteller, welche ihre Schriften mit der Feile in der Hand verfertigen, werden im gemeinen Leben wenig oder schlecht sprechen. Sie sind zu sehr gewohnt, gut zu sprechen, um geschwind zu sprechen.

*

Ein Autor sollte unter die Schönheiten, die nur Kenner fühlen, immer solche mit mischen, die auch der schlechte Leser fühlt.

*

Man erwartet in den Anmerkungen eines Buches schlechtern Stil.

*

Vor Frauenzimmern darf man bloß Männer loben.

*

In einer schlechten Kleidung gelingt das Artigtun weniger als in einer guten.

Der gefällt nicht, der fürchtet, nicht zu gefallen; denn die Ungezwungenheit, die allen übrigen Schönheiten des Umgangs erst ihren Wert und oft ihr Dasein gibt, verschwindet mit der Furcht.

*

Eine witzige Schmeichelei verzeiht sogar der Bescheidenste.

*

Bei der Geliebten nur darf man von sich reden.

*

Wenn man die Verteidigung nicht widerlegen kann, tadelt man die Art derselben.

*

Ein Dummer mit Lebhaftigkeit ist das lächerlichste Geschöpf.

*

Man kann gegen ein Laster mit dem größten Nachdruck predigen, und es doch ausüben, ohne zu heucheln.

*

Niemand denkt über den verschiedenen Wert großer Autoren verschiedener als große selbst.

*

In der Einsamkeit wird der gute Teil des Menschen, in der Menge der schlechte vergrößert; jener bekommt dort die Waffen, dieser fühlt sie hier. In der Gesellschaft lernt man die Tugend nicht.

Wenn man in einem wirksamen Helfen begriffen ist, wird man von den Seufzern des Leidenden minder gerührt.

*

Das Schönste, was wir in der Vergangenheit antreffen, ist die Hoffnung.

*

An andern liebt man Vollkommenheiten, an sich sich.

*

Alles Vergnügen kommt von ungefähr und fället aus den Wolken; an dem, das man lange erwartet, ist selten viel.

*

Er hatte Lebensart, nicht um sie zu zeigen, sondern aus Menschenliebe und Schonung: denn Lebensart ist die Tugend auf kleine Gegenstände angewandt.

*

Warum fürchten sich Furchtsame am dunkeln Morgen und am Tage in finstern Orten minder als zu Nachts?

*

Mittelmäßigkeit in der Kleidung allein gut.

*

Wer nicht immer weiser wird, der ist nicht einmal weise.

Die beste Gesellschaft mißfället einem, der nicht darin schimmern kann; und die schlechteste nicht, weil er's kann.

*

Wer gut ist, gibt Lob mit größerm Vergnügen als er's empfängt.

*

Ich möchte schon deswegen nicht zweimal leben, weil mich vor dem Eigendünkel der Jugend ekelt.

*

Der Mensch kömmt allzeit in Verlegenheit, wenn er etwas von vorn erzählen oder eine Geschichte anfangen soll.

*

Man weint weniger bei schmerzhaften Gefühlen als bei dem Gedanken, daß man nun weinen werde.

*

Nichts macht die Menschen vertrauter und gegen einander gutgesinnter als gemeinschaftliche Verleumdung eines dritten.

*

Die Leute hassen am wenigsten, die ihren Haß in Spott und Laune auslassen.

*

Sieh dich nicht nach viel Gründen zum Guten um. Mach nur den Anfang; dieser oder die Fortsetzung geben sie dir schon nachher.

Der hat das beste Äußerliche, bei dem man es vergißt.

*

Nach dem Ruhm fragt man nur so lange, als man die Sache nicht hat, die ihn gibt; hat man diese, verschmäht man jenen.

*

Die gewöhnlichen Menschen hassen nichts so sehr an andern als Einsamkeit.

*

Keiner hat einen Vorzug, den er nicht einmal übertrieben hat.

*

Liebe zu Kindern, Natur und Tieren können nur gute Menschen haben; schlimme haben sie nur zu Individuen.

*

Freude macht aufrichtig.

*

Große Seelen fallen am ersten in Selbstverachtung.

*

Denken lernt man nicht an Regeln zum Denken, sondern an Stoff zum Denken.

*

Man wird am leichtesten verschwiegen unter Leuten, die es nicht sind.

Alle, die nur für Leute eines Fachs schreiben, zum Beispiel Theologen, schreiben deswegen elend.

*

So lang ein Mensch ein Buch schreibt, kann er nicht unglücklich sein.

*

Es ist die größte Weisheit, sich über die Menschen hinauszusetzen, ohne sie zu hassen oder zu verachten.

*

Mit manchen Dingen muß man prahlen, um sich ihrer nicht zu schämen.

*

Man hat eine Wahrheit lange gehört, verstanden, gelobt, eh man sie verdauet und zum Teil seines Ichs macht.

*

Die Kunst des Arztes wohnt zwischen der Ohn- und Allmacht der Natur mitten.

*

Zur Freundschaft gehört: daß wir einander gleichen, einander in einigem übertreffen, einander in einigem nicht erreichen.

*

Ich bedaure nichts, was ich auf der Erde verloren, keine Jugend und keine Freude, – außer dem Verlust der hohen Vorstellung, die ich von allen diesen gehabt.

Es ist schöner, eine schöne Gegend zu betrachten als zu betreten.

*

Man kann die feinsten Bemerkungen über den Menschen und über Individuen machen, und doch von ihnen betrogen werden, das heißt sie nicht kennen.

*

Man drückt lieber die Augen zu, als daß man die Finsternis sähe.

*

Man widerlegt lieber den, der zu schwer als der zu leicht zu widerlegen ist.

*

Daß Verstand erst mit den Jahren kommt, sieht man nicht eher ein, als bis der Verstand und die Jahre da sind.

*

Eine Falschheit verscheucht alle liebende Empfindung, wie Katzenhaar die Bienen.

*

Der Mann wird der Frau am ähnlichsten in der Zeit der Liebe; diese ihm in der Ehe.

*

Weiber halten die Leiden besser aus als Männer; nur die der Liebe schlechter.

Sanfte weiche Menschen beweisen zum Schutz anderer einen größern Zorn und Mut als für sich, zum Beispiel Mütter.

*

Wenn man einem ein Geheimnis gesagt, will man ihm das zweite sagen.

*

Wenn ein Buch nicht wert ist, zweimal gelesen zu werden, so ist's auch nicht wert, einmal gelesen zu werden.

*

Bei manchen zerfließet alles so sehr ins Ganze, daß sie bei *eignen* Fehltritten die Schwäche der *menschlichen* Natur bedauern.

*

Die Fehler in jedem Amt beurteilt man zu streng, wenn man nicht darin war.

*

Ich bekomme die alte Liebe gegen Personen wieder, wenn ich ihre Briefe wieder lese.

*

Wenn man lang ein Kleidungsstück ansieht, kömmt's einem närrisch vor.

*

Eltern schlagen stärker, wenn das Kind nicht schreiet.

Manche wollen ihre Freunde nur von sich gelobt wissen.

*

Wenn die Menschen immer Versuchungen zu großen Sünden hätten: sie blieben gut; aber die täglichen Kämpfe gegen kleine gewöhnen an Niederlagen.

*

Mädchen sind nie bitterer als bei der Schilderung weiblicher Häßlichkeit.

*

Manche kriegen Mut und Liebe bloß durch Reden.

*

Man kann Liebe selten zu spät, immer zu bald gestehen.

*

Unterschied unter Männern und Weibern, daß diese in der Leidenschaft keine Gründe annehmen.

*

Es ist leicht, dem Feind einen Gefallen zu erweisen; aber schwer, ihn bei sich zu entschuldigen.

*

Der freiwillige Despot ist mehr wert als der freiwillige Sklave.

*

Man verbindet sich oft einen Menschen, wenn man nach dem Namen seines Hundes fragt.

Voltaire widerlegt den Pascal und hat überall recht – nur darin nicht, daß er ihn nicht verstand.

*

Wenn ich jemand lang ins Gesicht schaue, lieb' ich ihn wieder.

*

Kluge halten das Gewöhnliche, Dumme das Ungewöhnliche für toll.

*

Gerade am Ziel der Wünsche ersticken und verstecken Weiber ihre Wünsche leichter.

*

In einem Vormittage, wo man reiset, ein ungewöhnliches Geschäft hat – kurz in jeder *neuen* Lage – lebt man mehr, sieht das Leben anders, fühlt sich mehr als in vier gewöhnlichen Wochen.

*

Es ist so schwer als verdienstlich, seinen Verwandten – Mutter, Sohn – schmeichelnde Höflichkeiten zu sagen.

*

Nicht daß man geliebt *hat,* sondern *wurde,* nicht die Erinnerung der gegebnen, sondern der empfangnen Liebe liegt so schwer in der Brust.

*

Gegen Liebe ist man nie undankbar, nur gegen Wohltaten.

Man ist in der Liebe darum ungerecht, weil man
den andern für vollkommen hielt.

*

Mädchen lieben Puppen, weil sie früher schon Personen mehr lieben als Sachen.

*

Anfangs macht man das Buch nach sich, dann sich
nach dem Buch.

*

Je älter man wird, desto toleranter gegen das Herz
und intoleranter gegen den Kopf.

*

Weiber behalten eigne Geheimnisse, Männer
fremde.

*

Vor und nach dem Feste davon reden ist das Fest.

*

Selber Kinder haben wieder etwas Kindisches, worüber sie selber lachen.

*

Man spricht und dichtet viel eher von der Leerheit
und Nichtigkeit des Lebens, als man sie kennt; man
spricht ungern oder nicht freudig davon, wenn
man sie kennt.

*

Jeder kennt noch ein Zeremoniell, über das er
schimpft, und eines, das er behalten wissen will.

Je weniger die Menschen *sind* – je weniger Poesie, Philosophie, eigne Bemerkungen – desto mehr zeigen sie das, was sie *wissen*. Daher das Schweigen der Weiber.

*

Der Kopf ändert sich ewig, das gute Herz wenig.

*

Um die Aristokraten, Großen recht zu erraten, betrachte man ihr Betragen gegen ihre Bediente; es gibt mehr großmütige Bediente und Arme als Herren und Reiche.

*

Je gewöhnlicher ein Mensch ist, desto mehr glaubt er an Rezensionen.

*

Nichts ist gefährlicher als eine unvollendete Versöhnung, sie erschwert die vollendete mehr als keine.

*

Gerade in der Einsamkeit glaubt man, daß die Menschen am meisten an einen denken; im Leben mit der Welt merkt man das Gegenteil.

*

Eine lange Zeit lernt man darum die Menschen nicht kennen, weil man sie überall für besser hält als sich.

Wir machen nicht nur Sachen, auch Menschen zu Worten – zum Beispiel ein Bettler geht vorüber, wir denken uns etwas Allgemeines, anstatt lebendig seine Verhältnisse anzuschauen. Daher der Nutzen des Dichters, der uns wieder die Worte lebendig macht.

*

In großen Städten vergisset man den eignen Tod so leicht und kalt wie den fremden.

*

Kein Mensch, der schweigen konnte, war mir noch ein gemeiner.

*

Warum halten sich die Menschen für scharfsichtiger, wenn sie das geheime Böse entdecken, als das geheime Gute?

*

Der Mutige erschrickt *nach* der Gefahr, der Furchtsame *vor* ihr, der Feigste *in* ihr.

*

An gewissen verstellten Menschen ist nichts so unerträglich als ihre halb un- und halb willkürliche Herzlichkeit.

*

Um zu wissen, wie gut oder schlimm eine Nation (deutsche) von sich denkt, muß man nicht auf das Schlimme hören, das sie von sich, sondern auf das, das sie von fremden Nationen sagt.

Ein Autor wird am dunkelsten, wenn er Sätze sagt,
die er tausendmal dachte und die, in seinem Innern
lang erzogen, er nicht erst auf dem Pulte erfand, wo
er sie gab. Andere entwickeln sich und dem Leser
zugleich die Sache.

*

Schlechte Autoren sollte man *vor,* gute *nach* ihren
Büchern kennen lernen, um jenen die Bücher zu
vergeben, und diese den Büchern.

*

Die Kinder sagen unzählige zarte Gefühle heraus,
die die Erwachsenen auch haben, aber nicht sagen.

*

Virtuosen in der Musik vertragen keinen Tadel aus
dem Grunde, warum Grammatiker keinen vertragen.

*

Der gute Mensch sogar drückt seine guten Maximen noch schärfer aus, als er sie übt.

*

Das Unglück der Weiber ist, daß sie nicht im
Stande sind, Männer so keck zu verachten als Weiber.

*

Man muß dem andern Gefälligkeiten erzeigen,
nicht weil sie ihm gefallen, sondern um ihm unsere
Achtung zu beweisen.

Gerade der Freie sucht den Schein der Freiheit am wenigsten.

*

Wenn der höhere Mensch sich gemeinen gleich stellet, so halten sie ihn für gleich.

*

Der rechte Charakter ist, nicht mit Standhaftigkeit anfangen und nach den Umständen sich zu fügen – sondern wie die Römer in jeder Verschlimmerung nicht um einen Fußbreit zu weichen.

*

Zur Lebensart gehört, daß man auch gegen sich höflich sei.

*

Der geistige vornehme Anstand verbietet, sich oder den andern herabzusetzen, sondern gebeut, mit Selbstachtung andere zu achten.

*

Leute, die aus der Armut zum Reichtum steigen, haben immer eine kleine Knauserei irgendwo.

*

Eine kurze Enthaltsamkeit ist schwerer als eine lange.

*

Wo viel Ehrgefühl, da ist viel Ehrgeiz; aber gar nicht umgekehrt.

Man muß nie eine Bitte anfangen: «Ihrem Versprechen gemäß». Denn der Mensch will lieber von
neuem frei als gebunden handeln.

*

Mangel an Verschwiegenheit entsteht meistens aus
Mangel an Redestoff.

*

Die Worte des Ehemanns wirken höchstens auf die
Ehefrau, wenn er sie einer fremden vorsagt.

*

Gerade in der Tugend, worin man sich schwach
fühlt, bewundert man am leichtesten deren Über-
treibung bei andern.

*

Oft besteht die größere Kraft eines Mannes weniger darin, wie er ein Amt verwaltet, als wie er in
dasselbe gelangte.

*

Die rechte unwillkürliche Originalität ärgert sich,
daß nicht jeder ist wie sie –, die scheinbare will gar
nicht, daß andere sind wie sie.

*

Die Ärzte haben auch darum weniger Schein des
Mitleids, weil sie Anschläge des Helfens haben; die
Trostlosigkeit, nicht helfen zu können, hat keinen
Trost als den, zu weinen.

Es ist physisch viel leichter, eine Nonne zu sein als ein Mönch; moralisch viel schwerer.

*

Nichts ist unbegreiflicher als die Ursache, warum dasselbe Weib – zu verschiednen Zeiten – so viel versagt und gewährt.

*

Eine Gattin verzeiht leichter Untreue und Freude an fremden Reizen als Kälte gegen ihre.

*

Ich begreife, wie man ein Tyrann sein kann; aber nicht, wie man einer einen ganzen Tag lange sein kann.

*

Das Unrecht, das dir geschieht, treibe rächend ab, aber nicht als Individuum, sondern als Menschheit; diese soll sich nichts gefallen lassen.

*

In der Politik errät sogar das Publikum stets das Listige und Feine; nur das Große und Reine allein ist dazu gemacht, nicht geahndet zu werden.

*

Je älter man wird, desto mehr will man gewöhnlicher erscheinen, um nur nicht die Mühe zu haben, bemerkt zu werden.

Je höher die Stände, desto mehr hat der Mann zu tun und desto weniger die Frau. Der König muß doch wenigstens bedenken und unterschreiben. Die Königin lebt von ihm. In untern Ständen ist es wie bei Wilden fast umgekehrt.

*

Nichts ist leichter, als die Kinder dazu zu erziehen, daß sie gehorchen, gefallen, aufwarten und alles tun, was Eltern und andere Erwachsene begehren. Freilich sind dann die Kinder nichts, nicht mehr als die Eltern. Aber schwerer ist es, Gehorsam und Freiheit zu vereinigen, die Kraft dazulassen und doch zu lenken und sich selber einen Gegner der besten Art zu erziehen.

*

Wer sich der Eitelkeit recht bewußt ist, verbirgt sie stark und doch ohne Erfolg; wer nicht, ist geradehin und vielleicht angenehmer eitel.

*

Der Eitelkeit oder ihrem Scheine entgeht niemand, wenn ihn nicht eine große Idee erfüllt, die ihn gegen sein Selbst verblendet.

*

Wer kein Weiberhasser werden will, höre nie zwei Weiber mit einander zanken.

*

Gerade in der größten Lebenskraft erscheint einem die Zerstörung derselben am angenehmsten; in der schwächsten erscheint der Tod zu matt und quälend.

Es ist unendlich verschieden, einen Menschen lieben und *etwas* an ihm lieben, und sei dieses Etwas das Edelste; er wird doch Mittel; aber das Lieben des ganzen Menschen macht ihn mir nur zum Ziel seiner und meiner selber.

*

Erst dann, wenn der Gelehrte weiß, daß er einsam *bleibt,* fühlt er sich recht und genießend einsam.

*

Auch die Möbeln gehören zum weiblichen Anzug, zum Beispiel ein schwarzes Kanapee ist ein gutes Unterfutter für einen weißen Arm.

*

In der Ehe besonders – aber eigentlich überall – ist der große Irrtum, daß man glaubt, sobald man seinen Wert, sei es schreibend oder handelnd, dem andern feurig gezeigt und eingeprägt, man habe in den matten Tagen des Lebens dieselbe feurige Darstellung des Innern nicht zu wiederholen, sondern auf die erste zu bauen. Das Wiederkommen der Zeit fordert Erneuerung des ersten Eindrucks, und um so mehr, je größer er war.

*

Spät im Leben erwartet man jede Freude und jede Hölle; nur keine ewige.

*

Die wenigsten Menschen verdienen, daß man etwas von ihnen annimmt.

Bloß bei den Tieren kann ich rein rechnen, daß sie je besser gegen mich sind, je besser ich gegen sie; bei den Menschen nicht, ja oft umgekehrt.

*

Wie die Ehe das physische Wohlgefallen immer mehr schwächt, so verstärkt sich das moralische durch Zusammensein; daher sogar eine zarte Nebenliebe doch nicht gegen das heiße eheliche Aneinandergewohntsein besteht.

*

Die richtigsten Strafen der Eltern bei Kindern sind die, wo die Eltern fast mehr Schmerzen fühlen als geben, mehr moralische als diese physische. Freude am Strafen hat nur der Teufel.

*

Kein Dichter sollte mit Dichtern umgehen, sondern mit andern Leuten, und diese sollten wieder mit Dichtern umgehen, jeder zu seiner Heilung.

*

In der Jugend wird fast jedes Bedürfnis zum Genuß, im Alter jeder Genuß zu einem Bedürfnis.

*

Kein großer Philologe hat ein poetisches oder philosophisches Meisterstück geschaffen; man ist nur froh, wenn er seine Sprache halb so gut schreibt, als er die fremde versteht.

Wenn wir eine Mücke, die uns unterwegs oft an-
fällt, verjagen, halten wir erzürnt irrend sie immer
für die alte; hingegen bei kleinen Leiden begehen
wir den umgekehrten Irrtum und halten jedes wie-
derkommende für ein frisches Insekt mit andern
Stacheln; andere Zeit und anderer Ort scheinen uns
anderer Schmerz.

*

Im Alter glaubt man noch an die richtige Jugend-
regel zum Beispiel bei dem Körper, daß eine Heilung und Stärkung im Jahre 1821 einen stärkern
Körper im Jahre 1822 gebe. Aber für das Alter
gibt's keine stärkende, nur eine schwächende Zukunft; und jedes Jahr senkt sich tiefer, und alles,
was man in sich vorzubereiten hat, ist Standhaftigkeit für die tiefere Stufe und Abwehr eines
Sprungs, statt eines Schrittes. – Eigentlich ist das
Alter weit weniger er- und gekannt, weil die meisten keines erleben, und als Jünglinge nur die Jugend verstehen, indes der Alte Jugend und Alter
zugleich versteht.

*

Die meisten fangen an, in ihr eignes Lob zu geraten, wenn man ihnen lange eines erteilt, wie der
Hund sich selber mit zu kratzen anfängt, wenn
man ihn wohltuend kratzt.

NOVALIS

(1772–1801)

Wir suchen überall das Unbedingte, und finden immer nur Dinge.

*

Wunder stehn mit naturgesetzlichen Wirkungen in Wechsel: sie beschränken einander gegenseitig, und machen zusammen ein Ganzes aus. Sie sind vereinigt, indem sie sich gegenseitig aufheben. Kein Wunder ohne Naturbegebenheit und umgekehrt.

*

Wie kann ein Mensch Sinn für etwas haben, wenn er nicht den Keim davon in sich hat? Was ich verstehn soll, muß sich in mir organisch entwickeln; und was ich zu lernen scheine, ist nur Nahrung, Inzitament des Organismus.

*

Der Sitz der Seele ist da, wo sich Innenwelt und Außenwelt berühren. Wo sie sich durchdringen, ist er in jedem Punkte der Durchdringung.

Genie ist das Vermögen, von eingebildeten Gegenständen wie von wirklichen zu handeln, und sie auch wie diese zu behandeln. Das Talent darzustellen, genau zu beobachten, zweckmäßig die Beobachtung zu beschreiben, ist also vom Genie verschieden. Ohne dieses Talent sieht man nur halb, und ist nur ein halbes Genie; man kann genialische Anlage haben, die in Ermangelung jenes Talents nie zur Entwickelung kommt.

*

Scham ist wohl ein Gefühl der Profanation. Freundschaft, Liebe und Pietät sollten geheimnisvoll behandelt werden. Man sollte nur in seltnen, vertrauten Momenten davon reden, sich stillschweigend darüber einverstehen. Vieles ist zu zart um gedacht, noch mehres um besprochen zu werden.

*

Derjenige wird nie als Darsteller etwas Vorzügliches leisten, der nichts weiter darstellen mag als seine Erfahrungen, seine Lieblingsgegenstände, der es nicht über sich gewinnen kann, auch einen ganz fremden, ihm ganz uninteressanten Gegenstand, mit Fleiß zu studieren und mit Muße darzustellen. Der Darsteller muß alles darstellen können und wollen. Dadurch entsteht der große Stil der Darstellung, den man mit Recht an Goethe so sehr bewundert.

*

Die höchste Aufgabe der Bildung ist, sich seines transzendentalen Selbst zu bemächtigen, das Ich seines Ichs zugleich zu sein. Um so weniger befremdlich ist der Mangel an vollständigem Sinn und Verstand für andre. Ohne vollendetes Selbstverständnis wird man nie andere wahrhaft verstehn lernen.

*

Humor ist eine willkürlich angenommene Manier. Das Willkürliche ist das Pikante daran: Humor ist Resultat einer freien Vermischung des Bedingten und Unbedingten. Durch Humor wird das eigentümlich Bedingte allgemein interessant und erhält objektiven Wert. Wo Phantasie und Urteilskraft sich berühren, entsteht Witz; wo sich Vernunft und Willkür paaren, Humor. Persiflage gehört zum Humor, ist aber um einen Grad geringer: es ist nicht mehr rein artistisch und viel beschränkter. Was Friedrich Schlegel als Ironie charakterisiert, ist meinem Bedünken nach nichts anders als die Folge, der Charakter der Besonnenheit, der wahrhaften Gegenwart des Geistes. Schlegels Ironie scheint mir echter Humor zu sein. Mehre Namen sind einer Idee vorteilhaft.

*

Interesse ist Teilnahme an dem Leiden und der Tätigkeit eines Wesens. Mich interessiert etwas, wenn es mich zur Teilnahme zu erregen weiß. Kein Interesse ist interessanter, als was man an sich selbst nimmt; so wie der Grund einer merkwürdigen Freundschaft und Liebe die Teilnahme ist, zu der mich ein Mensch reizt, der mit sich selbst beschäftigt ist, der mich durch seine Mitteilung gleichsam einladet, an seinem Geschäfte Teil zu nehmen.

Der Mensch besteht in der Wahrheit. Gibt er die Wahrheit preis, so gibt er sich selbst preis. Wer die Wahrheit verrät, verrät sich selbst. Es ist hier nicht die Rede vom Lügen, sondern vom Handeln gegen Überzeugung.

*

Wo echter Hang zum Nachdenken, nicht bloß zum Denken dieses oder jenes Gedankens, herrschend ist, da ist auch Progressivität. Sehr viele Gelehrte besitzen diesen Hang nicht. Sie haben schließen und folgern gelernt wie ein Schuster das Schuhmachen, ohne je auf den Einfall zu geraten, oder sich zu bemühen, den Grund der Gedanken zu finden. Dennoch liegt das Heil auf keinem andern Wege. Bei vielen währt dieser Hang nur eine Zeitlang. Er wächst und nimmt ab, sehr oft mit den Jahren, oft mit dem Fund eines Systems, das sie nur suchten, um der Mühe des Nachdenkens ferner überhoben zu sein.

*

Jede Stufe der Bildung fängt mit Kindheit an. Daher ist der am meisten gebildete, irdische Mensch dem Kinde so ähnlich.

*

Jeder geliebte Gegenstand ist der Mittelpunkt eines Paradieses.

*

Alle Zufälle unsers Lebens sind Materialien, aus denen wir machen können, was wir wollen. Wer viel Geist hat, macht viel aus seinem Leben. Jede Bekanntschaft, jeder Vorfall, wäre für den durchaus Geistigen erstes Glied einer unendlichen Reihe, Anfang eines unendlichen Romans.

*

Man versteht das Künstliche gewöhnlich besser als das Natürliche. Es gehört mehr Geist zum Einfachen als zum Komplizierten, aber weniger Talent.

*

Der Geschichtschreiber organisiert historische Wesen. Die Data der Geschichte sind die Maße, der der Geschichtschreiber Form gibt, durch Belebung. Mithin steht auch die Geschichte unter den Grundsätzen der Belebung und Organisation überhaupt, und bevor nicht diese Grundsätze da sind, gibt es auch keine echten historischen Kunstgebilde, sondern nichts als hie und da Spuren zufälliger Belebungen, wo unwillkürliches Genie gewaltet hat.

*

Wo Kinder sind, da ist ein goldnes Zeitalter.

*

Schlechthin ruhig erscheint, was in Rücksicht der Außenwelt schlechthin unbeweglich ist. So mannigfach es sich auch verändern mag, so bleibt es doch in Beziehung auf die Außenwelt immer in Ruhe. Dieser Satz bezieht sich auf alle Selbstmodifikationen. Daher erscheint das Schöne so ruhig. Alles Schöne ist ein selbsterleuchtetes, vollendetes Individuum.

Die Kunst, Bücher zu schreiben, ist noch nicht erfunden. Sie ist aber auf dem Punkt, erfunden zu
werden. Fragmente dieser Art sind literarische Sä-
mereien. Es mag freilich manches taube Körnchen
darunter sein: indessen, wenn nur einiges aufgeht!

*

Viele haben gemeint, man solle von zarten, miß-
brauchbaren Gegenständen eine gelehrte Sprache
führen, zum Beispiel lateinisch von Dingen der Art
schreiben. Es käme auf einen Versuch an, ob man
nicht in der gewöhnlichen Landessprache so sprechen könnte, daß es nur *der* verstehn könnte, der es
verstehn sollte. Jedes wahre Geheimnis muß die
Profanen von selbst ausschließen. Wer es versteht,
ist von selbst, mit Recht, *Eingeweihter*.

*

Was man liebt, findet man überall, und sieht überall Ähnlichkeiten. Je größer die Liebe, desto weiter und mannigfaltiger diese ähnliche Welt. Meine
Geliebte ist die Abbreviatur des Universums, das
Universum die Elongatur meiner Geliebten. Dem
Freunde der Wissenschaften bieten sie alle, Blumen
und Souvenirs, für seine Geliebte.

*

Ein Fürst ohne Familiengeist ist kein Monarch.

*

Aber wozu ein einziger, unbeschränkter Haus-
vater? Welcher Willkür ist man da nicht ausgesetzt?

In allen relativen Verhältnissen ist das Individuum einmal für allemal der Willkür ausgesetzt – und wenn ich in eine Wüste ginge – ist da nicht mein wesentliches Interesse der Willkür meiner Individualität noch ausgesetzt? Das Individuum, als solches, steht seiner Natur nach unter dem *Zufall*. In der vollkommenen Demokratie steh' ich unter sehr vielen, in repräsentativer Demokratie unter wenigern, in der Monarchie unter einem willkürlichen Schicksale.

*

Aber fordert nicht die Vernunft, daß jeder sein eigener Gesetzgeber sei? Nur seinen eigenen Gesetzen soll der Mensch gehorchen.

*

Aber die Vortrefflichkeit der repräsentativen Demokratie ist doch unleugbar. Ein natürlicher, musterhafter Mensch ist ein Dichtertraum. Mithin, was bleibt übrig – Komposition eines künstlichen. Die vortrefflichsten Menschen der Nation ergänzen einander. – In dieser Gesellschaft entzündet sich ein reiner Geist der Gesellschaft. Ihre Dekrete sind seine Emanationen – und der idealische Regent ist realisiert.

*

Wer zuerst bis zwei zu zählen erfand – sah, wenn ihm auch selbst das Fortzählen noch schwer ward, doch die Möglichkeit einer unendlichen Fortzählung nach denselben Gesetzen.

Rechte des Gesprächs. Wahre Mitteilung findet nur
unter Gleichgesinnten, Gleichdenkenden statt.

*

Die Menschheit ist gleichsam der höhere Sinn unsers Planeten – das Auge, was er gen Himmel hebt
– der Nerv, der dieses Glied mit der obern Welt
verknüpft.

*

Man weiß und macht innerlich eigentlich immer,
was man wissen und machen will. Diese Handlung
zu fassen, ist nur unendlich schwer. Genaue Beobachtung des ersten Moments der Velleität – der
gleichsam *der Keim* ist, wird uns überzeugen, daß
hier schon alles drin liegt, was sich nachher nur ent-
wickelt.

*

Der erste Mensch ist der erste Geisterseher. Ihm erscheint alles, als Geist. Was sind Kinder anders als
erste Menschen? Der frische Blick des Kindes ist
überschwenglicher als die Ahndung des entschiedensten Sehers.

*

Die Sieste des Geisterreichs ist die Blumenwelt. In
Indien schlummern die Menschen noch immer,
und ihr heiliger Traum ist ein Garten, den Zucker
und Milchseen umschließen.

*

Es liegt nur an der Schwäche unsrer Organe, und
der Selbstberührung, daß wir uns nicht in einer
Feenwelt erblicken. Alle Märchen sind nur Träume

von jener heimatlichen Welt, die überall und nirgends ist. Die höhern Mächte in uns, die einst,
als Genien, unsern Willen vollbringen werden,
sind jetzt Musen, die uns auf dieser mühseligen
Laufbahn mit süßen Erinnerungen erquicken.

*

Ein Lichtstrahl bricht sich noch in etwas ganz anderes als in Farben. Wenigstens ist der Lichtstrahl
einer Beseelung fähig, wo sich dann die Seele in
Seelenfarben bricht. Wem fällt nicht der Blick der
Geliebten ein?

*

Sich nach den Dingen, oder die Dinge nach sich
richten – ist eins.

*

Alle Bezauberung ist ein künstlich erregter Wahnsinn. Alle Leidenschaft ist eine Bezauberung – ein
reizendes Mädchen eine reellere Zauberin, als man
glaubt.

*

Mit *Ärzten* und *Geistlichen* macht sich kein Großer
Bedenken öffentlich und vertraut zu erscheinen –
denn jeder, der ihm begegnet, ahndet so gut, wie
er, die Unentbehrlichkeit dieser Leute in unvermeidlichen Stunden.

*

Die meisten Schriftsteller sind zugleich ihre *Leser* –
indem sie schreiben – und daher entstehn in den
Werken so viele Spuren des Lesers – so viele kri-

tische Rücksichten – so manches, was dem Leser
zukömmt und nicht dem Schriftsteller. Gedanken-
striche – großgedruckte Worte – herausgehobne
Stellen – alles dies gehört in das Gebiet des Lesers.
Der Leser setzt den *Akzent* willkürlich – er macht
eigentlich aus einem Buche, was er will.

*

Sollte nicht für die Superiorität der Frauen der
Umstand sprechen, daß die Extreme ihrer Bildung
viel frappanter sind als die unsrigen. Der verwor-
fenste Kerl ist vom trefflichsten Mann nicht so verschieden als das elende Weibsstück von einer edlen
Frau. Nicht auch der, daß man sehr viel Gutes über
die Männer, aber noch nichts Gutes über die Weiber gesagt findet.

*

Auch ihre größere Hülflosigkeit erhebt sie über
uns – so wie ihre größere Selbstbehülflichkeit – ihr
größeres Sklaven- und ihr größeres Despoten-
talent – und so sind sie durchaus über uns und unter
uns und dabei doch zusammenhängender und un-
teilbarer als wir.

*

Die Holzkohle und der Diamant sind ein Stoff –
und doch wie verschieden. – Sollte es nicht mit
Mann und Weib derselbe Fall sein. Wir sind Tonerde – und die Frauen sind Weltaugen und Saphire,
die ebenfalls aus Tonerde bestehn.

Menschenlehre. – Ein Kind ist eine sichtbargewordne Liebe. Wir selbst sind ein sichtbargewordner Keim der *Liebe* zwischen Natur und Geist oder Kunst.

*

Psychologie. – Geduld ist *zweierlei* – ruhige Ertragung des Mangels – ruhige Ertragung des Übermaßes. Die echte Geduld zeugt von großer *Elastizität.*

*

Physiologie und Psychologie. – Je merklichere Wirkungen die Seele hervorbringen kann, desto stärker ist sie, je unmerklichere Wirkungen der Stoff, die Welt, der Körper im engern Sinn hervorbringen kann, desto stärker ist er. – Je mannigfaltigere dabei beide – desto gebildeter beide. Der Körper soll Seele – die Seele Körper werden. Eins durch das andre – dadurch gewinnen beide.

*

Poetik. – Wenn man manche Gedichte in *Musik setzt,* warum setzt man sie nicht in Poesie.

*

Manche Leute hängen wohl darum so an der Natur, weil sie als verzogne Kinder sich vor dem Vater fürchten und zu der Mutter ihre Zuflucht nehmen.

*

Wenn man einen Riesen sieht, so untersuche man erst den Stand der Sonne – und gebe acht, ob es nicht der Schatten eines Pygmäen ist.

Menschen sind in Bezug auf den moralischen Sinn, was Luft und Licht in Bezug auf Ohr und Auge sind.

*

Der Sinnenrausch ist zur Liebe, was der Schlaf zum Leben.

*

Freiheit ist, wie Glück, dem schädlich – und jenem nützlich.

*

Das Leben eines gebildeten Menschen sollte mit Musik und Nicht-Musik schlechthin so abwechseln wie mit Schlaf und Wachen.

*

Es ist seltsam, daß in einer guten Erzählung allemal etwas Heimliches ist – etwas Unbegreifliches. Die Geschichte scheint noch uneröffnete Augen in uns zu berühren – und wir stehn in einer ganz andern Welt, wenn wir aus ihrem Gebiete zurückkommen.

*

Spielen ist experimentieren mit dem Zufall.

*

Durch das *Eigentum* wird der *Besitz* veredelt, wie durch die Ehe der körperliche Genuß.

Über die Geschlechtslust – die Sehnsucht nach *fleischlicher* Berührung – das Wohlgefallen an nakkenden Menschenleibern. Sollt es ein versteckter *Appetit* nach Menschenfleisch sein?

*

Aus Kraftmangel scheint alle Unzufriedenheit – und mancher andre Fehler zu entstehn.

*

Etwas zu *lernen* ist ein sehr schöner Genuß – und etwas wirklich zu können ist die Quelle der Wohlbehäglichkeit.

*

Man ist allein mit allem, was man liebt.

*

Bedürfnis nach Liebe verrät schon eine vorhandene Entzweiung in uns. Bedürfnis verrät immer Schwäche.

FRIEDRICH SCHLEGEL

(1772–1829)

Manches kritische Journal hat den Fehler, welcher Mozarts Musik so häufig vorgeworfen wird: einen zuweilen unmäßigen Gebrauch der Blasinstrumente.

*

Man muß das Brett bohren, wo es am dicksten ist.

*

Die Romane endigen gern, wie das Vaterunser anfängt: mit dem Reich Gottes auf Erden.

*

Ein Kritiker ist ein Leser, der wiederkäut. Er sollte also mehr als einen Magen haben.

*

Ein witziger Einfall ist eine Zersetzung geistiger Stoffe, die also vor der plötzlichen Scheidung innigst vermischt sein mußten. Die Einbildungskraft muß erst mit Leben jeder Art bis zur Sättigung angefüllt sein, ehe es Zeit sein kann, sie durch die Friktion freier Geselligkeit so zu elektrisieren, daß

der Reiz der leisesten freundlichen oder feindlichen
Berührung ihr blitzende Funken und leuchtende
Strahlen, oder schmetternde Schläge entlocken
kann.

*

Witz als Werkzeug der Rache ist so schändlich wie
Kunst als Mittel des Sinnenkitzels.

*

Wenn manche mystische Kunstliebhaber, welche
jede Kritik für Zergliederung, und jede Zergliederung für Zerstörung des Genusses halten, konsequent dächten: so wäre Potztausend das beste
Kunsturteil über das würdigste Werk. Auch gibt's
Kritiken, die nichts mehr sagen, nur viel weitläuf-
tiger.

*

Leute, die Bücher schreiben, und sich dann einbilden, ihre Leser wären das Publikum, und sie müßten das Publikum bilden: diese kommen sehr bald
dahin, ihr sogenanntes Publikum nicht bloß zu
verachten, sondern zu hassen; welches zu gar nichts
führen kann.

*

Es ist unmöglich, jemanden ein Ärgernis zu geben,
wenn er's nicht nehmen will.

*

Mittelmäßige Autoren, die ein kleines Buch so an-
kündigen, als ob sie einen großen Riesen wollten
sehen lassen, sollten von der literarischen Polizei

genötigt werden, ihr Produkt mit dem Motto stempeln zu lassen: *This is the greatest elephant in the world, except himself.*

*

Ein gutes Rätsel sollte witzig sein; sonst bleibt nichts, sobald das Wort gefunden ist: auch ist's nicht ohne Reiz, wenn ein witziger Einfall insoweit rätselhaft ist, daß er erraten sein will: nur muß sein Sinn gleich völlig klar werden, sobald er getroffen ist.

*

Wer nicht selbst ganz neu ist, der beurteilt das Neue wie alt; und das Alte wird einem immer wieder neu, bis man selbst alt wird.

*

Affektation entspringt nicht so wohl aus dem Bestreben, neu, als aus der Furcht, alt zu sein.

*

Die Deutschen, sagt man, sind, was Höhe des Kunstsinns und des wissenschaftlichen Geistes betrifft, das erste Volk in der Welt. Gewiß; nur gibt es sehr wenige Deutsche.

*

Was gute Gesellschaft genannt wird, ist meistens nur eine Mosaik von geschliffnen Karikaturen.

Wenn junge Personen beiderlei Geschlechts nach einer lustigen Musik zu tanzen wissen, so fällt es ihnen gar nicht ein, deshalb über die Tonkunst urteilen zu wollen. Warum haben die Leute weniger Respekt vor der Poesie?

*

Das sicherste Mittel unverständlich oder vielmehr mißverständlich zu sein, ist, wenn man die Worte in ihrem ursprünglichen Sinne braucht; besonders Worte aus den alten Sprachen.

*

Prüderie ist Prätention auf Unschuld, ohne Unschuld. Die Frauen müssen wohl prüde bleiben, solange Männer sentimental, dumm und schlecht genug sind, ewige Unschuld und Mangel an Bildung von ihnen zu fordern. Denn Unschuld ist das einzige, was Bildungslosigkeit adeln kann.

*

Man soll Witz haben, aber nicht haben wollen; sonst entsteht Witzelei, Alexandrinischer Stil in Witz.

*

Manche witzige Einfälle sind wie das überraschende Wiedersehen zwei befreundeter Gedanken nach einer langen Trennung.

*

Wahre Liebe sollte ihrem Ursprunge nach zugleich ganz willkürlich und ganz zufällig sein, und zugleich notwendig und frei scheinen; ihrem Charakter nach aber zugleich Bestimmung und Tugend sein, ein Geheimnis, und ein Wunder scheinen.

*

Es ist gleich tödlich für den Geist, ein System zu haben, und keins zu haben. Er wird sich also wohl entschließen müssen, beides zu verbinden.

*

Man kann nur Philosoph werden, nicht es sein. Sobald man es zu sein glaubt, hört man auf es zu werden.

*

Das Nichtverstehen kommt meistens gar nicht vom Mangel an Verstande, sondern vom Mangel an Sinn.

*

Der Historiker ist ein rückwärts gekehrter Prophet.

*

Echtes Wohlwollen geht auf Beförderung fremder Freiheit, nicht auf Gewährung tierischer Genüsse.

*

Das Erste in der Liebe ist der Sinn füreinander, und das Höchste der Glauben aneinander. Hingebung ist der Ausdruck des Glaubens, und Genuß kann den Sinn beleben und schärfen, wenn auch nicht hervorbringen, wie die gemeine Meinung ist. Darum kann die Sinnlichkeit schlechte Menschen auf eine kurze Zeit täuschen, als könnten sie sich lieben.

Immer hat noch jeder große Philosoph seine Vorgänger, oft ohne seine Absicht, so erklärt, daß es schien, als habe man sie vor ihm gar nicht verstanden.

*

Die Frauen haben durchaus keinen Sinn für die Kunst, wohl aber für die Poesie. Sie haben keine Anlage zur Wissenschaft, wohl aber zur Philosophie. An Spekulation, innerer Anschauung des Unendlichen fehlt's ihnen gar nicht; nur an Abstraktion, die sich weit eher lernen läßt.

*

Fast alle Kunsturteile sind zu allgemein oder zu speziell. Hier in ihren eignen Produkten sollten die Kritiker die schöne Mitte suchen, und nicht in den Werken der Dichter.

*

Reine Autobiographien werden geschrieben: entweder von Nervenkranken, die immer an ihr Ich gebannt sind, wohin Rousseau mit gehört; oder von einer derben künstlerischen oder abenteuerlichen Eigenliebe, wie die des Benvenuto Cellini; oder von gebornen Geschichtsschreibern, die sich selbst nur ein Stoff historischer Kunst sind; oder von Frauen, die auch mit der Nachwelt kokettieren; oder von sorglichen Gemütern, die vor ihrem Tode noch das kleinste Stäubchen in Ordnung bringen möchten, und sich selbst nicht ohne Erläuterungen aus der Welt gehen lassen können; oder sie sind ohne weiteres bloß als *plaidoyers* vor dem

Publikum zu betrachten. Eine große Klasse unter
den Autobiographen machen die Autopseusten aus.

*

Ein Fragment muß gleich einem kleinen Kunstwerke von der umgebenden Welt ganz abgesondert und in sich selbst vollendet sein wie ein Igel.

*

Die vollkommene Republik müßte nicht bloß de-
mokratisch, sondern zugleich auch aristokratisch
und monarchisch sein; innerhalb der Gesetzge-
bung der Freiheit und Gleichheit müßte das Gebildete das Ungebildete überwiegen und leiten, und
alles sich zu einem absoluten Ganzen organisieren.

*

Je mehr man schon weiß, je mehr hat man noch zu
lernen. Mit dem Wissen nimmt das Nichtwissen in
gleichem Grade zu, oder vielmehr das Wissen des
Nichtwissens.

*

Was man eine glückliche Ehe nennt, verhält sich
zur Liebe wie ein korrektes Gedicht zu improvi-
siertem Gesang.

*

Gebildet ist ein Werk, wenn es überall scharf begrenzt, innerhalb der Grenzen aber grenzenlos und
unerschöpflich ist, wenn es sich selbst ganz treu,
überall gleich, und doch über sich selbst erhaben
ist. Das Höchste und Letzte ist, wie bei der Er-

ziehung eines jungen Engländers, *le grand tour*. Es muß durch alle drei oder vier Weltteile der Menschheit gewandert sein, nicht um die Ecken seiner Individualität abzuschleifen, sondern um seinen Blick zu erweitern und seinem Geist mehr Freiheit und innre Vielseitigkeit und dadurch mehr Selbständigkeit und Selbstgenügsamkeit zu geben.

*

Sinn, der sich selbst sieht, wird Geist; Geist ist innre Geselligkeit, Seele ist verborgene Liebenswürdigkeit. Aber die eigentliche Lebenskraft der innern Schönheit und Vollendung ist das Gemüt. Man kann etwas Geist haben ohne Seele, und viel Seele bei weniger Gemüt. Der Instinkt der sittlichen Größe aber, den wir Gemüt nennen, darf nur sprechen lernen, so hat er Geist. Er darf sich nur regen und lieben, so ist er ganz Seele; und wann er reif ist, hat er Sinn für alles. Geist ist wie eine Musik von Gedanken; wo Seele ist, da haben auch die Gefühle Umriß und Gestalt, edles Verhältnis und reizendes Kolorit. Gemüt ist die Poesie der erhabenen Vernunft, und durch Vereinigung mit Philosophie und sittlicher Erfahrung entspringt aus ihm die namenlose Kunst, welche das verworrne flüchtige Leben ergreift und zur ewigen Einheit bildet.

*

Freundschaft ist partiale Ehe, und Liebe ist Freundschaft von allen Seiten und nach allen Richtungen, universelle Freundschaft. Das Bewußtsein der notwendigen Grenzen ist das Unentbehrlichste und das Seltenste in der Freundschaft.

Das Geliebte zu vergöttern ist die Natur des Liebenden. Aber ein andres ist es, mit gespannter Ima-
gination ein fremdes Bild unterschieben und eine
reine Vollkommenheit anstaunen, die uns nur darum als solche erscheint, weil wir noch nicht gebildet genug sind, um die unendliche Fülle der
menschlichen Natur zu begreifen und die Harmonie ihrer Widersprüche zu verstehn. Laura war
des Dichters Werk. Dennoch konnte die wirkliche
Laura ein Weib sein, aus der ein nicht so einseitiger
Schwärmer etwas weniger und etwas mehr als eine
Heilige gemacht hätte.

*

Der platte Mensch beurteilt alle andre Menschen
wie Menschen, behandelt sie aber wie Sachen, und
begreift es durchaus nicht, daß sie andre Menschen
sind als er.

*

In der wahren Prosa muß alles unterstrichen sein.

*

Um jemand zu verstehn, der sich selbst nur halb
versteht, muß man ihn erst ganz und besser als er
selbst, dann aber auch nur halb und grade so gut
wie er selbst verstehn.

*

Niedliche Gemeinheit und gebildete Unart heißt in
der Sprache des feinen Umgangs Delikatesse.

Ein Philosoph muß von sich selbst reden so gut wie ein lyrischer Dichter.

*

Bei manchen, besonders historischen Werken von Umfang, die im einzelnen überall sehr anziehend und schön geschrieben sind, empfindet man dennoch im ganzen eine unangenehme Monotonie. Um dies zu vermeiden, müßte Kolorit und Ton und selbst der Stil sich verändern und in den verschiedenen großen Massen des Ganzen auffallend verschieden sein, wodurch das Werk nicht bloß mannigfaltiger, sondern auch systematischer werden würde. Es leuchtet ein, daß eine solche regelmäßige Abwechslung nicht das Werk des Zufalls sein könne, daß der Künstler hier ganz bestimmt wissen müsse, was er wolle, um es machen zu können; aber es leuchtet auch ein, daß es voreilig sei, die Poesie oder die Prosa Kunst zu nennen, ehe sie dahin gelangt sind, ihre Werke vollständig zu konstruieren. Daß das Genie dadurch überflüssig gemacht werde, steht nicht zu besorgen, da der Sprung vom anschaulichsten Erkennen und klaren Sehen dessen, was hervorgebracht werden soll, bis zum Vollenden immer unendlich bleibt.

*

Liberal ist, wer von allen Seiten und nach allen Richtungen wie von selbst frei ist und in seiner ganzen Menschheit wirkt; wer alles, was handelt, ist und wird, nach dem Maß seiner Kraft heilig hält, und an allem Leben Anteil nimmt, ohne sich durch beschränkte Ansichten zum Haß oder zur Geringschätzung desselben verführen zu lassen.

Universalität ist Wechselsättigung aller Formen und aller Stoffe. Zur Harmonie gelangt sie nur durch Verbindung der Poesie und der Philosophie: auch den universellsten vollendetsten Werken der isolierten Poesie und Philosophie scheint die letzte Synthese zu fehlen; dicht am Ziel der Harmonie bleiben sie unvollendet stehn. Das Leben des universellen Geistes ist eine ununterbrochne Kette innerer Revolutionen; alle Individuen, die ursprünglichen, ewigen nämlich leben in ihm. Er ist echter Polytheist und trägt den ganzen Olymp in sich.

*

Laßt die Religion frei, und es wird eine neue Menschheit beginnen.

*

Der Geistliche bloß als solcher ist es nur in der unsichtbaren Welt. Wie kann er erscheinen unter den Menschen? Er wird nichts wollen auf der Erde, als das Endliche zum Ewigen bilden, und so muß er, mag auch sein Geschäft Namen haben wie es will, ein Künstler sein und bleiben.

*

Der Mensch ist ein schaffender Rückblick der Natur auf sich selbst.

*

Frei ist der Mensch, wenn er Gott hervorbringt oder sichtbar macht, und dadurch wird er unsterblich.

Das Moralische einer Schrift liegt nicht im Gegenstande oder im Verhältnis des Redenden zu den Angeredeten, sondern im Geist der Behandlung. Atmet dieser die ganze Fülle der Menschheit, so ist sie moralisch. Ist sie nur das Werk einer abgesonderten Kraft und Kunst, so ist sie es nicht.

*

Es gibt eine schöne Offenheit, die sich öffnet wie die Blume, nur um zu duften.

*

Denke dir ein Endliches ins Unendliche gebildet, so denkst du einen Menschen.

*

Die ursprüngliche Liebe erscheint nie rein, sondern in mannigfachen Hüllen und Gestalten, als Zutrauen, als Demut, als Andacht, als Heiterkeit, als Treue und als Scham, als Dankbarkeit; am meisten aber als Sehnsucht und als stille Wehmut.

*

Der Künstler, der nicht sein ganzes Selbst preisgibt, ist ein unnützer Knecht.

*

Mysterien sind weiblich; sie verhüllen sich gern, aber sie wollen doch gesehen und erraten sein.

*

Die Kritik ist die Kunst, die Scheinlebendigen in der Literatur zu töten.

Um jemand zu verstehn, muß man erstlich klüger sein als er, dann eben so klug und dann auch eben so dumm. Es ist nicht genug, daß man den eigentlichen Sinn eines konfusen Werks besser versteht, als der Autor es verstanden hat. Man muß auch die Konfusion selbst bis auf die Prinzipien kennen, *charakterisieren* und selbst *konstruieren* können.

*

Jeder Satz, jedes Buch, so sich nicht selbst widerspricht, ist unvollständig.

*

Witz ist abbreviierte Weisheit.

*

Ein recht gebildeter Mensch muß zugleich ein Erwachsner und ein Kind sein.

*

Freundschaft ist ein Stück Ehe, Liebe ist Freundschaft von Kopf bis zu Füßen.

*

Die wahre Liebe ist nicht eine einzelne Blume, die gefunden wird und welkt, sondern ein wunderbares Hervorbringen von großen und kleinen Lebensblumen zu einem Ganzen.

*

Die Natur hat nur Vorstellungen wie ein Tier; *Zwecke* sind unter ihrer Würde.

Die Konstruktionsregel der Historie noch nicht gefunden. Sollte es nicht Tendenz der Historie sein, die ganze Literatur in ein Buch zu verwandeln? – Die *Bibel* ist auch durch die absichtliche Fortsetzung und Bejahung *ein* Buch. – Die Bibel ist wie ein organisches Wesen in stetem Flusse – die schriftliche Bibel ist nur ein Nachbild von der heiligen Schrift der Natur, und dieses Nachbild selbst ist nie ganz da, es hat nur eine idealische Existenz.

*

Es ist sehr die Tendenz der Fragmente, die Poesie, Philosophie, Ethik en rapport zu setzen; insofern sind sie sehr kritisch.

*

Die Frage, was der Verfasser will, läßt sich beendigen, die, was das Werk sei, nicht.

*

Das Ich kann nie sich selbst abstrahieren. Das Ich kann durch keine Reflexion erschöpft werden, alles im Ich ist nur Entwicklung des Ich.

*

Was man noch nicht gedichtet, weiß man noch nicht recht; da erst tritt das innerste Wissen aus dem Unbewußtsein uns selbst vor Augen. Das *höchste* Wissen grenzt natürlich ans *Unbewußtsein*. *Poesie* ist die absolute Wissenschaft. – Der Dichter solle eo ipso *Geistlicher* sein und werden.

ARTHUR SCHOPENHAUER

(1788–1860)

Je deutlicher einer sich der Hinfälligkeit, Nichtigkeit und traumartigen Beschaffenheit aller Dinge
bewußt wird, desto deutlicher wird er sich auch
der Ewigkeit seines eigenen innern Wesens bewußt; weil doch eigentlich nur im Gegensatz
zu diesem jene Beschaffenheit der Dinge erkannt
wird; wie man den raschen Lauf seines Schiffs nur
nach dem festen Ufer sehend wahrnimmt, nicht
wenn man in das Schiff selbst sieht.

*

Zur Plage unsers Daseins trägt nicht wenig auch
dieses bei, daß stets *die Zeit* uns drängt, uns nicht zu
Atem kommen läßt und hinter jedem her ist, wie
ein Zuchtmeister mit der Peitsche. – Bloß dem
setzt sie nicht zu, den sie der Langenweile überliefert hat.

*

Der Selbstmord kann auch angesehn werden als
ein Experiment, eine Frage, die man der Natur
stellt und die Antwort darauf erzwingen will:
nämlich, welche Änderung das Dasein und die

Erkenntnis des Menschen durch den Tod erfahre. Aber es ist ein ungeschicktes: denn es hebt die Identität des Bewußtseins, welches die Antwort zu vernehmen hätte, auf.

*

Die *Schriftsteller* kann man einteilen in Sternschnuppen, Planeten und Fixsterne. – Die ersteren liefern die momentanen Knalleffekte: man schauet auf, ruft «siehe da!» und auf immer sind sie verschwunden. – Die zweiten, also die Irr- und Wandelsterne, haben viel mehr Bestand. Sie glänzen, wiewohl bloß vermöge ihrer Nähe, oft heller als die Fixsterne und werden von Nichtkennern mit diesen verwechselt. Inzwischen müssen auch sie ihren Platz bald räumen, haben zudem nur geborgtes Licht und eine auf ihre Bahngenossen (Zeitgenossen) beschränkte Wirkungssphäre. Sie wandeln und wechseln: ein Umfeld von einigen Jahren Dauer ist ihre Sache. – Die dritten allein sind unwandelbar, stehn fest am Firmament, haben eigenes Licht, wirken zu einer Zeit wie zur andern, indem sie ihr Ansehn nicht durch die Veränderung unsers Standpunkts ändern, da sie keine Parallaxe haben. Sie gehören nicht, wie jene andern, *einem* Systeme (Nation) allein an; sondern der Welt. Aber eben wegen der Höhe ihrer Stelle braucht ihr Licht meistens viele Jahre, ehe es dem Erdbewohner sichtbar wird.

*

Zwischen Professoren und unabhängigen Gelehrten besteht, von alters her, ein gewisser Antagonismus, der vielleicht in etwas durch den zwischen Hunden und Wölfen erläutert werden könnte.

Professoren haben, durch ihre Lage, große Vorteile, um zur Kunde ihrer Zeitgenossen zu gelangen. Dagegen haben unabhängige Gelehrte, durch ihre Lage, große Vorteile, um zur Kunde der Nachwelt zu gelangen; weil es dazu, unter andern und viel selteneren Dingen, auch einer gewissen Muße und Unabhängigkeit bedarf.

Da es lange dauert, ehe die Menschheit herausfindet, wem sie ihre Aufmerksamkeit zu schenken hat, so können beide neben einander wirken.

Im Ganzen genommen, ist die Stallfütterung der Professuren am geeignetesten für die Wiederkäuer. Hingegen die, welche aus den Händen der Natur die eigene Beute empfangen, befinden sich besser im Freien.

*

So wenig wie das Lesen kann die bloße Erfahrung das Denken ersetzen. Die reine Empirie verhält sich zum Denken wie Essen zum Verdauen und Assimilieren. Wenn jene sich brüstet, daß sie allein, durch ihre Entdeckungen, das menschliche Wissen gefördert habe, so ist es, wie wenn der Mund sich rühmen wollte, daß der Bestand des Leibes sein Werk allein sei.

*

Das charakteristische Merkmal der Geister ersten Ranges ist die Unmittelbarkeit aller ihrer Urteile. Alles was sie vorbringen, ist Resultat ihres selbsteigenen Denkens und kündigt sich, schon durch

den Vortrag, überall als solches an. Sie haben so-
nach, gleich den Fürsten, eine Reichsunmittelbar-
keit, im Reiche der Geister: die übrigen sind alle
mediatisiert; welches schon an ihrem Stil, der kein
eigenes Gepräge hat, zu ersehn ist.

Jeder wahre Selbstdenker also gleicht insofern
einem Monarchen: er ist unmittelbar und erkennt
niemanden über sich. Seine Urteile, wie die Be-
schlüsse eines Monarchen, entspringen aus seiner
eigenen Machtvollkommenheit und gehn unmittelbar von ihm selbst aus. Denn, so wenig wie der
Monarch Befehle, nimmt er Auktoritäten an, sondern läßt nichts gelten, als was er selbst bestätigt
hat. – Das Vulgus der Köpfe hingegen, befangen
in allerlei geltenden Meinungen, Auktoritäten und
Vorurteilen, gleicht dem Volke, welches dem Gesetze und Befehle schweigend gehorcht.

*

Im Reiche der Wirklichkeit, so schön, glücklich
und anmutig sie auch ausgefallen sein mag, bewegen wir uns doch stets nur unter dem Einfluß der
Schwere, welcher unaufhörlich zu überwinden ist:
hingegen sind wir, im Reiche der Gedanken, un-
körperliche Geister, ohne Schwere und ohne Not.
Daher kommt kein Glück auf Erden dem gleich,
welches ein schöner und fruchtbarer Geist, zur
glücklichen Stunde, in sich selbst findet.

*

Wann wir lesen, denkt ein anderer für uns: wir
wiederholen bloß seinen mentalen Prozeß. Es ist
damit, wie wenn beim Schreibenlernen der Schüler

die vom Lehrer mit Bleistift geschriebenen Züge
mit der Feder nachzieht. Demnach ist beim Lesen
die Arbeit des Denkens uns zum größten Teile
abgenommen. Daher die fühlbare Erleichterung,
wenn wir von der Beschäftigung mit unsren eigenen Gedanken zum Lesen übergehn. Aber während des Lesens ist unser Kopf doch eigentlich
nur der Tummelplatz fremder Gedanken. Daher
kommt es, daß wer sehr viel und fast den ganzen
Tag liest, dazwischen aber sich in gedankenlosem
Zeitvertreibe erholt, die Fähigkeit, selbst zu denken, allmählich verliert – wie einer, der immer rei-
tet, zuletzt das Gehn verlernt. Solches aber ist der
Fall sehr vieler Gelehrten: sie haben sich dumm gelesen. Denn beständiges, in jedem freien Augenblicke sogleich wieder aufgenommenes Lesen ist
noch geisteslähmender als beständige Handarbeit;
da man bei dieser doch den eigenen Gedanken
nachhängen kann. Wie eine Springfeder durch den
anhaltenden Druck eines fremden Körpers ihre
Elastizität endlich einbüßt, so der Geist die seine,
durch fortwährendes Aufdringen fremder Gedanken. Und wie man durch zu viele Nahrung den
Magen verdirbt und dadurch dem ganzen Leibe
schadet, so kann man auch durch zu viele Geistes-
nahrung den Geist überfüllen und ersticken. Denn
je mehr man liest, desto weniger Spuren läßt das
Gelesene im Geiste zurück: er wird wie eine Tafel,
auf der vieles über einander geschrieben ist. Daher
kommt es nicht zur Rumination: aber durch diese
allein eignet man sich das Gelesene an. Liest man
immerfort, ohne späterhin weiter daran zu denken,
so faßt es nicht Wurzel und geht meistens verloren.

Überhaupt aber geht es mit der geistigen Nahrung nicht anders als mit der leiblichen: kaum der funfzigste Teil von dem, was man zu sich nimmt, wird assimiliert: das übrige geht durch Evaporation, Respiration oder sonst ab.

Zu diesem allen kommt, daß zu Papier gebrachte Gedanken überhaupt nichts weiter sind als die Spur eines Fußgängers im Sande: man sieht wohl den Weg, welchen er genommen hat; aber um zu wissen, was er auf dem Wege gesehn, muß man seine eigenen Augen gebrauchen.

*

Xerxes hat, nach Herodot, beim Anblick seines unübersehbaren Heeres geweint, indem er bedachte, daß von diesen allen, nach hundert Jahren, keiner am Leben sein würde: wer möchte da nicht weinen, beim Anblick des dicken Meßkatalogs, wenn er bedenkt, daß von allen diesen Büchern, schon nach zehn Jahren, keines mehr am Leben sein wird.

*

Jede Trennung gibt einen Vorschmack des Todes – und jedes Wiedersehn einen Vorschmack der Auferstehung. – Darum jubeln selbst Leute, die einander gleichgültig waren, so sehr, wenn sie, nach zwanzig oder gar dreißig Jahren, wieder zusammentreffen.

*

Es widerfährt uns wohl, daß wir ausplaudern, was uns auf irgend eine Weise gefährlich werden könnte; nicht aber verläßt unsere Verschwiegenheit uns bei dem, was uns lächerlich machen könnte; weil hier der Ursache die Wirkung auf dem Fuße folgt.

*

Mit den menschlichen Glückszuständen verhält es sich meistens wie mit gewissen Baumgruppen, welche, von ferne gesehn, sich wunderschön ausnehmen: geht man aber hinan und hinein, so verschwindet diese Schönheit: man weiß nicht, wo sie geblieben ist, und steht eben zwischen Bäumen. Darauf beruht es, daß wir so oft die Lage des andern beneiden.

*

Es gibt einige Begriffe, die sehr selten, mit Klarheit und Bestimmtheit, in irgend einem Kopfe vorhanden sind, sondern ihr Dasein bloß durch ihren Namen fristen, der dann eigentlich nur die Stelle so eines Begriffs bezeichnet, ohne den sie jedoch ganz verloren gehn würden. Der Art ist zum Beispiel der Begriff der *Weisheit*. Wie vage ist er in fast allen Köpfen! Man sehe die Erklärungen der Philosophen.

«*Weisheit*» scheint mir nicht bloß theoretische, sondern auch praktische Vollkommenheit zu bezeichnen. Ich würde sie definieren als die vollendete, richtige Erkenntnis der Dinge, im Ganzen und Allgemeinen, die den Menschen so völlig durchdrungen hat, daß sie nun auch in seinem Handeln hervortritt, indem sie sein Tun überall leitet.

Die Weisheit, welche in einem Menschen bloß theoretisch da ist, ohne praktisch zu werden, gleicht
der gefüllten Rose, welche durch Farbe und Geruch
andere ergötzt, aber abfällt, ohne Frucht angesetzt
zu haben.

Keine Rose ohne Dornen. – Aber manche Dornen ohne Rosen.

*

Der Hund ist, mit Recht, das Symbol der Treue:
unter den Pflanzen aber sollte es die Tanne sein.
Denn sie allein harrt mit uns aus, zur schlimmen
wie zur guten Zeit, und verläßt uns nicht mit der
Gunst der Sonne, wie alle andern Bäume, Pflanzen,
Insekten und Vögel, – um wiederzukehren, wann
der Himmel uns wieder lacht.

*

Hinter einem in seiner vollen Blütenpracht aus-
gebreiteten Apfelbaum erhob eine gerade Tanne
ihren spitzen dunkeln Gipfel. Zu dieser sprach jener: «Siehe die Tausende meiner schönen muntern
Blüten, die mich ganz bedecken! Was hast du
dagegen aufzuweisen? Schwarzgrüne Nadeln.» –
«Wohl wahr», erwiderte die Tanne: «aber wann
der Winter kommt, wirst du entlaubt dastehn; ich
aber werde sein, was ich jetzt bin.»

*

Wer im Luftballon aufsteigt, sieht nicht sich sich
erheben, sondern die Erde herabsinken, tiefer und
immer tiefer. – Was soll das? Ein Mysterium, welches nur die Beipflichtenden verstehn.

ERNST VON FEUCHTERSLEBEN

(1806–1849)

Wir glauben etwas zu begreifen, wenn wir uns gewöhnt haben, dem Unbegreiflichen gewisse Denkformen zu substituieren.

*

Es gibt keine alte und moderne Literatur, sondern nur eine ewige und eine vergängliche.

*

Daß Gründe wenig, Stimmungen alles vermögen, sieht man daraus, daß die Nichtigkeit des Lebens der gleiche Grundgedanke aller Heitern wie aller Traurigen ist.

*

Wer eine Sache in ein treffendes Gleichnis bringen kann, hat sie verstanden.

*

Übung schafft wirklich neue Organe. Durch anhaltende Beschäftigung mit einem Gegenstande wird man sein Herr, ohne Erklärung.

Es kommt weniger darauf an, *was* als *wie* man weiß.

*

In der Kunst wie im Leben beginnen wir empirisch mit Nachahmen, bilden uns allmählich eine Manier (im guten Sinne), und gelangen endlich, wenn uns die Götter wohlwollen, zum Stile.

*

Jedes Kunstwerk enthält das Gesetz in sich, dessen lebendiger Ausdruck es ist. Dieses Gesetz zu finden und in Worte zu bringen, ist die Aufgabe der echten Kunstkritik.

*

Ein Wort aus dem Munde des Volkes, welches sich im Leben bewährt: Wo etwas ist, da sammelt sich etwas. Dem Reichen fließt Geld zu, dem Fröhlichen begegnet Frohes, dem Schwarzsehenden Unglück, dem Abenteurer Seltsames, der Wissende erfährt das Verborgene, der Sammler findet das Merkwürdige. Heißt das nicht in höherer Instanz: daß Charakter und Schicksal unter eine höhere Einheit fallen?

*

Was man für ein Amt in der Welt bekleide, man muß die Amtsmiene so gut studieren und ausüben als die Amtspflicht.

*

Das beste Mittel, sich von Menschenfurcht zu befreien, ist: Menschenkenntnis. Wer die Motive

kennt, welche die Welt bewegen, wird sich eher
Mühe geben müssen, das Gefühl der Verachtung
zu unterdrücken.

*

Je mehr man in sich erlebt hat, desto mehr Teil
nimmt man an andern, und weniger an sich selbst.

*

Der Umgang mit Menschen ist wahrer Umgang.
Man geht ewig um einander herum, ohne sich näher zu kommen.

*

Wer sich verschließen gelernt hat, dem tut es doppelt wohl, wenn er sich aufschließen darf.

*

Lieben und Verstehen sind zwei Formen einer Sache. Das Verstehen ist das wahre Lieben, und nur
die Liebe versteht innig. Diese Einheit muß man
verstehen und lieben lernen.

*

Jemanden keinen Dank schulden wollen, ist gegen
edlere Menschen die roheste Art des Undanks.

*

Wer unter Toren schweigt, läßt Vernunft, wer unter Vernünftigen schweigt, Torheit vermuten.

*

Das Ganze jedes Menschen ist ein Knäuel; man
muß ihn nicht zerreißen, sondern die Fäden ausein-

ander suchen, die oft wundersam verwebt, doch endlich Einheit und Zusammenhang offenbaren. Je öfter man das versucht, desto geübter wird man darin, je geübter man ist, desto billiger urteilt man über die Menschen.

*

Die Feinheit des Betragens, der gute Ton, ist nie genug zu schätzen, weil darin die Form des wahrhaft Guten und Schönen gegeben ist, die, wenn sie auch nur äußerlich nachgeahmt wird, doch nicht ermangelt, allmählich die Lust am Wesen selbst zu erzeugen. Wie die Ehre, so ist auch die Sitte unserer Zeit ein Hebel, der die Tugend mindestens suppliert. Der Anstand besteht, wie die Tugend, in Selbstbeherrschung und bessert, indem er darin übt. Er bildet, indem man bald bemerken muß, daß es kein besseres Mittel gibt, gebildet zu scheinen, als – es zu sein.

*

Eben weil Treue die schönste Eigenschaft eines liebenden Herzens, ein echtes Wunder, ist, kann sie nie zur Pflicht gemacht werden, und eben weil sie nicht Pflicht ist, ist sie da, wo sie in ihrer Herrlichkeit erscheint, so verehrungswürdig.

*

Bedenke: Dir in jedem Momente der Gegenwart eine Vergangenheit zu gründen; in Lernen, Handeln und Genießen. Denn nur die Erinnerung ist Besitz, die Gegenwart verrauscht, während sie ist, – und die Zukunft ist nie.

Nichts verschlechtert den menschlichen Charakter
so tief als Frömmelei: weil sie eine Lüge eben des
Heiligsten ist.

*

Das Leben des Menschen muß eine Morgenröte
haben; ist sie einmal aufgegangen, so bleibt es Tag,
und es bedarf keiner Lampe mehr. Jeder, der den
Namen Mensch verdient, hat diese Epoche der innern Geburt erlebt: da er sich sein bewußt ward.
Aber ein müßiges Aufpassen auf jeden Zahn im
Räderwerke unseres Treibens ist gegen die Natur.
Ich bin nicht bloß Hirn, ich bin auch, und mehr
noch, Herz, Hand, Fuß. Hat das Auge sein Ziel gefaßt, so braucht der Körper nicht nachzudenken,
um sich hin zu bewegen. Die Rosen blühen unbewußt, und eben so reifen die Früchte.

*

Jeder Rückweg scheint weit schneller und kürzer,
als der Hinweg schien. So auch das Altwerden.
Man kann es nur dadurch um diesen Schein betrügen, daß man es als einen *Hinweg* betrachtet und
behandelt.

*

Höchst sachverständig nennt Kant die Einbildungskraft in ihrer Tätigkeit eine Motion des Ge-
mütes, die zur Gesundheit diene. Denn, genau
betrachtet, ist die vereinzelte Tätigkeit des Verstandes eine lähmende, und die reine Betrachtung
macht die Seele zu einem stehenden Wasser, in
welchem sich die Gegenstände spiegeln, – das aber
allgemach in Fäulnis übergeht.

Man hat nur an so viel Freude und Glück Anspruch, als man selbst gewährt.

*

Es kommen im Leben manchmal Zustände, die sich, mit einer kleinen Modifikation, typisch wiederholen. Man könnte sie Reime des Lebens nennen. Solche Reime sind oft förmliche Sentenzen, denn sie erteilen Lehren im Symbole.

*

Das Kleine in einem großen Sinne behandeln, ist Hoheit des Geistes; das Kleine für groß und wichtig *halten,* ist Pedantismus.

*

Man hält gemeiniglich Leute für kräftig, die beständig widersprechen. Und in der Tat ist steter Kampf, rastlose Polemik das Lieblingselement starker Charaktere – denen es an höherer Einsicht gebricht.

*

Große Wirkungen gehen oft von solchen aus, die sich beständig in einer Art Rausch, – und von solchen, die sich beständig in einer unbewegbaren Nüchternheit zu erhalten fähig sind.

*

Kunst ist keine Entdeckung, keine Erfindung, kein Plan, keine Weisheit, keine Kirche; sie spricht nicht das forschende, nicht das fühlende Vermögen im

Menschen einzig an, – sondern den Menschen
selbst und ganz. Sie überliefert das Unaussprechliche, selbst unaussprechlich; ein echtes Geheimnis.

*

Kunstwerke wirken zur sittlichen Veredlung, indem sie das Beste in uns frei machen, unsern Stand-
punkt erhöhen, unser Inneres läutern. Κάθαρσις
[Katharsis]. So werden wir besser, indem der
Künstler bloß seinen eigenen Zweck im Auge hält
und die eigentliche, unmittelbare Moralisierung
den Predigten, Müttern und Prügeln überläßt.

*

Die unmittelbare Einwirkung des Menschen auf
den Menschen ist das einzige geistig Wirksame;
und nur was davon in ein Buch geheimnisvoll
übergeht, verleiht dem Buchstaben Wert. Der Sittliche verbreitet eine Atmosphäre des Anstandes
um sich her, der Begeisterte entzündet, in der Nähe
des Klugen schärft sich das Urteil, Liebe erzeugt
Gegenliebe, der Frohe belebt.

*

Die Väter sehen in ihren Kindern meist nur ihre
Kinder. Was sich in diesen auch durch Zeit und
Verhältnisse oder von innen heraus entwickle, –
für jene ist es nicht vorhanden. Das macht nun oft
die Söhne unwillig und unbillig. Es sollte aber
nicht. Den Ältern gegenüber sind wir nichts als
Söhne; da ist Liebe und Ehrfurcht an ihrem Platze.

Das Leben des Menschen erscheint als ein geheimnisvoller Kreislauf, in welchem das Ursprüngliche, Einfache geläutert, vervielfacht endlich wieder zur Erscheinung kommt, der Anfang als Ende wiederkehrt. So lernt man, was man weiß, so wird man, was man war.

*

Wie im Auge ein Punkt ist, der nicht sieht, so ist in jeder Seele ein dunkler Punkt, der den Keim des innern Verderbens enthält. Alles kommt darauf an, diesen Punkt in sich durch sittliche Klarheit zu begrenzen, daß er unsichtbar bleibe, solange wir leben. Wird ihm Raum gewährt, so breitet er sich aus, weiter und weiter, ein Schatten legt sich über die Seele des Menschen, und die Nacht des Wahnsinnes bricht endlich über den Unglücklichen herein.

*

Bis ins späteste Alter lernen (nicht auswendig, sondern inwendig), das ist Genießen, das ist Leben. Da wächst die Seele, in konzentrischen Kreisen, göttlichen Sphären zu.

*

Ein gewisses Selbstgefühl macht besonders geschickt zum Umgange mit Menschen; und nichts erzeugt dies Selbstgefühl gewisser als der Umgang mit Menschen.

*

Es ist nicht genug, sich als Objekt zu betrachten; man muß sich auch so behandeln.

Schicksal und Zufall! Jenem unterwirf dich, diesen unterwirf dir, – und du bist, was Menschen sein können.

*

Bei der Welt setzt man sich in Respekt, wenn man tadelt, – bei Vernünftigen, wenn man billig ist.

*

Den wahren Wert anderer erkennen heißt seinen eigenen aussprechen; denn nur der Würdige würdigt.

*

Geringe Menschen sind stolz. Sie halten fest an ihrem idealen Besitz in der Sozietät, weil sie fühlen, daß sie ohne ihn nichts mehr sind. Große Charaktere wissen, daß ihnen alles bleibt, wenn sie scheinen alles geopfert zu haben.

*

Es gibt eine Sittlichkeit auch in den gemeinen Verhältnissen des Weltverkehrs. Man nennt sie Diskretion.

*

Daß die sozialen Zustände nicht wesentlich sind, macht sie nicht weniger notwendig.

*

Mängel gehören so sehr zur menschlichen Natur, daß sie bei der Erziehung gar oft gehegt werden müssen, wenn ein Mensch das werden soll, was nur er werden kann.

Der Zartheit ist die Geduld beigegeben, um sich zu erhalten; der Kraft bereitet die Ungeduld oft den Untergang.

*

Reine geistige Ein- oder Mitwirkung ist die höchste Wohltat, die der Mensch dem Menschen gewähren kann.

BERTHOLD AUERBACH

(1812–1882)

Man nennt Menschen bescheiden, die sehr stolz sind, indem sie jeden für zu gering halten, um sich von ihm anerkennen zu lassen.

*

Die vollendete Bildung und die vollkommene Unbildung kennen keine Langeweile, jene weil sie allzeit und überall ein Objekt des Denkens und Empfindens hat, diese weil sie dessen nie und nirgends bedarf.

*

Bildung und Sitte müssen so zur Natur geworden sein, daß sie sich auch in den unbewachten Momenten kundgeben. Das ist die echte Dezenz, die auch vor sich selber die schickliche Form bewahrt.

*

Man kann an derselben Flamme verschiedenartige Lichter anzünden; es kommt nur darauf an, daß jedes aus seinem eigenen Stoffe weiter brenne.

Menschen ohne eigenes festes Naturell lernen leicht viel. Sie bestehen immer nur aus dem momentan aufgenommenen Inhalt, wie gewisse Weichtiere eigentlich nur Magen sind und die aufgenommene Speise immer durchscheinen lassen.

*

Es gibt Menschen, die alles so subtil und scharf behandeln, daß sie, sozusagen, Brot mit dem Rasiermesser schneiden.

*

Richtig denkende Menschen, die sich verkehrt ausdrücken, sind wie Uhren, die ganz gut gehen, aber falsch schlagen.

*

Um glücklich und gebildeten Geistes auf dem Lande zu leben, dazu gehört Freiheit und Fülle in sich und ein geklärtes Wesen; der Halbgebildete ist am glücklichsten in der Stadt, wo es viel der äußeren Bildungsgenüsse gibt, Garküchen, wo auch oft das Faule mit Gewürzen und Saucen schmackhaft gemacht ist; auf dem Lande aber gilt es, sich das Eigentliche selbst bereiten, schaffen, holen.

*

Es gibt keinen reinen Frühling. Man wandelt immer auf dem welken Laub vergangenen Daseins.

*

In der Rosenknospe ist alles vorbereitet, aber Duft und Farbe entstehen erst im Licht.

In unserem aufgeregten und allzeit wachgehalte-
nen Gesellschaftsleben empfinden wir oft etwas
wie eine Sehnsucht nach Winterschlaf, nach stillem
bloßem Sein und Ruhen in sich, und viele werden
getötet und aufgerieben, weil ihnen die vegetabi-
lisch-animalische Ruhe genommen ist.

*

Wenn man einen großen Baum verpflanzt hat,
grünt er ziemlich sicher im ersten Jahr, er hat noch
den Saft und dessen Bewegung mitgebracht. Entscheidend ist erst das zweite Jahr, ob er fortkommt
und Saft aus seinem neuen Standort zieht. So auch
Auswanderer.

*

Wein bauen und Kinder erziehen, ist sich gleich,
man muß allezeit arbeiten und weiß nie sicher, was
und wie man herbsten wird, und bei jedem gerin-
gen Herbst tröstet man sich: nächstes Jahr wird es
besser.

*

Wer gut gebahnte Wege gehen will, darf nicht die
Einsamkeit wollen; er muß sich's gefallen lassen,
daß auch viele andere hin- und hergehen und ihm
oft störend in die Quere kommen.

*

Wenn eine Knospe aufbricht, sind auch viele andere da. Wenn ein Glück oder Unglück reif ist, sind
es auch die anderen.

Es gibt geborene subalterne Naturen, wie es Pferde gibt, die nicht einspännig ziehen, aber neben dem Sattelgaul, von ihm in Schritt und Trab gehalten, ganz gut sind.

*

Zu dem Häßlichsten gehört ein alter gefräßiger Mensch, den man höflicher einen Gourmand nennt; diese Gier, dieses ewige Haschen, Reden und Denken von Genuß, ist beim Alter um so widerlicher, weil eben hier die stille Mäßigung um so notwendiger erscheint.

*

Verstandesmäßig trennen wir Ursache und Wirkung, sie sind aber in Wahrheit eins, nur die beiden Seiten derselben Substanz. Blitz und Donner sind einheitliche, gleichzeitige Bewegungen, nur die Wahrnehmung in Gehör und Gesicht sukzediert nach unserer Sinnenfassung.

*

Bei Völkern und in Städten, wo der Strom des Lebens so laut und lärmend ist, gewöhnt man sich leicht ans Schreien, an den Reklamen-Ton, um gehört zu werden.

*

Alles dichterische Schaffen beruht auf Selbstvertrauen, Selbstgefühl; die Grenze, wo dies zum klaren Selbstbewußtsein wird, ist fein, und ist sie überschritten, so wird kahles Reflektieren daraus.

Es ist einer der tiefsten Charakterzüge in Goethe, daß er leicht Geschenke annahm. Er war freilich wohlgestellt, und wie man's nimmt reich genug, um sich durch Geschenke nie beengt und gebunden zu fühlen, und was man ihm darbrachte, war nicht zur Not, sondern zum Schmuck des Lebens. Aber das ist doch nicht das Wesentliche. Wer in sich fühlt und weiß, daß er jede Stunde, jede Regung, jede Anschauung in sich neu belebt, um sie dann der Welt darzubringen, der kann leicht und frei die Darbringungen der Welt empfangen. Goethe konnte etwas von jenem Götterstolze empfinden, der da sagt: Was ihr darbringt, ist doch mein, die ganze Welt ist mein, und was ihr aus eurem Besitze in meine Hand gebt, nehme ich als Zeichen der wohlwollenden Erkenntnis.

*

Alle gebende Liebe ist unerschöpflicher, alle empfangende leichter ersättigt, alle produktive Kraft überschüssiger als das Produkt. Das ist's, was die Mystik des Sohar mit dem Gleichnis bezeichnet: «Das Kalb saugt immer weniger, als die Kuh gesaugt sein will.»

*

Sieht der Künstler die Dinge in der Tat schöner, als sie sind? Der Künstler, der den Lichtblitz an einem kupfernen Kessel festhält, sieht den Kessel als einen Träger des Lichtes, und das ist freilich anders, als er dem Auge der Küchenmagd erscheint, die das Licht nur als Träger der Reinlichkeit beachtet.

MARIE VON EBNER-ESCHENBACH

(1830–1916)

*Ein Aphorismus ist der letzte Ring
einer langen Gedankenkette*

Sag etwas, das sich von selbst versteht, zum erstenmal, und du bist unsterblich.

*

Was uns an der sichtbaren Schönheit entzückt, ist ewig nur die unsichtbare.

*

Die verstehen sehr wenig, die nur das verstehen, was sich erklären läßt.

*

Die glücklichen Pessimisten! Welche Freude empfinden sie, sooft sie bewiesen haben, daß es keine Freude gibt.

*

Der Zufall ist die in Schleier gehüllte Notwendigkeit.

*

Geduld mit der Streitsucht der Einfältigen! Es ist nicht leicht zu begreifen, daß man nicht begreift.

Anmut ist ein Ausströmen der inneren Harmonie.

*

Der Gescheitere gibt nach! Ein unsterbliches Wort. Es begründet die Weltherrschaft der Dummheit.

*

Die Konsequenzen unserer guten Handlungen verfolgen uns unerbittlich und sind oft schwerer zu tragen als die der bösen.

*

Gebrannte Kinder fürchten das Feuer oder vernarren sich darein.

*

Ehen werden im Himmel geschlossen, aber daß sie gut geraten, darauf wird dort nicht gesehen.

*

Die meisten Menschen brauchen mehr Liebe, als sie verdienen.

*

Ein Dichter, der einen Menschen kennt, kann hundert schildern.

*

Die meisten Nachahmer lockt das Unnachahmliche.

Die Leute, denen man nie widerspricht, sind entweder die, welche man am meisten liebt, oder die, welche man am geringsten achtet.

*

Wer sich seiner eigenen Kindheit nicht mehr deutlich erinnert, ist ein schlechter Erzieher.

*

Wenn der Kunst kein Tempel mehr offensteht, dann flüchtet sie in die Werkstatt.

*

Man muß das Gute tun, damit es in der Welt sei.

*

Das Vertrauen ist etwas so Schönes, daß selbst der ärgste Betrüger sich eines gewissen Respekts nicht erwehren kann vor dem, der es ihm schenkt.

*

Die Güte, die nicht grenzenlos ist, verdient den Namen nicht.

*

In einem guten Buche stehen mehr Wahrheiten, als sein Verfasser hineinzuschreiben meinte.

*

Zu späte Erfüllung einer Sehnsucht labt nicht mehr. Die lechzende Seele zehrt sie auf wie glühendes Eisen einen Wassertropfen.

Die Liebe hat nicht nur Rechte, sie hat auch immer recht.

*

In jedem tüchtigen Menschen steckt ein Poet und kommt beim Schreiben zum Vorschein, beim Lesen, beim Sprechen oder beim Zuhören.

*

Unerreichbare Wünsche werden als «fromme» bezeichnet. Man scheint anzunehmen, daß nur die profanen in Erfüllung gehen.

*

Wenn die Mißgunst aufhören muß, fremdes Verdienst zu leugnen, fängt sie an, es zu ignorieren.

*

Die Teilnahme der meisten Menschen besteht aus einer Mischung von Neugier und Wichtigtuerei.

*

Die Bescheidenheit, die zum Bewußtsein kommt, kommt ums Leben.

*

Es gibt Menschen mit leuchtendem und Menschen mit glänzendem Verstande. Die ersten erhellen ihre Umgebung, die zweiten verdunkeln sie.

Es würde sehr wenig Böses auf Erden getan werden, wenn das Böse niemals im Namen des Guten getan werden könnte.

*

Die Menschen, denen wir eine Stütze sind, die geben uns den Halt im Leben.

*

Wenn man das Dasein als eine Aufgabe betrachtet, dann vermag man es immer zu ertragen.

*

Man kann nicht allen helfen! sagt der Engherzige und – hilft keinem.

*

Das Verständnis reicht oft viel weiter als der Verstand.

*

Beim Tode eines geliebten Menschen schöpfen wir eine Art Trost aus dem Glauben, daß der Schmerz über unseren Verlust sich nie vermindern wird.

*

Der Gedanke an die Vergänglichkeit aller irdischen Dinge ist ein Quell unendlichen Leids – und ein Quell unendlichen Trostes.

*

Wo wäre die Macht der Frauen, wenn die Eitelkeit der Männer nicht wäre?

Einen Gedanken verfolgen – wie bezeichnend dies Wort! Wir eilen ihm nach, erhaschen ihn, er entwindet sich uns, und die Jagd beginnt von neuem. Der Sieg bleibt zuletzt dem Stärkeren. Ist es der Gedanke, dann läßt er uns nicht ruhen, immer wieder taucht er auf – neckend, quälend, unserer Ohnmacht, ihn zu fassen, spottend. Gelingt es aber der Kraft unseres Geistes, ihn zu bewältigen, dann folgt dem heißen Ringkampf ein beseligendes, unwiderstehliches Bündnis auf Leben und Tod, und die Kinder, die ihm entspringen, erobern die Welt.

*

Autoren, die bestohlen werden, sollten sich darüber nicht beklagen, sondern freuen. In einer Gegend, in der kein Waldfrevel vorkommt, hat der Wald keinen Wert.

*

Der Schmerz ist der große Lehrer der Menschen. Unter seinem Hauche entfalten sich die Seelen.

*

Eine gescheite Frau hat Millionen geborener Feinde: – alle dummen Männer.

*

Über das Kommen mancher Leute tröstet uns nichts als – die Hoffnung auf ihr Gehen.

*

Was nennen die Menschen am liebsten dumm? Das Gescheite, das sie nicht verstehen.

Ein Gedanke kann nicht erwachen, ohne andere zu wecken.

*

Die Wortkargen imponieren immer. Man glaubt schwer, daß jemand kein anderes Geheimnis zu bewahren hat als das seiner Unbedeutendheit.

*

Er ist ein guter Mensch! sagen die Leute gedankenlos. Sie wären sparsamer mit diesem Lobe, wenn sie wüßten, daß sie kein höheres zu erteilen haben.

*

Man hat einen zu guten oder einen zu schlechten Ruf; nur den Ruf hat man nicht, den man verdient.

*

Du wüßtest gern, was deine Bekannten von dir sagen? Höre, wie sie von Leuten sprechen, die mehr wert sind als du.

*

Der Philosoph zieht seine Schlüsse, der Poet muß die seinen entstehen lassen.

*

Wer in die Öffentlichkeit tritt, hat keine Nachsicht zu erwarten und keine zu fordern.

*

Ein wahrer Freund trägt mehr zu unserem Glück bei als tausend Feinde zu unserem Unglück.

Der Künstler versäume nie, die Spuren des Schweißes zu verwischen, den sein Werk gekostet hat. Sichtbare Mühe war zu wenig Mühe.

*

Der Umgang mit einem Egoisten ist darum so verderblich, weil die Notwehr uns zwingt, allmählich in seine Fehler zu verfallen.

*

Viele Leute glauben, wenn sie einen Fehler erst eingestanden haben, brauchen sie ihn nicht mehr abzulegen.

*

Beim Wiedersehen nach einer Trennung fragen die Bekannten nach dem, was mit uns, die Freunde nach dem, was in uns vorgegangen.

*

Sagen, was man denkt, ist manchmal die größte Torheit und manchmal – die größte Kunst.

*

Der Weise ist selten klug.

*

Demut ist Unverwundbarkeit.

*

Ein guter Witz muß den Schein des Unabsichtlichen haben. Er gibt sich nicht dafür, aber siehe da, der Scharfsinn des Hörers entdeckt ihn, entdeckt den geistreichen Gedanken in der Maske eines schlichten Wortes. Ein guter Witz reist inkognito.

Den Strich, den das Genie in einem Zuge hinwirft, kann das Talent in glücklichen Stunden aus Punkten zusammensetzen.

*

In jede hohe Freude mischt sich eine Empfindung der Dankbarkeit.

*

Wo gibt es noch einmal zwei Dinge so entgegengesetzt und doch so nahe verwandt, so unähnlich und doch so oft kaum voneinander zu unterscheiden wie Bescheidenheit und Stolz.

*

Nicht was wir erleben, sondern wie wir empfinden, was wir erleben, macht unser Schicksal aus.

*

Wenn mein Herz nicht spricht, dann schweigt auch mein Verstand, sagt die Frau.

Schweige, Herz, damit der Verstand zu Worte komme, sagt der Mann.

*

Die Langweile, die in manchem Buche herrscht, gereicht ihm zum Heil; die Kritik, die schon ihren Speer erhoben hatte, schläft ein, bevor sie ihn geschleudert hat.

*

Jeder Weltmann verkehrt lieber mit einem wohlerzogenen Bösewicht als mit einem schlechterzogenen Heiligen.

Ein einziges Wort verrät uns manchmal die Tiefe eines Gemüts, die Gewalt eines Geistes.

*

Die Welt gehört denen, die sie haben wollen, und wird von jenen verschmäht, denen sie gehören sollte.

*

Es darf so mancher Talentlose von dem Werke so manches Talentvollen sagen: Wenn ich das machen könnte, würde ich es besser machen.

*

Wenn wir auch der Schmeichelei keinen Glauben schenken, der Schmeichler gewinnt uns doch. Einige Dankbarkeit empfinden wir immer für den, der sich die Mühe gibt, uns angenehm zu belügen.

*

Um ein öffentliches Amt glänzend zu verwalten, braucht man eine gewisse Anzahl guter und – schlechter Eigenschaften.

*

Hoffnungslose Liebe macht den Mann kläglich und die Frau beklagenswert.

*

Den Menschen, die große Eigenschaften besitzen, verzeiht man ihre kleinen Fehler am schwersten.

Wenn man ein Seher ist, braucht man kein Beobachter sein.

*

Und ich habe mich so gefreut! sagst du vorwurfsvoll, wenn dir eine Hoffnung zerstört wurde. Du hast dich gefreut – ist das nichts?

*

Wenn wir nur noch das sehen, was wir zu sehen wünschen, sind wir bei der geistigen Blindheit angelangt.

*

Die größte Gleichmacherin ist die Höflichkeit; durch sie werden alle Standesunterschiede aufgehoben.

*

In der großen Welt gefällt nichts so sehr wie die Gleichgültigkeit darüber, ob man ihr gefällt.

*

Man muß schon etwas wissen, um verbergen zu können, daß man nichts weiß.

*

Die Palme beugt sich, aber nicht der Pfahl.

*

Es muß sein! – grausamster Zwang. Es hat sein müssen! – bester Trost.

Als eine Frau lesen lernte, trat die Frauenfrage in die Welt.

*

Der Weltmann kennt gewöhnlich die Menschen, aber nicht den Menschen. Beim Dichter ist's umgekehrt.

*

Im Grunde ist jedes Unglück gerade nur so schwer, als man es nimmt.

*

Erinnere dich der Vergessenen – eine Welt geht dir auf.

*

Am unbarmherzigsten im Urteil über fremde Kunstleistungen sind die Frauen mittelmäßiger Künstler.

*

In der Jugend meinen wir, das Geringste, das die Menschen uns gewähren können, sei Gerechtigkeit. Im Alter erfahren wir, daß es das Höchste ist.

*

Genug weiß niemand, zuviel so mancher.

*

Wo Geschmacklosigkeit daheim ist, wird auch immer etwas Roheit wohnen.

Die Menschen der alten Zeit sind auch die der neuen, aber die Menschen von gestern sind nicht die von heute.

*

Grobheit – geistige Unbeholfenheit.

*

Die Kritik ist von geringer Qualität, die meint, ein Kunstwerk nur dann richtig beurteilen zu können, wenn sie die Verhältnisse kennt, unter denen es entstanden ist.

*

Es kommt vor, daß Berge Mäuse gebären; manchmal tritt aber auch der entsetzliche Fall ein, daß einer Maus zugemutet wird, einen Berg zu gebären.

*

Jeder Künstler soll es der Vogelmutter nachmachen, die sich um ihre Brut nicht mehr bekümmert, sobald sie flügge geworden ist.

*

Den Angriffen der Gemeinheit gegenüber ist es schwer, nicht in Selbstüberhebung zu verfallen.

*

Im Unglück finden wir meistens die Ruhe wieder, die uns durch die Furcht vor dem Unglück geraubt wurde.

Wenn die Nachtigallen aufhören zu schlagen, fangen die Grillen an zu zirpen.

*

Der Witzling ist der Bettler im Reich der Geister; er lebt von Almosen, die das Glück ihm zuwirft – von Einfällen.

*

Das meiste haben wir gewöhnlich in der Zeit getan, in der wir meinten, zu wenig zu tun.

*

Beim Genie heißt es: Laß dich gehen! Beim Talent: Nimm dich zusammen!

*

Ein böser Mensch vermag leichter einen guten, als ein guter einen bösen Vorsatz auszuführen.

*

Je ungebildeter ein Mensch, je schneller ist er mit einer Ausrede fertig.

*

Bei den Hottentotten ist nicht einmal Napoleon berühmt.

*

Die Katzen halten keinen für eloquent, der nicht miauen kann.

Es glaube doch nicht jeder, der imstande war, seine Meinung von einem Kunstwerk aufzuschreiben, er habe es kritisiert.

*

Es gibt wenig aufrichtige Freunde – die Nachfrage ist auch gering.

*

Die Wunden, die unserer Eitelkeit geschlagen werden, sind halb geheilt, wenn es uns gelingt, sie zu verbergen.

*

Wir sind leicht bereit, uns selbst zu tadeln, unter der Bedingung – daß niemand einstimmt.

*

Daß soviel Ungezogenheit gut durch die Welt kommt, daran ist die Wohlerzogenheit schuld.

*

Die öffentliche Meinung wird verachtet von den erhabensten und von den am tiefsten gesunkenen Menschen.

*

Der Ignorant weiß nichts, der Parteimann will nichts wissen.

*

Nichts Besseres kann der Künstler sich wünschen als grobe Freunde und höfliche Feinde.

Der Ruhm der kleinen Leute heißt Erfolg.

*

Der völlig vorurteilslos ist, muß es auch gegen das Vorurteil sein.

*

Wer hat nicht schon das, was er sich zutraut, für das gehalten, was er vermag?

*

Immer wird die Gleichgültigkeit und die Menschenverachtung dem Mitgefühl und der Menschenliebe gegenüber einen Schein von geistiger Überlegenheit annehmen können.

*

Wir unterschätzen das, was wir haben, und überschätzen das, was wir sind.

*

Die Summe unserer Erkenntnisse besteht aus dem, was wir gelernt, und aus dem, was wir vergessen haben.

*

Während ein Feuerwerk abgebrannt wird, sieht niemand nach dem gestirnten Himmel.

*

Eine ungeschickte Schmeichelei kann uns tiefer demütigen als ein wohlbegründeter Tadel.

Nichts schwerer, als den gelten lassen, der uns nicht gelten läßt.

*

Es steht etwas über unseren schaffensfreudigen Gedanken, das feiner und schärfer ist als sie. Es sieht ihrem Entstehen zu, es überwacht, ordnet und zügelt sie, es mildert ihnen oft die Farben, wenn sie Bilder weben, und hält sie am knappsten, wenn sie Schlüsse ziehen. Seine Ausbildung hängt von der unserer edelsten Fähigkeiten ab. Es ist nicht selbst schöpferisch, aber wo es fehlt, kann nichts Dauerndes entstehen; es ist eine moralische Kraft, ohne die unsere geistige nur Schemen hervorbringt; es ist das Talent zum Talent, sein Halt, sein Auge, sein Richter, es ist – das künstlerische Gewissen.

*

Wir sind so eitel, daß uns sogar an der Meinung der Leute, an denen uns nichts liegt, etwas gelegen ist.

*

Die Sehenden sind es nicht, die sich für sehend halten, immer nur die Blinden.

*

Nichts entfernt zwei innerlich wenig verwandte Menschen mehr voneinander, als das Zusammenleben.

*

Lieber von einer Hand, die wir nicht drücken möchten, geschlagen, als von ihr gestreichelt werden.

Ich bereue nichts, sagt der Übermut, ich werde nichts bereuen die Unerfahrenheit.

*

Tiefe Bildung glänzt nicht.

*

Gemeinsame geistige Tätigkeit verbindet enger als das Band der Ehe.

*

Alles Wissen geht aus einem Zweifel hervor und endigt in einem Glauben.

*

Was andere uns zutrauen, ist meist bezeichnender für sie als für uns.

*

Wenn eine Frau sagt «jeder», meint sie: jedermann. Wenn ein Mann sagt «jeder», meint er: jeder Mann.

*

Das Schlechte, an das sogar die Bosheit nicht mehr glaubt, an das glaubt noch die Albernheit.

*

Der Witz ist ein brillanter Emporkömmling von zweifelhafter Abstammung.

*

Es gibt leider nicht sehr viele Eltern, deren Umgang für ihre Kinder wirklich ein Segen ist.

Sich von einem ungerechten Verdacht reinigen wollen ist entweder überflüssig oder vergeblich.

*

Heitere Resignation – es gibt nichts Schöneres.

*

Es gibt kein Wunder für den, der sich nicht wundern kann.

*

Der Mittelmäßige fühlt sich dem Ausgezeichneten gegenüber immer im Zustand der Notwehr.

*

Es gehört weniger Mut dazu, der allein Tadelnde, als der allein Lobende zu sein.

*

Es schreibt keiner wie ein Gott, der nicht gelitten hat wie ein Hund.

*

Was ein Kind tut, soll nicht als eine Handlung, sondern als ein Symptom aufgefaßt werden.

*

Die kleinen Miseren des Lebens helfen uns manchmal über sein großes Elend hinweg.

WILHELM RAABE

(1831–1910)

Man muß in den Dreck hineingeschlagen haben,
um zu wissen, wie weit er spritzt.

*

Die träumerische Viertelstunde eines Poeten oder
Philosophen ist oft wichtiger für die Menschheit
als der Lärm einer tagelang währenden Feld-
schlacht.

*

Wer ist ein Humorist? Der den winzigsten aller
Nägel in die Wand oder die Hirnschale des hoch-
löblichen Publikums schlägt, – und die ganze Gar-
derobe der Zeit und aller vergangenen Zeit dran
aufhängt.

*

Man muß Bücher schreiben, die gewinnen, wenn
das Geschlecht, das sie später liest, andere Röcke
und Hosen trägt.

*

Im Augenblick, wo der echte Künstler schafft, hat
er weder Weib noch Kind und am allerwenigsten
Freunde.

Die Menschen irren sich. Man hat nur Freude an dem, was einem *nicht* gehört. Alles übrige ist eine Last.

*

Es war durch den fortwährenden Umgang mit sich selber grenzenlos verwöhnt worden.

*

Je freier man wird, desto mehr fügt man sich der Sitte.

*

Die Menschen sind nur allzuhäufig imstande, wenn das Lebendige unter dem Toten erscheint, das erstere für das Gespenst zu halten.

*

Es will alles nach seiner Natur behandelt werden: das Feuer im Ofen und das Wasser, wie es den Berg herunterläuft. Wer sich darauf versteht, der versteht auch mit Menschen umzugehen.

*

Das Original macht Fußtapfen. Die Nachahmer treten in diese Tapfen, aber *schief*.

*

Das wahre Kunstwerk ist seiner selbst wegen da, nicht dessen, der vor ihm steht, sitzt oder liegend auf dem Sofa ihm beizukommen sucht. Was geht den Lear, den Macbeth, den Hamlet etc. das an, was ihr über ihn denkt, – schreibt oder drucken laßt? Jetzt zeigt mir das neue Werk, dem das letztere einerlei ist!

Ein echter Dichter sagt *Ich*! Dieses heißt: die Gebilde seiner Phantasie haben eine solche Wirklichkeit, daß sie die Gebilde des Tages ihm vollständig zurückdrängen oder *sich* subsumieren. – Nachher spricht die Nation von Vaterlandslosigkeit und dergleichen.

*

Ein drollig Buch, das sich einige Generationen durch lebendig hält, ist immer ein ernst anzusehendes Buch.

*

Wem nicht jeder Satz, den er schreibt, der wichtigste ist, soll das Schreiben lassen.

*

Ruhm ist: mitgedacht zu werden, wenn an ein ganzes Volk gedacht wird.

*

Eine von den wenigen Behaglichkeiten, die der deutsche Nationalcharakter erzeugt hat, sind die deutschen Mittelstädte.

*

Eine Schwalbe ist gesellschaftsfähig in jedem Salon, Kirche, Krankensaal, sowohl was Grazie, Bildung und Toilette anbetrifft.

*

Das ist unwahr und deshalb keine Dichtung. Lügen darfst du in politischen Abhandlungen, statistischen Aufstellungen und dergleichen. Das hat

nichts zu sagen. Da lacht nur die pragmatische
Weltentwicklung. Lügst du aber in der Dicht-
kunst, so lacht die Natur, die Sterne schütteln sich
vor Lachen und – Mitleid.

*

Im Grunde genommen besteht nicht weniger als
die Menschheit auch ein Volk aus einem Mann und
einer Frau.

*

Ein toter Bettelmann ist vornehmer als ein lebendiger König.

*

Ein rechter Künstler rechnet mit der Stunde, die
nach dem Augenblick, in welchem er schafft,
kommt, *nie*! – Das gilt aber nicht bloß von den
Künstlern, sondern von jedem rechten Menschen.

*

Es gibt Kunstwerke, zu denen die Fehler als ihre
liebenswürdigsten Ingredienzien gehören.

*

Man soll nur Bücher lesen, vor denen man in den
großen Krisen des eigenen Lebens keinen Ekel
empfindet.

*

Wenn man in einem gegebenen Moment alles Lachen (alle Fröhlichkeit) der Welt oder alles Wehge-
schrei auf einmal hören könnte! Was würde dann
das einzelne Lachen und der einzelne Jammerruf
bedeuten?

Die urbane Natur-Mimik, die andere Völker haben,
haben wir Deutschen uns erst anzulernen. So treiben wir es weit darin, wie wir durchschnittlich sehr
lächerlich und affektiert uns dabei gebaren. Es kann
im Grunde kein Germane mit der Hand grüßen.

*

Über den Tod kommt jeder leicht hinweg, aber
mit dem Sterben ist's eine andere Sache.

*

Ich bin mein ganzes Leben durch nur auf den
Fang von glücklichen Schaffensminuten mit dem
Schmetterlingsnetz ausgegangen. Und welch eine
Geduld und Ruhe erfordernde Jagd das ist, das
weiß jeder rechte Künstler. So sagen die verstän-
digen Leute, die es «zu etwas bringen in der Welt»:
Er hat sein Leben vertrödelt.

*

Wirklich vornehme Naturen schämen sich stets für
viel, mit dem sie es im Wandel und Handel unserer
Erde zu tun bekommen, mit; sie lassen sich aber
grade deshalb desto williger bereit finden, alles das,
was man von ihnen erlangen will, herzugeben,
wenn auch nur, um so schnell als möglich wieder
Ruhe zu haben vor der Narrheit und Unverschämtheit des laufenden Tages.

*

Das Beste, was der Mensch im Leben haben kann,
ist ein Stück von dem, was er im Tode ganz haben
wird – Ruhe.

Alles in der Welt geht in der Wellenlinie. Jede Landstraße und so weiter. Wehe dem, der überall das Lineal anlegt!

*

Die ewige Illusion, daß das Leben noch vor einem liege. Das Leben liegt *immer* hinter einem.

*

Man erlebt nicht das, was man erlebt, sondern wie man es erlebt.

*

Ein Weib möchte immer alles gern selber verrichten, aber zugleich immer einen haben, dem es die Verantwortung dafür in die Schuhe schieben könnte.

*

Der Mensch denkt viel zu häufig zu tief über Gefühle nach, die er haben – könnte.

*

Wahre Dichtungen halten der Zeit den Spiegel nur insofern nützlich vor, daß sie die Zeit in der Ewigkeit sich spiegeln lassen.

*

Und wenn sie noch so genau den Düngerhaufen beschreiben, die Wiese im Morgentau und Sonnenglanz behält doch ihr Recht.

Vor menschlichen Gerichten liegen die «mildernden Umstände» immer beim Angeklagten; vor dem «Jüngsten Gericht», dem Weltgericht, bei dem letzten, höchsten Richter selber.

*

Wenn die Frau die Tür schlägt und der Mann sie sacht schließt, gibt es, wenn nicht eine Musterehe, so doch eine erträgliche. Schlagen sie beide die Tür, so ist das freilich schon so etwas wie die «Hölle auf Erden». Schlägt der Mann sie und die Frau schließt sie sacht, nun, dann ist's manchmal der Himmel, aber manchmal auch die Langeweile auf Erden.

*

Die soziale Frage. Es geht nicht mehr alles so hin. Das Damoklesschwert des allgemeinen Durcheinander ist nichts. Aber daß jeder von oben bis unten sich zu sagen hat: Man achtet dir auf die Finger. Und die Finger anderer – auch unter dir haben die Macht, sich zu einer Faust zu ballen – das ist etwas, und, alles in allem genommen, etwas recht Segensreiches.

*

Das ist das menschliche Leben: bei dem einen raucht der Ofen, wenn der Wind von Nordwesten, bei dem andern, wenn er von Südosten kommt.

*

Was sie heute auf dem Theater aufführen, sind die «Affären» kranker Leute. Wie gesund war so ein Othello!

Da man sich in das Leben hat fügen müssen, wieviel leichter sollte man sich in den Tod fügen können.

*

Je höher ein Mensch steht, desto häufiger hält ihm die Fratze Gemeinheit die Faust unter die Nase.

*

Einer, der so objektiv geworden ist, daß er bei allem, was ihn persönlichst betrifft, nur ruhig sagt: «Ja, das gehört zum Leben zu.»

*

Erst durch Lesen lernt man, wieviel man ungelesen lassen kann.

FRIEDRICH NIETZSCHE

(1844–1900)

Sancta simplicitas der Tugend. – Jede Tugend hat Vorrechte: zum Beispiel dies, zu dem Scheiterhaufen eines Verurteilten ihr eigenes Bündchen Holz zu liefern.

*

Alltags-Maßstab. – Man wird selten irren, wenn man extreme Handlungen auf Eitelkeit, mittelmäßige auf Gewöhnung und kleinliche auf Furcht zurückführt.

*

Mißverständnis über die Tugend. – Wer die Untugend in Verbindung mit der Lust kennen gelernt hat, wie der, welcher eine genußsüchtige Jugend hinter sich hat, bildet sich ein, daß die Tugend mit der Unlust verbunden sein müsse. Wer dagegen von seinen Leidenschaften und Lastern sehr geplagt worden ist, ersehnt in der Tugend die Ruhe und das Glück der Seele. Daher ist es möglich, daß zwei Tugendhafte einander gar nicht verstehen.

*

Der Asket. – Der Asket macht aus der Tugend eine Not.

Verhinderung des Selbstmordes. – Es gibt ein Recht, wonach wir einem Menschen das Leben nehmen, aber keines, wonach wir ihm das Sterben nehmen: dies ist nur Grausamkeit.

*

Verheißungen der Wissenschaft. – Die moderne Wissenschaft hat als Ziel: so wenig Schmerz wie möglich, so lange leben wie möglich, – also eine Art von ewiger Seligkeit, freilich eine sehr bescheidene im Vergleich mit den Verheißungen der Religionen.

*

Dichter als Erleichterer des Lebens. – Die Dichter, insofern auch sie das Leben der Menschen erleichtern wollen, wenden den Blick entweder von der mühseligen Gegenwart ab oder verhelfen der Gegenwart durch ein Licht, das sie von der Vergangenheit herstrahlen machen, zu neuen Farben. Um dies zu können, müssen sie selbst in manchen Hinsichten rückwärts gewendete Wesen sein: so daß man sie als Brücken zu ganz fernen Zeiten und Vorstellungen, zu absterbenden oder abgestorbenen Religionen und Kulturen gebrauchen kann. Sie sind eigentlich immer und notwendig *Epigonen*. Es ist freilich von ihren Mitteln zur Erleichterung des Lebens einiges Ungünstige zu sagen: sie beschwichtigen und heilen nur vorläufig, nur für den Augenblick; sie halten sogar die Menschen ab, an einer wirklichen Verbesserung ihrer Zustände zu arbeiten, indem sie gerade die Leidenschaft der Unbefriedigten, welche zur Tat drängen, aufheben und palliativisch entladen.

Der langsame Pfeil der Schönheit. – Die edelste Art der Schönheit ist die, welche nicht auf einmal hinreißt, welche nicht stürmische und berauschende Angriffe macht (eine solche erweckt leicht Ekel), sondern jene langsam einsickernde, welche man fast unbemerkt mit sich fortträgt und die einem im Traum einmal wiederbegegnet, endlich aber, nachdem sie lange mit Bescheidenheit an unserm Herzen gelegen, von uns ganz Besitz nimmt, unser Auge mit Tränen, unser Herz mit Sehnsucht füllt. – Wonach sehnen wir uns beim Anblick der Schönheit? Darnach, schön zu sein: wir wähnen, es müsse viel Glück damit verbunden sein. – Aber das ist ein Irrtum.

*

Kunst der häßlichen Seele. – Man zieht der Kunst viel zu enge Schranken, wenn man verlangt, daß nur die geordnete, sittlich im Gleichgewicht schwebende Seele sich in ihr aussprechen dürfe. Wie in den bildenden Künsten, so auch gibt es in der Musik und Dichtung eine Kunst der häßlichen Seele, neben der Kunst der schönen Seele; und die mächtigsten Wirkungen der Kunst, das Seelenbrechen, Steinebewegen und Tierevermenschlichen ist vielleicht gerade jener Kunst am meisten gelungen.

*

Verkleinern. – Manche Dinge, Ereignisse oder Personen, vertragen es nicht, im kleinen Maßstabe behandelt zu werden. Man kann die Laokoon-Gruppe nicht zu einer Nippesfigur verkleinern; sie hat Größe notwendig. Aber viel seltener ist es, daß etwas von Natur Kleines die Vergrößerung verträgt; weshalb es Biographen immer noch eher gelingen wird, einen großen Mann klein darzustellen, als einen kleinen groß.

*

Sich gut zu Gehör bringen. – Man muß nicht nur verstehen, gut zu spielen, sondern auch sich gut zu Gehör zu bringen. Die Geige in der Hand des größten Meisters gibt nur ein Gezirp von sich, wenn der Raum zu groß ist; man kann da den Meister mit jedem Stümper verwechseln.

*

Gegen die Originalen. – Wenn die Kunst sich in den abgetragensten Stoff kleidet, erkennt man sie am besten als Kunst.

*

Witz. – Die witzigsten Autoren erzeugen das kaum bemerkbarste Lächeln.

*

Die Antithese. – Die Antithese ist die enge Pforte, durch welche sich am liebsten der Irrtum zur Wahrheit schleicht.

*

Denker als Stilisten. – Die meisten Denker schreiben schlecht, weil sie uns nicht nur ihre Gedanken, sondern auch das Denken der Gedanken mitteilen.

Grenze der Ehrlichkeit. – Auch dem ehrlichsten Schriftsteller entfällt ein Wort zu viel, wenn er eine Periode abrunden will.

*

Die Narren der modernen Kultur. – Die Narren der mittelalterlichen Höfe entsprechen unseren Feuilletonisten; es ist die selbe Gattung Menschen, halbvernünftig, witzig, übertrieben, albern, mitunter nur dazu da, das Pathos der Stimmung durch Einfälle, durch Geschwätz zu mildern und den allzu schweren, feierlichen Glockenklang großer Ereignisse durch Geschrei zu übertäuben; ehemals im Dienste der Fürsten und Adeligen, jetzt im Dienste von Parteien (wie in Partei-Sinn und Partei-Zucht ein guter Teil der alten Untertänigkeit im Verkehr des Volkes mit dem Fürsten jetzt noch fortlebt). Der ganze moderne Literatenstand steht aber den Feuilletonisten sehr nahe, es sind die «Narren der modernen Kultur», welche man milder beurteilt, wenn man sie als nicht ganz zurechnungsfähig nimmt. Schriftstellerei als Lebensberuf zu betrachten, sollte billigerweise als eine Art Tollheit gelten.

*

Dunkles und Überhelles neben einander. – Schriftsteller, welche im Allgemeinen ihren Gedanken keine Deutlichkeit zu geben verstehen, werden im Einzelnen mit Vorliebe die stärksten, übertriebensten Bezeichnungen und Superlative wählen: dadurch entsteht eine Lichtwirkung, wie bei Fackelbeleuchtung auf verworrenen Waldwegen.

Das Buch fast zum Menschen geworden. – Jeden Schriftsteller überrascht es von neuem, wie das Buch, sobald es sich von ihm gelöst hat, ein eigenes Leben für sich weiterlebt; es ist ihm zu Mute, als wäre der eine Teil eines Insektes losgetrennt und ginge nun seinen eigenen Weg weiter. Vielleicht vergißt er es fast ganz, vielleicht erhebt er sich über die darin niedergelegten Ansichten, vielleicht selbst versteht er es nicht mehr und hat jene Schwingen verloren, auf denen er damals flog, als er jenes Buch aussann: währenddem sucht es sich seine Leser, entzündet Leben, beglückt, erschreckt, erzeugt neue Werke, wird die Seele von Vorsätzen und Handlungen – kurz: es lebt wie ein mit Geist und Seele ausgestattetes Wesen und ist doch kein Mensch. – Das glücklichste Los hat der Autor gezogen, welcher, als alter Mann, sagen kann, daß alles, was von lebenzeugenden, kräftigenden, erhebenden, aufklärenden Gedanken und Gefühlen in ihm war, in seinen Schriften noch fortlebe und daß er selber nur noch die graue Asche bedeute, während das Feuer überall hin gerettet und weiter getragen sei. – Erwägt man nun gar, daß jede Handlung eines Menschen, nicht nur ein Buch, auf irgend eine Art Anlaß zu anderen Handlungen, Entschlüssen, Gedanken wird, daß alles, was geschieht, unlösbar fest sich mit allem, was geschehen wird, verknotet, so erkennt man die wirkliche *Unsterblichkeit,* die es gibt, die der Bewegung: was einmal bewegt hat, ist in dem Gesamtverbande alles Seienden, wie in einem Bernstein ein Insekt, eingeschlossen und verewigt.

Ruhige Fruchtbarkeit. – Die geborenen Aristokraten des Geistes sind nicht zu eifrig; ihre Schöpfungen erscheinen und fallen an einem ruhigen Herbstabend vom Baume, ohne hastig begehrt, gefördert, durch Neues verdrängt zu werden. Das unablässige Schaffenwollen ist gemein und zeigt Eifersucht, Neid, Ehrgeiz an. Wenn man Etwas ist, so braucht man eigentlich Nichts zu machen, – und tut doch sehr viel. Es gibt über dem «produktiven» Menschen noch eine höhere Gattung.

*

Hauptmangel der tätigen Menschen. – Den Tätigen fehlt gewöhnlich die höhere Tätigkeit: ich meine die individuelle. Sie sind als Beamte, Kaufleute, Gelehrte, das heißt als Gattungswesen tätig, aber nicht als ganz bestimmte einzelne und einzige Menschen; in dieser Hinsicht sind sie faul. – Es ist das Unglück der Tätigen, daß ihre Tätigkeit fast immer ein wenig unvernünftig ist. Man darf zum Beispiel bei dem geldsammelnden Banquier nach dem Zweck seiner rastlosen Tätigkeit nicht fragen: sie ist unvernünftig. Die Tätigen rollen, wie der Stein rollt, gemäß der Dummheit der Mechanik. – Alle Menschen zerfallen, wie zu allen Zeiten so auch jetzt noch, in Sklaven und Freie; denn wer von seinem Tage nicht zwei Drittel für sich hat, ist ein Sklave, er sei übrigens wer er wolle: Staatsmann, Kaufmann, Beamter, Gelehrter.

*

Wert der Krankheit. – Der Mensch, der krank zu Bette liegt, kommt mitunter dahinter, daß er für gewöhnlich an seinem Amte, Geschäfte oder an seiner Gesellschaft krank ist und durch sie jede Besonnenheit über sich verloren hat: er gewinnt diese Weisheit aus der Muße, zu welcher ihn seine Krankheit zwingt.

*

Empfindung auf dem Lande. – Wenn man nicht feste, ruhige Linien am Horizonte seines Lebens hat, Gebirgs- und Waldlinien gleichsam, so wird der innerste Wille des Menschen selber unruhig, zerstreut und begehrlich wie das Wesen des Städters: er hat kein Glück und gibt kein Glück.

*

Kopien. – Nicht selten begegnet man Kopien bedeutender Menschen; und den meisten gefallen, wie bei Gemälden so auch hier, die Kopien besser als die Originale.

*

Mangel an Vertraulichkeit. – Mangel an Vertraulichkeit unter Freunden ist ein Fehler, der nicht gerügt werden kann, ohne unheilbar zu werden.

*

Zur Kunst des Schenkens. – Eine Gabe ausschlagen zu müssen, bloß weil sie nicht auf die rechte Weise angeboten wurde, erbittert gegen den Geber.

*

Der gefährlichste Parteimann. – In jeder Partei ist einer, der durch sein gar zu gläubiges Aussprechen der Parteigrundsätze die übrigen zum Abfall reizt.

Ratgeber des Kranken. – Wer einem Kranken seine Ratschläge gibt, erwirbt sich ein Gefühl von Überlegenheit über ihn, sei es, daß sie angenommen oder daß sie verworfen werden. Deshalb hassen reizbare und stolze Kranke die Ratgeber noch mehr als ihre Krankheit.

*

Gegen Verlegenheit. – Das beste Mittel, sehr verlegenen Leuten zu Hülfe zu kommen und sie zu beruhigen, besteht darin, daß man sie entschieden lobt.

*

Warten lassen. – Ein sicheres Mittel, die Leute aufzubringen und ihnen böse Gedanken in den Kopf zu setzen, ist, sie lange warten zu lassen. Dies macht unmoralisch.

*

Gegen die Vertraulichen. – Leute, welche uns ihr volles Vertrauen schenken, glauben dadurch ein Recht auf das unsrige zu haben. Dies ist ein Fehlschluß; durch Geschenke erwirbt man keine Rechte.

*

Ausgleichsmittel. – Es genügt oft, einem andern, dem man einen Nachteil zugefügt hat, Gelegenheit zu einem Witze über uns zu geben, um ihm persönlich Genugtuung zu schaffen, ja um ihn für uns gut zu stimmen.

Zum Disputieren erforderlich. – Wer seine Gedanken nicht auf Eis zu legen versteht, der soll sich nicht in die Hitze des Streites begeben.

*

Umgang und Anmaßung. – Man verlernt die Anmaßung, wenn man sich immer unter verdienten Menschen weiß; Allein-Sein pflanzt Übermut. Junge Leute sind anmaßend, denn sie gehen mit Ihresgleichen um, welche alle nichts sind, aber gerne viel bedeuten.

*

Undank vorauszusehen. – Der, welcher etwas Großes schenkt, findet keine Dankbarkeit; denn der Beschenkte hat schon durch das Annehmen zu viel Last.

*

Gegenwart von Zeugen. – Man springt einem Menschen, der ins Wasser fällt, noch einmal so gern nach, wenn Leute zugegen sind, die es nicht wagen.

*

Das Geheimnis des Freundes. – Es wird wenige geben, welche, wenn sie um Stoff zur Unterhaltung verlegen sind, nicht die geheimeren Angelegenheiten ihrer Freunde preisgeben.

*

Der Befangene. – Menschen, die sich in der Gesellschaft nicht sicher fühlen, benutzen jede Gelegenheit, um an einem Nahegestellten, dem sie überlegen sind, diese Überlegenheit öffentlich, vor der Gesellschaft, zu zeigen, zum Beispiel durch Neckereien.

*

Merkmal der Entfremdung. – Das stärkste Anzeichen von Entfremdung der Ansichten bei zwei Menschen ist dies, daß beide sich gegenseitig einiges Ironische sagen, aber keiner von beiden das Ironische daran fühlt.

*

Gefahr in der Stimme. – Mitunter macht uns im Gespräche der Klang der eigenen Stimme verlegen und verleitet uns zu Behauptungen, welche gar nicht unserer Meinung entsprechen.

*

Der Erzähler. – Wer etwas erzählt, läßt leicht merken, ob er erzählt, weil ihn das Faktum interessiert oder weil er durch die Erzählung interessieren will. Im letzteren Falle wird er übertreiben, Superlative gebrauchen und Ähnliches tun. Er erzählt dann gewöhnlich schlechter, weil er nicht so sehr an die Sache, als an sich denkt.

*

Beleidigen und beleidigt werden. – Es ist weit angenehmer, zu beleidigen und später um Verzeihung zu bitten, als beleidigt zu werden und Verzeihung zu gewähren. Der, welcher das erste tut, gibt ein Zeichen von Macht und nachher von Güte des

Charakters. Der andere, wenn er nicht als inhuman gelten will, *muß* schon verzeihen; der Genuß an der Demütigung des anderen ist dieser Nötigung wegen gering.

*

Kunstgriff. – Wer etwas Schwieriges von einem andern erlangen will, muß die Sache überhaupt nicht als Problem fassen, sondern schlicht seinen Plan hinlegen, als sei er die einzige Möglichkeit; er muß es verstehen, wenn im Auge des Gegners der Einwand, der Widerspruch dämmert, schnell abzubrechen und ihm keine Zeit zu geben.

*

Gewissensbisse nach Gesellschaften. – Warum haben wir nach gewöhnlichen Gesellschaften Gewissensbisse? Weil wir wichtige Dinge leicht genommen haben, weil wir bei der Besprechung von Personen nicht mit voller Treue gesprochen oder weil wir geschwiegen haben, wo wir reden sollten, weil wir gelegentlich nicht aufgesprungen und fortgelaufen sind, kurz, weil wir uns in der Gesellschaft benahmen, als ob wir zu ihr gehörten.

*

Mitleid fordern als Zeichen der Anmaßung. – Es gibt Menschen, welche, wenn sie in Zorn geraten und die anderen beleidigen, dabei erstens verlangen, daß man ihnen nichts übel nehme, und zweitens, daß man mit ihnen Mitleid habe, weil sie so heftigen Paroxysmen unterworfen sind. So weit geht die menschliche Anmaßung.

Freundschaft und Ehe. – Der beste Freund wird wahrscheinlich die beste Gattin bekommen, weil die gute Ehe auf dem Talent zur Freundschaft beruht.

*

Fortleben der Eltern. – Die unaufgelösten Dissonanzen im Verhältnis von Charakter und Gesinnung der Eltern klingen in dem Wesen des Kindes fort und machen seine innere Leidensgeschichte aus.

*

Irrtum vornehmer Frauen. – Die vornehmen Frauen denken, daß eine Sache gar nicht da ist, wenn es nicht möglich ist, von ihr in der Gesellschaft zu sprechen.

*

Eine Männerkrankheit. – Gegen die Männerkrankheit der Selbstverachtung hilft es am sichersten, von einem klugen Weibe geliebt zu werden.

*

Die Einheit des Ortes und das Drama. – Wenn die Ehegatten nicht beisammen lebten, würden die guten Ehen häufiger sein.

*

Befehlen lehren. – Kinder aus bescheidenen Familien muß man eben so sehr das Befehlen durch Erziehung lehren, wie andere Kinder das Gehorchen.

Ehe von gutem Bestand. – Eine Ehe, in der jedes durch das andere ein individuelles Ziel erreichen will, hält gut zusammen, zum Beispiel wenn die Frau durch den Mann berühmt, der Mann durch die Frau beliebt werden will.

*

Die Ehe als langes Gespräch. – Man soll sich beim Eingehen einer Ehe die Frage vorlegen: glaubst du, dich mit dieser Frau bis ins Alter hinein gut zu unterhalten? Alles andere in der Ehe ist transitorisch, aber die meiste Zeit des Verkehrs gehört dem Gespräche an.

*

Schulwesen. – Das Schulwesen wird in großen Staaten immer höchstens mittelmäßig sein, aus dem selben Grunde, aus dem in großen Küchen besten Falls mittelmäßig gekocht wird.

*

Gelehrte als Politiker. – Gelehrten, welche Politiker werden, wird gewöhnlich die komische Rolle zugeteilt, das gute Gewissen einer Politik sein zu müssen.

*

Der Wolf hinter dem Schafe versteckt. – Fast jeder Politiker hat unter gewissen Umständen einmal einen ehrlichen Mann so nötig, daß er, gleich einem heißhungrigen Wolfe, in einen Schafstall bricht: nicht aber um dann den geraubten Widder zu fressen, sondern um sich hinter seinen wolligen Rücken zu verstecken.

Glückszeiten. – Ein glückliches Zeitalter ist deshalb gar nicht möglich, weil die Menschen es nur wünschen wollen, aber nicht haben wollen und jeder Einzelne, wenn ihm gute Tage kommen, förmlich um Unruhe und Elend beten lernt. Das Schicksal der Menschen ist auf *glückliche Augenblicke* eingerichtet – jedes Leben hat solche –, aber nicht auf glückliche Zeiten. Trotzdem werden diese als «das Jenseits der Berge» in der Phantasie des Menschen bestehen bleiben, als Erbstück der Urväter; denn man hat wohl den Begriff des Glückszeitalters seit uralten Zeiten her jenem Zustande entnommen, in dem der Mensch, nach gewaltiger Anstrengung durch Jagd und Krieg, sich der Ruhe übergibt, die Glieder streckt und die Fittige des Schlafes um sich rauschen hört. Es ist ein falscher Schluß, wenn der Mensch jener alten Gewöhnung gemäß sich vorstellt, daß er nun auch *nach ganzen Zeiträumen* der Not und Mühsal jenes Zustandes des Glücks *in entsprechender Steigerung und Dauer* teilhaftig werden könne.

*

Feinde der Wahrheit. – Überzeugungen sind gefährlichere Feinde der Wahrheit als Lügen.

*

Charaktervoll. – Charaktervoll erscheint ein Mensch weit häufiger, weil er immer seinem Temperamente, als weil er immer seinen Prinzipien folgt.

Das Eine, was Not tut. – Eins muß man haben: entweder einen von Natur leichten Sinn oder einen durch Kunst und Wissen erleichterten Sinn.

*

Die Ruhe in der Tat. – Wie ein Wasserfall im Sturz langsamer und schwebender wird, so pflegt der große Mensch der Tat mit *mehr* Ruhe zu handeln, als seine stürmische Begierde vor der Tat es erwarten ließ.

*

Adel der Gesinnung. – Der Adel der Gesinnung besteht zu einem großen Teil aus Gutmütigkeit und Mangel an Mißtrauen, und enthält also gerade das, worüber sich die gewinnsüchtigen und erfolgreichen Menschen so gerne mit Überlegenheit und Spott ergehen.

*

Das Empörende an einer individuellen Lebensart. – Alle sehr individuellen Maßregeln des Lebens bringen die Menschen gegen den, der sie ergreift, auf; sie fühlen sich durch die außergewöhnliche Behandlung, welche jener sich angedeihen läßt, erniedrigt, als gewöhnliche Wesen.

*

Unwillkürlich vornehm. – Der Mensch beträgt sich unwillkürlich vornehm, wenn er sich gewöhnt hat, von den Menschen nichts zu wollen und ihnen immer zu geben.

Die freie Natur. – Wir sind so gern in der freien Natur, weil diese keine Meinung über uns hat.

*

Trostgründe. – Bei einem Todesfall braucht man zumeist Trostgründe, nicht sowohl um die Gewalt des Schmerzes zu lindern, als um zu entschuldigen, daß man sich so leicht getröstet fühlt.

*

Die Überzeugungstreuen. – Wer viel zu tun hat, behält seine allgemeinen Ansichten und Standpunkte fast unverändert bei. Ebenso jeder, der im Dienst einer Idee arbeitet: er wird die Idee selber nie mehr prüfen, dazu hat er keine Zeit mehr; ja es geht gegen sein Interesse, sie überhaupt noch für diskutierbar zu halten.

*

Gefahr unserer Kultur. – Wir gehören einer Zeit an, deren Kultur in Gefahr ist, an den Mitteln der Kultur zu Grunde zu gehen.

*

Geliebt sein wollen. – Die Forderung, geliebt zu werden, ist die größte der Anmaßungen.

*

Anhänger aus Widerspruch. – Wer die Menschen zur Raserei gegen sich gebracht hat, hat sich immer auch eine Partei zu seinen Gunsten erworben.

Erlebnisse vergessen. – Wer viel denkt, und zwar sachlich denkt, vergißt leicht seine eigenen Erlebnisse, aber nicht so die Gedanken, welche durch jene hervorgerufen wurden.

*

Die Länge des Tages. – Wenn man viel hineinzustecken hat, so hat ein Tag hundert Taschen.

*

Das Leben des Feindes. – Wer davon lebt, einen Feind zu bekämpfen, hat ein Interesse daran, daß er am Leben bleibt.

*

Wichtiger. – Man nimmt die unerklärte dunkle Sache wichtiger als die erklärte helle.

*

Phantasie der Angst. – Die Phantasie der Angst ist jener böse äffische Kobold, der dem Menschen gerade dann noch auf den Rücken springt, wenn er schon am schwersten zu tragen hat.

*

Wert abgeschmackter Gegner. – Man bleibt mitunter einer Sache nur deshalb treu, weil ihre Gegner nicht aufhören, abgeschmackt zu sein.

*

Wert eines Berufes. – Ein Beruf macht gedankenlos; darin liegt sein größter Segen. Denn er ist eine

Schutzwehr, hinter welche man sich, wenn Bedenken und Sorgen allgemeiner Art einen anfallen, erlaubtermaßen zurückziehen kann.

*

Ausnahmsweise eitel. – Der für gewöhnlich Selbstgenügsame ist ausnahmsweise eitel und für Ruhm und Lobsprüche empfänglich, wenn er körperlich krank ist. In dem Maße, in welchem er sich verliert, muß er sich aus fremder Meinung, von außen her, wieder zu gewinnen suchen.

*

Die «Geistreichen». – Der hat keinen Geist, welcher den Geist sucht.

*

Unter das Tier hinab. – Wenn der Mensch vor Lachen wiehert, übertrifft er alle Tiere durch seine Gemeinheit.

*

Halbwissen. – Der, welcher eine fremde Sprache wenig spricht, hat mehr Freude daran als der, welcher sie gut spricht. Das Vergnügen ist bei den Halbwissenden.

*

In Gefahr. – Man ist am meisten in Gefahr, überfahren zu werden, wenn man eben einem Wagen ausgewichen ist.

Liebe und Haß. – Liebe und Haß sind nicht blind, aber geblendet vom Feuer, das sie selber mit sich tragen.

*

Beichte. – Man vergißt seine Schuld, wenn man sie einem andern gebeichtet hat, aber gewöhnlich vergißt der andere sie nicht.

*

Den Erben gelten lassen. – Wer etwas Großes in selbstloser Gesinnung begründet hat, sorgt dafür, sich Erben zu erziehen. Es ist das Zeichen einer tyrannischen und unedlen Natur, in allen möglichen Erben seines Werkes seine Gegner zu sehen und gegen sie im Stande der Notwehr zu leben.

*

Halbwissen. – Das Halbwissen ist siegreicher als das Ganzwissen: es kennt die Dinge einfacher, als sie sind, und macht daher seine Meinung faßlicher und überzeugender.

*

Nicht geeignet zum Parteimann. – Wer viel denkt, eignet sich nicht zum Parteimann: er denkt sich zu bald durch die Partei hindurch.

*

Vorurteil für die kalten Menschen. – Menschen, welche rasch Feuer fangen, werden schnell kalt und sind daher im Ganzen unzuverlässig. Deshalb gibt es für alle die, welche immer kalt sind oder sich

so stellen, das günstige Vorurteil, daß es besonders
vertrauenswerte zuverlässige Menschen seien: man
verwechselt sie mit denen, welche langsam Feuer
fangen und es lange festhalten.

*

Lebensalter und Wahrheit. – Junge Leute lieben das
Interessante und Absonderliche, gleichgültig wie
wahr oder falsch es ist. Reifere Geister lieben das an
der Wahrheit, was an ihr interessant und absonder-
lich ist. Ausgereifte Köpfe endlich lieben die Wahrheit auch in dem, wo sie schlicht und einfältig
erscheint und dem gewöhnlichen Menschen Langeweile macht, weil sie gemerkt haben, daß die
Wahrheit das Höchste an Geist, was sie besitzt, mit
der Miene der Einfalt zu sagen pflegt.

*

Das Gute verführt zum Leben. – Alle guten Dinge
sind starke Reizmittel zum Leben, selbst jedes gute
Buch, das gegen das Leben geschrieben ist.

*

Die Posse vieler Arbeitsamen. – Sie erkämpfen durch
ein Übermaß von Anstrengung sich freie Zeit und
wissen nachher nichts mit ihr anzufangen, als die
Stunden abzuzählen, bis sie abgelaufen sind.

*

Viel Freude haben. – Wer viel Freude hat, muß ein
guter Mensch sein: aber vielleicht ist er nicht der
klügste, obwohl er gerade das erreicht, was der
Klügste mit aller seiner Klugheit erstrebt.

Sein Licht leuchten sehen. – Im verfinsterten Zustande von Trübsal, Krankheit, Verschuldung sehen wir es gern, wenn wir anderen noch leuchten
und sie an uns die helle Mondesscheibe wahrnehmen. Auf diesem Umwege nehmen wir an unserer
eigenen Fähigkeit, zu *erhellen,* Anteil.

*

Zudringlichkeit. – Es gibt auch eine Zudringlichkeit
gegen Werke; und sich als Jüngling schon nachah-
mend zu den erlauchtesten Werken aller Zeiten mit
der Vertraulichkeit des Du und Du zu gesellen, beweist einen völligen Mangel an Scham. – Andere
sind nur aus Ignoranz zudringlich: sie wissen nicht,
mit wem sie es zu tun haben, – so nicht selten junge
und alte Philologen im Verhältnis zu den Werken
der Griechen.

*

Schüchternheit. – Alle Moralisten sind schüchtern,
weil sie wissen, daß sie mit Spionierern und Verrä-
tern verwechselt werden, sobald man ihren Hang
ihnen anmerkt. Sodann sind sie sich überhaupt bewußt, im Handeln unkräftig zu sein: denn mitten
im Werke ziehen die Motive ihres Tuns ihre Aufmerksamkeit fast vom Werke ab.

*

Liebe und Zweiheit. – Was ist denn Liebe anders als
verstehen und sich darüber freuen, daß ein andrer
in andrer und entgegengesetzter Weise, als wir,
lebt, wirkt und empfindet? Damit die Liebe die
Gegensätze durch Freude überbrücke, darf sie die-

selben nicht aufheben, nicht leugnen. – Sogar die
Selbstliebe enthält die unvermischbare Zweiheit
(oder Vielheit) in einer Person als Voraussetzung.

*

Ausschweifung. – Die Mutter der Ausschweifung ist
nicht die Freude, sondern die Freudlosigkeit.

*

Dreiviertelskraft. – Ein Werk, das den Eindruck des
Gesunden machen soll, darf höchstens mit drei-
viertel der Kraft seines Urhebers hervorgebracht
sein. Ist er dagegen bis an seine äußerste Grenze gegangen, so regt das Werk den Betrachtenden auf
und ängstigt ihn durch seine Spannung. Alle guten
Dinge haben etwas Lässiges und liegen wie Kühe
auf der Wiese.

*

Ohne Kunst und Wein leben. – Mit den Werken der
Kunst steht es wie mit dem Weine: noch besser ist
es, wenn man beide nicht nötig hat, sich an Wasser
hält und das Wasser aus innerem Feuer, innerer
Süße der Seele immer wieder von selber in Wein
verwandelt.

*

Nicht zu nahe. – Es ist ein Nachteil für gute Gedanken, wenn sie zu rasch auf einander folgen; sie ver-
decken sich gegenseitig die Aussicht. – Deshalb haben die größten Künstler und Schriftsteller reich-
lichen Gebrauch vom Mittelmäßigen gemacht.

Gegen die Tadler der Kürze. – Etwas Kurz-Gesagtes kann die Frucht und Ernte von vielem Lang-Ge-dachten sein: aber der Leser, der auf diesem Felde Neuling ist und hier noch gar nicht nachgedacht hat, sieht in allem Kurz-Gesagten etwas Embryo-nisches, nicht ohne einen tadelnden Wink an den Autor, daß er dergleichen Unausgewachsenes, Un-gereiftes ihm zur Mahlzeit mit auf den Tisch setze.

*

Dichter und Wirklichkeit. – Die Muse des Dichters, der nicht in die Wirklichkeit *verliebt* ist, wird eben nicht die Wirklichkeit sein und ihm hohläugige und allzuzartknochichte Kinder gebären.

*

Mittel und Zweck. – In der Kunst heiligt der Zweck die Mittel nicht: aber heilige Mittel können hier den Zweck heiligen.

*

Die schlechtesten Leser. – Die schlechtesten Leser sind die, welche wie plündernde Soldaten verfah-ren: sie nehmen sich Einiges, was sie brauchen können, heraus, beschmutzen und verwirren das Übrige und lästern auf das Ganze.

*

Mund halten. – Der Autor hat den Mund zu halten, wenn sein Werk den Mund auftut.

Lob der Sentenz. – Eine gute Sentenz ist zu hart für
den Zahn der Zeit und wird von allen Jahrtausen-
den nicht aufgezehrt, obwohl sie jeder Zeit zur
Nahrung dient: dadurch ist sie das große Parado-
xon in der Literatur, das Unvergängliche inmitten
des Wechselnden, die Speise, welche immer ge-
schätzt bleibt, wie das Salz, und niemals, wie selbst
dieses, dumm wird.

*

Pro und Contra nötig. – Wer nicht begriffen hat, daß
jeder große Mann nicht nur gefördert, sondern
auch, der allgemeinen Wohlfahrt wegen, *bekämpft*
werden muß, ist gewiß noch ein großes Kind –
oder selber ein großer Mann.

*

Original. – Nicht daß man etwas Neues zuerst
sieht, sondern daß man das Alte, Altbekannte, von
Jedermann Gesehene und Übersehene *wie neu*
sieht, zeichnet die eigentlich originalen Köpfe aus.
Der erste Entdecker ist gemeinhin jener ganz gewöhnliche und geistlose Phantast – der Zufall.

*

Ja die Gunst der Musen! – Was Homer darüber sagt,
greift ins Herz, so wahr, so schrecklich ist es: «herz-
lich liebt' ihn die Muse und gab ihm Gutes und Böses; denn die Augen entnahm sie und gab ihm süßen Gesang ein.» – Dies ist ein Text ohne Ende für
den Denkenden: Gutes *und* Böses gibt sie, das ist
ihre Art von herzlicher Liebe! Und jeder wird es
sich besonders auslegen, warum wir Denker und
Dichter unsre *Augen* daran geben *müssen*.

Maß und Mitte. – Von zwei ganz hohen Dingen: Maß und Mitte, redet man am besten nie. Einige wenige kennen ihre Kräfte und Anzeichen aus den Mysterien-Pfaden innerer Erlebnisse und Umkehrungen: sie verehren in ihnen etwas Göttliches und scheuen das laute Wort. Alle übrigen hören kaum zu, wenn davon gesprochen wird, und wähnen, es handele sich um Langeweile und Mittelmäßigkeit: Jene etwa noch ausgenommen, welche einen anmahnenden Klang aus jenem Reiche einmal vernommen, aber gegen ihn sich die Ohren verstopft haben. Die Erinnerung daran macht sie nun böse und aufgebracht.

*

Zwei Quellen der Güte. – Alle Menschen mit gleichmäßigem Wohlwollen behandeln und ohne Unterschied der Person gütig sein, kann eben so sehr der Ausfluß tiefer Menschenverachtung als gründlicher Menschenliebe sein.

*

Sich zur Aufmerksamkeit zwingen. – Sobald wir merken, daß jemand im Umgange und Gespräche mit uns sich zur Aufmerksamkeit *zwingen* muß, haben wir einen vollgültigen Beweis dafür, daß er uns nicht oder nicht mehr liebt.

*

Der Widersacher der Grazie. – Der Unduldsame und Hochmütige mag die Grazie nicht und empfindet sie wie einen leibhaft sichtbaren Vorwurf gegen sich; denn sie ist die Toleranz des Herzens in Bewegung und Gebärde.

Tiefe und Trübe. – Das Publikum verwechselt leicht den, welcher im Trüben fischt, mit dem, welcher aus der Tiefe schöpft.

*

Erhöhung und Erniedrigung im Geschlechtlichen. – Der Sturm der Begierde reißt den Mann mitunter in eine Höhe hinauf, wo alle Begierde schweigt: dort wo er wirklich *liebt* und noch mehr in einem besseren Sein als besserem Wollen lebt. Und wiederum steigt ein gutes Weib häufig aus wahrer Liebe bis hinab zur Begierde und *erniedrigt* sich dabei vor sich selber. Namentlich das letztere gehört zu dem Herzbewegendsten, was die Vorstellung einer guten Ehe mit sich zu bringen vermag.

*

Aus der Seele der Jünglinge. – Jünglinge wechseln, in Bezug auf die selbe Person, mit Hingebung und Unverschämtheit ab: weil sie im Grunde nur sich in dem andern verehren und verachten, und zwischen beiden Empfindungen, in Bezug auf sich selber, hin und her taumeln müssen, so lange sie noch nicht in der Erfahrung das Maß ihres Wollens und Könnens gefunden haben.

*

Grausamer Einfall der Liebe. – Jede große Liebe bringt den grausamen Gedanken mit sich, den Gegenstand der Liebe zu töten, damit er ein für alle Mal dem frevelhaften Spiele des Wechsels entrückt sei: denn vor dem Wechsel graut der Liebe mehr als vor der Vernichtung.

Behaupten sicherer als beweisen. – Eine Behauptung wirkt stärker als ein Argument, wenigstens bei der Mehrzahl der Menschen; denn das Argument weckt Mißtrauen. Deshalb suchen die Volksredner die Argumente ihrer Partei durch Behauptungen zu sichern.

*

Die Tugend ist nicht von den Deutschen erfunden. – Goethes Vornehmheit und Neidlosigkeit, Beethovens edle einsiedlerische Resignation, Mozarts Anmut und Grazie des Herzens, Händels unbeugsame Männlichkeit und Freiheit unter dem Gesetz, Bachs getrostes und verklärtes Innenleben, welches nicht einmal nötig hat, auf Glanz und Erfolg zu verzichten, – sind denn dies *deutsche* Eigenschaften? – Wenn aber nicht, so zeigt es wenigstens, wonach Deutsche streben sollen und was sie erreichen können.

*

Wann es Not tut, stehen zu bleiben. – Wenn die Massen zu wüten beginnen und die Vernunft sich verdunkelt, tut man gut, sofern man der Gesundheit seiner Seele nicht ganz sicher ist, unter einen Torweg unterzutreten und nach dem Wetter auszuschauen.

*

Für seine Vergangenheit sorgen. – Weil die Menschen eigentlich nur alles Alt-Begründete, Langsam-Gewordene achten, so muß der, welcher nach seinem Tode fortleben will, nicht nur für Nachkom-

menschaft, sondern noch mehr für eine *Vergangenheit* sorgen: weshalb Tyrannen jeder Art (auch
tyrannenhafte Künstler und Politiker) der Geschichte gern Gewalt antun, damit diese als Vorbe-
reitung und Stufenleiter zu ihnen hin erscheine.

*

Bewegliche Habe und Grundbesitz. – Wenn einen das
Leben einmal recht räuberhaft behandelt hat, und
an Ehren, Freuden, Anhang, Gesundheit, Besitz
aller Art nahm, was es nehmen konnte, so entdeckt man vielleicht hinterdrein, nach dem ersten
Schrecken, daß man *reicher* ist als zuvor. Denn jetzt
erst weiß man, was einem so zu eigen ist, daß keine
Räuberhand daran zu rühren vermag: und so geht
man vielleicht aus aller Plünderung und Verwir-
rung mit der Vornehmheit eines großen Grund-
besitzers hervor.

*

Aus dem Lande der Menschenfresser. – In der Einsamkeit frißt sich der Einsame selbst auf, in der Viel-
samkeit fressen ihn die Vielen. Nun wähle.

*

Womöglich ohne Anhang leben. – Wie wenig Anhänger zu bedeuten haben, begreift man erst, wenn
man aufgehört hat, der Anhänger seiner Anhänger
zu sein.

*

Nach dem Tode. – Wir finden es gewöhnlich erst
lange nach dem Tode eines Menschen unbegreiflich, daß er fehlt: bei ganz großen Menschen oft erst

nach Jahrzehnten. Wer ehrlich ist, meint bei einem Todesfalle gewöhnlich, daß eigentlich nicht viel fehle und daß der feierliche Leichenredner ein Heuchler sei. Erst die Not lehrt das Nötig-Sein eines Einzelnen, und das rechte Epitaph ist ein später Seufzer.

*

Nähe des Bettlertums. – Auch der reichste Geist hat gelegentlich den Schlüssel zu der Kammer verloren, in der seine aufgespeicherten Schätze ruhen, und ist dann dem Ärmsten gleich, der betteln muß, um nur zu leben.

*

Ketten-Denker. – Einem, der viel gedacht hat, erscheint jeder neue Gedanke, den er hört oder liest, sofort in Gestalt einer Kette.

*

Unverzeihlich. – Du hast ihm eine Gelegenheit gegeben, Größe des Charakters zu zeigen, und er hat sie nicht benutzt. Das wird er dir nie verzeihen.

*

Vorteil in der Entbehrung. – Wer immerdar in der Wärme und Fülle des Herzens und gleichsam in der Sommerluft der Seele lebt, kann sich jenes schauerliche Entzücken nicht vorstellen, welches winterlichere Naturen ergreift, die ausnahmsweise von den Strahlen der Liebe und dem lauen Anhauche eines sonnigen Februartages berührt werden.

Nutzen der großen Entsagung. – Das Nützlichste an der großen Entsagung ist, daß sie uns jenen Tugendstolz mitteilt, vermöge dessen wir von da an leicht viele kleine Entsagungen von uns erlangen.

*

Wie die Pflicht Glanz bekommt. – Das Mittel, um deine eherne Pflicht im Auge von Jedermann in Gold zu verwandeln, heißt: halte immer etwas mehr, als du versprichst.

*

Schaffende und Genießende. – Jeder Genießende meint, dem Baume habe es an der Frucht gelegen; aber ihm lag am Samen. – Hierin besteht der Unterschied zwischen allen Schaffenden und Genießenden.

*

Der Ruhm aller Großen. – Was ist am Genie gelegen, wenn es nicht seinem Betrachter und Verehrer solche Freiheit und Höhe des Gefühls mitteilt, daß er des Genies nicht mehr bedarf! – *Sich überflüssig machen* – das ist der Ruhm aller Großen.

*

Der große Stil. – Der große Stil entsteht, wenn das Schöne den Sieg über das Ungeheure davonträgt.

*

Etwas wie Brot. – Brot neutralisiert den Geschmack anderer Speisen, wischt ihn weg; deshalb gehört es zu jeder längeren Mahlzeit. In allen Kunstwerken muß es etwas wie Brot geben, damit es verschiedene Wirkungen in ihnen geben könne: welche, unmittelbar und ohne ein solches zeitweiliges Ausruhen und Pausieren aufeinanderfolgend, schnell erschöpfen und Widerwillen machen würden, so daß eine *längere* Mahlzeit der Kunst unmöglich wäre.

*

Auch den Gegensatz zu schmecken wissen. – Um ein Werk der Vergangenheit so zu genießen, wie es seine Zeitgenossen empfanden, muß man den damals herrschenden Geschmack, gegen den es sich *abhob,* auf der Zunge haben.

*

Der gesuchte Stil. – Der gefundene Stil ist eine Beleidigung für den Freund des gesuchten Stils.

*

Gelöbnis. – Ich will keinen Autor mehr lesen, dem man anmerkt, er wollte ein Buch machen: sondern nur jene, deren Gedanken unversehens ein Buch wurden.

*

Die traurigen und die ernsten Autoren. – Wer zu Papier bringt, was er *leidet,* wird ein trauriger Autor: aber ein *ernster,* wenn er uns sagt, was er *litt* und weshalb er jetzt in der Freude ausruht.

Schlechte Bücher. – Das Buch soll nach Feder, Tinte und Schreibtisch verlangen: aber gewöhnlich verlangen Feder, Tinte und Schreibtisch nach dem Buche. Deshalb ist es jetzt so wenig mit Büchern.

*

Mediokrität als Maske. – Die Mediokrität ist die glücklichste Maske, die der überlegene Geist tragen kann, weil sie die große Menge, das heißt die Mediokren, nicht an Maskierung denken läßt –: und doch nimmt er sie gerade ihretwegen vor, – um sie nicht zu reizen, ja nicht selten aus Mitleid und Güte.

*

Ende und Ziel. – Nicht jedes Ende ist das Ziel. Das Ende der Melodie ist nicht deren Ziel; aber trotzdem: hat die Melodie ihr Ende nicht erreicht, so hat sie auch ihr Ziel nicht erreicht. Ein Gleichnis.

*

Die Absichten vergessen. – Man vergißt über der Reise gemeinhin deren Ziel. Fast jeder Beruf wird als Mittel zu einem Zwecke gewählt und begonnen, aber als letzter Zweck fortgeführt. Das Vergessen der Absichten ist die häufigste Dummheit, die gemacht wird.

*

Die Kunst, sich zu entschuldigen. – Wenn sich jemand vor uns entschuldigt, so muß er es sehr gut machen: sonst kommen wir uns selber leicht als die Schuldigen vor und haben eine unangenehme Empfindung.

Zum Lichte. – Die Menschen drängen sich zum Lichte, nicht um besser zu sehen, sondern um besser zu glänzen. – Vor wem man glänzt, den läßt man gerne als Licht gelten.

*

Der Hypochonder. – Der Hypochonder ist ein Mensch, der gerade genug Geist und Lust am Geiste besitzt, um seine Leiden, seinen Verlust, seine Fehler gründlich zu nehmen: aber sein Gebiet, auf dem er sich nährt, ist zu klein: er weidet es so ab, daß er endlich die einzelnen Hälmchen suchen muß. Dabei wird er endlich zum Neider und Geizhals, – und dann erst ist er unausstehlich.

*

Das Heroische. – Das Heroische besteht darin, daß man Großes tut (oder etwas in großer Weise *nicht* tut), ohne sich im Wettkampf *mit* anderen, *vor* anderen zu fühlen. Der Heros trägt die Einöde und den heiligen unbetretbaren Grenzbezirk immer mit sich, wohin er auch gehe.

*

Leutseligkeit des Weisen. – Der Weise wird unwillkürlich mit den andern Menschen leutselig umgehen, wie ein Fürst, und sie, trotz aller Verschiedenheit der Begabung, des Standes und der Gesittung, leicht als gleichartig behandeln: was man, sobald es bemerkt wird, ihm sehr übel nimmt.

Verderblich. – Man verdirbt einen Jüngling am sichersten, wenn man ihn anleitet, den Gleichdenkenden höher zu achten als den Andersdenkenden.

*

Erprobter Rat. – Von allen Trostmitteln tut Trostbedürftigen nichts so wohl als die Behauptung, für ihren Fall gebe es keinen Trost. Darin liegt eine solche Auszeichnung, daß sie wieder den Kopf erheben.

*

Mut in der Partei. – Die armen Schafe sagen zu ihrem Zugführer: «gehe nur immer voran, so wird es uns nie an Mut fehlen, dir zu folgen.» Der arme Zugführer aber denkt bei sich: «folgt mir nur immer nach, so wird es mir nie an Mut fehlen, euch zu führen.»

*

Zur Erziehung. – Allmählich ist mir das Licht über den allgemeinsten Mangel unserer Art Bildung und Erziehung aufgegangen: niemand lernt, niemand strebt darnach, niemand lehrt – *die Einsamkeit ertragen*.

*

Meister und Schüler. – Zur Humanität eines Meisters gehört, seine Schüler vor sich zu warnen.

*

Verluste. – Es gibt Verluste, welche der Seele eine Erhabenheit mitteilen, bei der sie sich des Jammerns enthält und sich wie unter hohen schwarzen Zypressen schweigend ergeht.

Nicht zu vergessen! – Je höher wir uns erheben, um so kleiner erscheinen wir denen, welche nicht fliegen können.

*

Tief sein und tief scheinen. – Wer sich tief weiß, bemüht sich um Klarheit; wer der Menge tief scheinen möchte, bemüht sich um Dunkelheit. Denn die Menge hält alles für tief, dessen Grund sie nicht sehen kann: sie ist so furchtsam und geht so ungern ins Wasser.

*

Im Beifall. – Im Beifall ist immer eine Art Lärm: selbst in dem Beifall, den wir uns selber zollen.

*

Ursache und Wirkung. – Vor der Wirkung glaubt man an andere Ursachen als nach der Wirkung.

*

Opfer. – Über Opfer und Aufopferung denken die Opfertiere anders als die Zuschauer: aber man hat sie von jeher nicht zu Worte kommen lassen.

*

Kritik der Tiere. – Ich fürchte, die Tiere betrachten den Menschen als ein Wesen ihresgleichen, das in höchst gefährlicher Weise den gesunden Tierverstand verloren hat, – als das wahnwitzige Tier, als das lachende Tier, als das weinende Tier, als das unglückselige Tier.

Gewohnheit. – Alle Gewohnheit macht unsere Hand witziger und unseren Witz unbehender.

*

Immer zu Hause. – Eines Tages erreichen wir unser *Ziel* – und weisen nunmehr mit Stolz darauf hin, was für lange Reisen wir dazu gemacht haben. In Wahrheit merkten wir nicht, daß wir reisten. Wir kamen aber dadurch so weit, daß wir an jeder Stelle wähnten, *zu Hause* zu sein.

*

Grad und Art der Geschlechtlichkeit eines Menschen reicht bis in den letzten Gipfel seines Geistes hinauf.

*

Wer sich selbst verachtet, achtet sich doch immer noch dabei als Verächter.

*

Eine Seele, die sich geliebt weiß, aber selbst nicht liebt, verrät ihren Bodensatz: – ihr Unterstes kommt herauf.

*

Schwere, schwermütige Menschen werden gerade durch das, was andre schwer macht, durch Haß und Liebe, leichter und kommen zeitweilig an ihre Oberfläche.

*

In der Leutseligkeit ist nichts von Menschenhaß, aber eben darum allzuviel von Menschenverachtung.

Reife des Mannes: das heißt den Ernst wiederge-
funden haben, den man als Kind hatte, beim Spiel.

*

Vermöge der Musik genießen sich die Leidenschaften selbst.

*

Sich über ein Lob freuen ist bei manchem nur eine
Höflichkeit des Herzens – und gerade das Gegen-
stück einer Eitelkeit des Geistes.

*

Je abstrakter die Wahrheit ist, die du lehren willst,
um so mehr mußt du noch die Sinne zu ihr verführen.

*

Im Verkehre mit Gelehrten und Künstlern ver-
rechnet man sich leicht in umgekehrter Richtung:
man findet hinter einem merkwürdigen Gelehrten
nicht selten einen mittelmäßigen Menschen, und
hinter einem mittelmäßigen Künstler sogar oft –
einen sehr merkwürdigen Menschen.

*

Was aus Liebe getan wird, geschieht immer jenseits
von Gut und Böse.

*

Der Gedanke an den Selbstmord ist ein starkes
Trostmittel: mit ihm kommt man gut über manche böse Nacht hinweg.

GEORG SIMMEL

(1858–1918)

Naturwissenschaft geht auf die mögliche Notwendigkeit, Religion auf die notwendige Möglichkeit.

*

Kunst und Religion haben das Gemeinsame, daß sie ihren Gegenstand in die größte Distanz rücken, um ihn in die größte Nähe zu ziehen.

*

Die Musik und die Liebe sind die einzigen Leistungen der Menschheit, die man nicht im absoluten Sinne als Versuche mit untauglichen Mitteln bezeichnen müßte.

*

Die Kunst ist unser Dank an Welt und Leben. Nachdem beide die sinnlichen und geistigen Auffassungsformen unseres Bewußtseins geschaffen haben, danken wir es ihnen, indem wir nun mit deren Hilfe noch einmal eine Welt und ein Leben erschaffen.

*

Die Möglichkeiten des Menschen sind unbegrenzt, aber auch, was dem zu widersprechen scheint, seine

Unmöglichkeiten. Zwischen diesen beiden, dem Unendlichen, was er kann, und dem Unendlichen, was er nicht kann, liegt seine Heimat.

*

Wenn der Mensch von sich sagt, er wäre ein Bruchstück, so meint er damit nicht nur, daß er kein *ganzes* Leben hat, sondern das Tiefere, daß er kein ganzes *Leben* hat.

*

Es mag wichtig sein, daß der Mensch das «zweck-setzende Wesen» ist; aber dann ist er zugleich das Wesen der «untauglichen Mittel». Wir haben wunderbare, ganz vollkommene Mittel zu eigentlich gleichgültigen Zwecken; und ganz untaugliche zu den hauptsächlichen Zwecken. Das gehört durchaus damit zusammen, daß die Sicherheit und die Wichtigkeit von Erkenntnissen einander umgekehrt proportional zu sein pflegen.

*

Was den höchsten geistigen Menschen immer von den niederen scheiden wird, ist, daß er nicht nötig hat, an die Realität oder absehbare Realisierung der Ideale zu glauben. Auch ohne dieses behält er den Glauben an sie und die Kraft der Bestrebung zu ihnen hin, während der Tieferstehende, Schwächere eben dies verliert, sobald er das Ideale wirklich als das *unendlich* Entfernte anerkennen muß. So kann man sagen, die Menschen rangierten sich nach der verschiedenen Bedeutung, die der Unendlichkeitsbegriff für sie hat.

Das sind die Pole der Menschheit, soweit sie edel ist: denen nichts Wirkliches wertlos ist, und denen nichts Wertloses wirklich ist.

*

Die meisten Menschen erfahren erst durch Leiden, daß das Leben etwas Ernstes ist; ohne diese persönlich-nachdrückliche Einprägung kann das Leben ihnen seinen Ernst nicht beibringen. Es ist eigentlich entsetzlich, daß man von einem Menschen, den zum erstenmal ein schweres Schicksal getroffen hat, zu sagen pflegt: «Nun kenne er den Ernst des Lebens!» – als ob niemand die Schönheit, das Glück, die Heiterkeit, die Form des Lebens überhaupt in ihrer Ernsthaftigkeit begriffe.

*

Vielleicht das fürchterlichste Symptom des Lebens sind die Dinge – Verhaltungsweisen, Freuden, Glauben – mit denen die Menschen sich das Leben erträglich machen. Nichts zeigt so sehr die Tiefe des menschlichen Niveaus, als wozu der Mensch greift, um das Leben aushalten zu können.

*

Das Entscheidende und Bezeichnende des Menschen ist, wo seine Verzweiflungen liegen.

*

Die Sinnlosigkeit und Eingeschränktheit des Lebens packt einen oft als etwas so Radikales und Ausweglos es, daß man völlig verzweifeln muß; das einzige, was einen darüber erhebt, ist: daß man dies erkennt und daß man darüber verzweifelt.

Der Begriff des Trostes hat eine viel weitere, tiefere Bedeutung, als man ihm bewußt zuzuschreiben pflegt. Der Mensch ist ein trostsuchendes Wesen. Trost ist etwas anderes als Hilfe – sie sucht auch das Tier; aber der Trost ist das merkwürdige Erlebnis, das zwar das Leiden bestehen läßt, aber sozusagen das Leiden am Leiden aufhebt, er betrifft nicht das Übel selbst, sondern dessen Reflex in der tiefsten Instanz der Seele. Dem Menschen ist im großen und ganzen nicht zu helfen. Darum hat er die wundervolle Kategorie des Trostes ausgebildet – der ihm nicht nur aus den Worten kommt, wie Menschen sie zu diesem Zwecke sprechen, sondern den er aus hunderterlei Gegebenheiten der Welt zieht.

*

Es ist ein unsägliches Glück, irgendwo in der Fremde zu Hause zu sein – denn es ist eine Synthese unserer beiden Sehnsüchte: nach der Wanderschaft und nach der Heimat – eine Synthese von Werden und Sein.

*

Wesentliche Lebensaufgabe: das Leben jeden Tag von neuem zu beginnen, als wäre dieser Tag der erste – und doch alle Vergangenheit, mit all ihren Resultaten und unvergessenen Gewesenheiten darin zu sammeln und zur Voraussetzung zu haben.

*

Was der geistige Mensch, der ein Höherer zu sein strebt, vor allem zu vermeiden hat: das Als-selbstverständlich-Hinnehmen und das Vorliebnehmen.

Höchste Lebenskunst: sich anpassen, ohne Konzessionen zu machen. Unglückseligste Naturan-
lage: immerzu Konzessionen zu machen und doch
damit keine Anpassung zu erreichen.

*

Die Erscheinung des Genius ist das Überspringen
der Zwischeninstanzen: er ist unmittelbar, von sich
aus, am Ziele, seiner Arbeit findet mehr auf dem
Boden des Zieles selbst statt, als daß sie ihn erst zu
diesem hinbrächte. Im Intellektuellen ist das ganz
klar: das Genie weiß, was es nicht gelernt hat, es
braucht nicht die Brücke der Erfahrung, die den
Ungenialen gelegentlich zu derselben Erkenntnis
bringen kann. Im Praktischen ist es vielleicht die
Souveränität gegenüber den *Mitteln*. Das praktische Genie durcheilt die Mittel, unterwirft sie,
überspringt sie, während sie vom Ungenialen den
ihnen zukommenden Zoll fordern. Darum ist die
Kunst recht eigentlich Sache des Genies; sie hat
nicht die Zwischeninstanzen der sonstigen menschlichen Vornahmen, sie ist «immer am Ziele».

*

Das ist das Wundervolle an der Entwickelung der
Lebewesen, daß der Kampf um das bloße Dasein
schon unvermeidlich der Kampf um das Mehr-
Sein ist, nicht die bloße Koordination, die der
Begriff des Daseins anzuzeigen scheint, sondern
nur durch Sieg, Bewegtheit, Überlegenheit erreicht.

Im Praktischen sind die schlimmsten Irrtümer oft die, die ganz nahe an die Wahrheit herankommen. Gerade wo unsere Vorstellung beinahe richtig ist, wo unserer Erkenntnis nur noch eine letzte, oft minime Stufe fehlt – da verstrickt uns das darauf gebaute Handeln in die fürchterlichsten Verirrtheiten. Die radikalen Irrtümer korrigieren sich leichter.

*

Unter den vielen Menschen, die an ihrem Werk arbeiten, sind wenige, an denen ihr Werk arbeitet.

*

Die Jugend hat in der Regel unrecht in dem, was sie behauptet; aber recht darin, daß sie es behauptet.

*

Der Dogmatismus, in den sich das höhere Alter festlegt, ist oft wohl der jetzt unentbehrliche Halt, da das Leben mit steigendem Alter immer problematischer, wirrer, unbegreiflicher wird. Von einem gewissen Alter an ist das so gestiegen, daß es nicht mehr zu ertragen ist, unsere Anpassung reicht nicht so weit. Wir lösen uns darin auf, gehen darin zugrunde – oder wir retten uns in die künstliche Festigkeit des Dogmatismus.

*

Immer mehr komme ich zu dem Gefühl, als ginge jeder ältere Mensch unter dem Druck irgendeines furchtbaren Geheimnisses herum: eine Tat, die keiner weiß, die aber nicht zu sühnen ist, und die kein Gott ihm und er selbst nicht sich verzeihen kann,

eine Meinung über den nächsten und liebsten Menschen, die nie über seine Lippen kommt, ein sündi-
ges Gelüst, dem er nie auch nur die feinste Äuße-
rung gestattet hat. Auch die Jugend hat solche
schwere Geheimnisse, aber entweder wechseln sie
nach ihrem Inhalt: bald dieses, bald jenes ganz andere Geheimnis drückt den jungen Menschen, oder
sie sind nicht im strengen Sinne Geheimnisse, sie
werden noch anvertraut. Die Jugend ist in dem
Augenblick vorbei, in dem das *Geheimnis unseres
Lebens definiert wird*.

                    *

Das Leben in den höheren und geistigen Interessen
ist das einzige, was uns mit steigendem Alter vor
der tödlichsten Langeweile und Lebensüberdruß
bewahren kann. Denn alles Niedere, Alltägliche,
Sinnliche wird durch die jahrzehntelange Wiederholung zu etwas Verzweiflungsvoll-Ödem. Das
Leben im Geiste, wirklich aus dem Geiste heraus-
geführt, hat ganz jenseits seiner unmittelbar quali-
tativen Werte noch den der Abwechslung und Un-
erschöpflichkeit. Auch ein höherer, zu Geistigem
angelegter Mensch kann lange Jahre in den niederen Sphären verbringen – bis ihm die Monotonie
davon aufgeht, die erstaunlich geringe Abwechslung, die das Äußerliche und Sinnliche im Grunde
besitzt. Ist ihm das aber erst einmal bewußt geworden, so muß er in die Verzweiflung fallen, vor der
bei längerem Leben nur die inhaltliche Unabseh-
lichkeit und der von selbst sich einstellende fortwährend Wechsel innerhalb einer wirklich geistigen Existenz bewahrt.

In der Toleranz liegt immer ein Hochmut. Wenn du noch so frech Nein sagst, stellst du dich doch noch auf *einen* Boden mit dem, der Ja gesagt hat. Aber wenn du ihn tolerierst, bist du sein Gönner.

*

Unzählige Liebes- und Eheverhältnisse gehen daran zugrunde oder führen wenigstens dadurch zu den schwersten Enttäuschungen, daß wir zu vergessen pflegen, daß sich ein Erlebnis nie als dasselbe wiederholen kann – schon die Tatsache, daß es schon einmal da war, für die Wiederholung andere seelische Bedingungen schafft, als das Original sie hatte. Wir glauben, wenn wir heute eine beglückte Stunde hatten, sie könnte sich morgen und übermorgen und immer wiederholen, da doch die äußeren Bedingungen – und in weitem Maße auch die inneren – dieselben geblieben sind. Aber das Glück ist so wenig einfach zu wiederholen wie irgendein anderer seelischer Zustand. Nur wer morgen ein *neues* Glück schaffen kann, kann morgen dasselbe Glück haben wie heute.

*

Wundervoll ist die Nüchternheit des Trunkenen; entsetzlich die Trunkenheit des Nüchternen.

*

Um alles Tiefste und Schönste, das wir genießen, webt ein zwiefaches Geheimnis: einmal das Letzte, Unsagbare, Unerkennbare der Seele und der Dinge, an das jenes unmittelbar grenzt, aus dem es seine Kräfte ohne Zwischeninstanzen zieht; und dann ist es selbst ein Geheimnis gegenüber den Menschen, den Vielen verschleiert, durch jeden Blick zerstört, der nur von außen kommt.

*

Von nichts wird man so verführt (in jedem Sinn des Wortes), wie von der Möglichkeit zu verführen.

*

Unterschied: ob man *mit* etwas spielt oder *auf* etwas spielt. Man spielt mit einem Balle, aber auf einer Geige. Weil das letztere größere Eigenbedeutung und objektiven Wert des Gegenstandes voraussetzt, kann die Individualität des Spielenden sich tiefer und eigner an ihm ausdrücken. So mit Menschen: die, mit denen wir spielen, geben uns darin keine rechte Gelegenheit, unser Eigentliches und Bestes zu zeigen; wohl aber die, auf denen wir spielen, – obgleich wir ihnen nur ihre eignen Töne entlocken.

*

Unterschätzt zu werden, verhilft den Kleinen oft dazu, sich immerhin noch auf einer gewissen Höhe zu fühlen.

*

Die Lust hat ihren Höhepunkt schon überschritten, wenn man sie weiß – das Leid aber kommt damit erst gerade auf seinen Höhepunkt.

*

Wenn ein Tropfen das Gefäß zum Überlaufen bringt, so läuft immer mehr heraus als dieser Tropfen.

Der Dichter – zunächst der dramatische – hat die
große Liebe, die selbst dem, der Unrecht hat, noch
recht gibt. Mindestens das Recht der Existenz. In
der Wirklichkeit existiert das Böse nicht auf Grund
eines Rechts dazu, sondern nur, weil es eben da ist.
Im Kunstwerk aber hat es eine Existenz nur, weil es
zu ihr berechtigt ist.

*

Lionardo da Vinci war vielleicht der erste Mensch,
der die Welt rein natürlich, vom Begriff des modernen Naturgesetzes her erfaßte. Und gerade
darum scheint seine Zeit ihn als etwas Übernatürliches, als den unheimlichen Zauberer empfunden
zu haben. Gerade das absolut Naturhafte war dem
noch mittelalterlich gestimmten Denken das Ma-
gische. Uns umgekehrt ist das Natürliche vielleicht
gar zu «natürlich» geworden. Darum ist es unsrer
Zeit schwieriger als jeder früheren, Religion zu
finden, darum aber gerade braucht sie sie um so
nötiger.

*

In zwei Fällen ist der Kuß symbolisch: in der
Freundschaft und in der reinen Sinnlichkeit. Dort
symbolisiert er die geistig-gemütliche Beziehung,
hier das sexuelle Definitivum. Der Kuß der Liebe
aber symbolisiert nichts, es ist die Sache selbst –
wie die Musik, die alles, was sie bedeutet, unmittelbar *ist*.

ARTHUR SCHNITZLER

(1862–1931)

Deine Ahnung vom Göttlichen –: du hältst sie für eine Frage, die du an die Unendlichkeit richtest; doch du irrst: sie ist schon die Antwort, die dir aus der Unendlichkeit zurücktönt – und die einzige, die du zu erwarten hast.

*

Was ein großer Mensch erlebt, so unbeträchtlich es erscheine, ist immer Symbol; was ein schwacher und gar ein kranker Mensch erlebt, immer ein Symptom, sowenig es mit seiner Schwachheit oder seiner Krankheit scheinbar zu tun habe.

*

Daß wir geschaffen sind, das Unfaßbare zu fassen und das Unerträgliche zu ertragen – das ist es, was unser Leben so schmerzensvoll und was es zugleich so unerschöpflich reich macht.

*

Wenn du es dir einfallen läßt, Abschätziges über einen Stand zu äußern, werden sich immer seine übelsten Vertreter getroffen fühlen und, um es nicht merken zu lassen, dich als den Verleumder von andern anzuklagen versuchen, die zu treffen niemals deine Absicht war.

*

Liebe deinen Fernsten, wie du deinen Nächsten nicht leiden magst, dann wird vielleicht einmal Friede in der Welt werden.

*

Eine als Irrtum erkannte Meinung ohne falsche Scham aufzugeben, das ist vielleicht die wunderbarste Kraftersparnis, die unserem Geist gegönnt ist; und zugleich die, von der wir am seltensten Gebrauch machen.

*

Die jämmerlichsten Patrone sind immer die, deren Vornehmheit gerade so weit geht, daß sie ihnen noch keine Kosten verursacht, und deren Mut gerade so groß ist, daß ihnen noch nichts geschehen kann.

*

Es ist übel in der Welt eingerichtet, daß auch die größten Künstler nur zeitweise ihr ganzes Genie zur Verfügung haben, daß sich aber auch die kleinsten Schurken im ununterbrochenen Besitz ihres Charakters befinden.

*

Eine sogenannte Halbwahrheit, sie mag sich aufspielen wie sie will, wird niemals eine ganze Wahrheit werden. Ja, wenn wir ihr nur scharf genug ins Auge sehen, so ist sie immer eine ganze Lüge gewesen.

*

Die reinigende Kraft der Wahrheit ist so groß, daß schon das Streben nach ihr ringsum eine bessere Luft verbreitet; die zerstörende Macht der Lüge so furchtbar, daß schon die Neigung zu ihr die Atmosphäre verdunkelt.

*

Das Wesen eines Menschen läßt sich durch drei schlagkräftige Anekdoten aus seinem Leben vielleicht mit gleicher Bestimmtheit berechnen wie der Flächeninhalt eines Dreiecks aus dem Verhältnis dreier fixer Punkte zueinander, deren Verbindungslinien das Dreieck bilden.

*

Auch die Einsamkeit hat ihre Gecken, und sie verraten sich meist dadurch, daß sie sich als ihre Märtyrer aufspielen.

*

Wenn zwei Menschen einander bis ins Tiefste verstehen wollen, so ist das geradeso, wie wenn zwei gegenübergestellte Spiegel sich ihre eigenen Bilder immer wieder und von immer weiter her wie in verzweifelter Neugier entgegenwerfen, bis sie sich endlich im Grauen einer hoffnungslosen Ferne verlieren.

Wenn du dich in Gefahr glaubst, an einem Menschen zugrunde zu gehen, so rechne es ihm nicht gleich als Schuld an, sondern frage dich vorerst, wie lange du schon nach solch einem Menschen gesucht hast.

*

Für die meisten Menschen bedeutet eine Wohltat, die sie erfahren haben, nicht so sehr eine Gelegenheit, ihre Dankbarkeit, als vielmehr eine, ihre Unbestechlichkeit zu beweisen. Das kommt ihnen nicht nur seelisch beträchtlich billiger zu stehen, sondern erhöht überdies ihr Selbstgefühl manchmal so sehr, daß sie sich bald über ihren Wohltäter erhaben dünken.

*

Es scheint eine einzige Art von Enttäuschung zu geben, die zu erleben uns in jedem Falle erspart bleibt: das ist die, die uns von der Nachwelt kommen könnte, – wenn wir sie erlebten. Aber wer die Anlage dazu hat, ahnt auch die voraus, und so fehlt es keineswegs an Verbitterten der Unsterblichkeit.

*

Warum uns doch die Gutmütigkeit unserer Nebenmenschen meist als Dummheit und unsere eigene als Güte – die Güte der andern als Schwäche und die unsere als ein Zeichen von Seelenadel erscheint?

*

Dem wahrhaft liebenswürdigen Menschen gegenüber fühlen wir uns immer schuldlos, auch wenn

wir ein Unrecht gegen ihn begangen haben; – dem
Unliebenswürdigen gegenüber stets von Verantwortung bedrückt, auch wenn uns an einer Unan-
nehmlichkeit, die ihm begegnet, nicht die aller-
geringste und ihn selbst vielleicht alle Schuld trifft.

*

Die Liebe einer Frau kannst du dir durch mancherlei verscherzen: durch Vertrauen und durch Mißtrauen, durch Nachgiebigkeit und durch Tyrannei,
durch zu viel und durch zu wenig Zärtlichkeit,
durch alles und durch nichts.

*

Zwei Männer mögen wegen einer Frau in einen
noch so erbitterten Streit geraten sein, – es kommt
immer ein Augenblick, in dem sie nahe daran sind,
einander – wie über einen Abgrund – die Hände zu
reichen.

*

Du hast verstanden? Du hast verziehen? Du hast
vergessen? Welch ein Mißverständnis! Du hast nur
aufgehört zu lieben.

*

Manches gestehen, das bedeutet meist einen hinterhältigeren Betrug als *alles* verschweigen.

*

Eine kluge Frau sagte mir einst: Die Männer sind
sich ohneweiters klar darüber, was sie bei uns erreicht haben; aber was sie alles bei uns *nicht* erreicht
haben, davon haben sie meistens keine Ahnung.

Die Frau, die betrügt, hat im Gegensatz zu den Männern ein Bedürfnis sich nachher, wäre es auch nur vor sich selbst, zu rechtfertigen; darum läßt sie es sich selten am Betrug genügen, sie verleugnet und verrät zugleich.

*

Ein tragikomisches Schicksal: sein Leben zerstört zu wissen und niemand haben, an dessen Brust man sich darüber ausweinen möchte als allein das Wesen, von dem es zerstört wurde.

*

Es gibt keine erotische Beziehung, in der von den Liebenden die Wahrheit nicht immer gefühlt und nicht immer wieder jede Lüge geglaubt würde.

*

So vertraut darfst du dich mit keiner Geliebten glauben, daß du ihr deine geheimsten Regungen gestehen dürftest. Und wenn du es dennoch tust, so sei gewiß, daß sie sich rächen wird, entweder, indem sie dir die ihren gleichfalls gesteht – oder indem sie sie dir verschweigt.

*

Du wirst deine Geliebte erst dann richtig beurteilen können, wenn du dich als denjenigen zu denken vermagst, der dein Nachfolger sein wird.

Fällt von einem immer noch geliebten Wesen der
Zauber des Geschlechts allmählich für dich ab, so
erlebst du zuweilen das neue Wunder, daß das Kind
wieder vor dir steht, das jenes Wesen war, bevor du
es als Frau umarmtest, und du liebst es besser als
zuvor.

*

Eine neue Staatsform wird stets durch gewaltsame
Mittel geschaffen. Auch dann, und dann vielleicht
ganz besonders, wenn sie unter dem Schlagwort
von der Abschaffung der Gewalt eingeführt wurde. Nur daß die Gewaltsamkeit in solchen Fällen
sich in hinterhältigeren Methoden auszuwirken
pflegt als in ehrlichen Revolutionen.

*

Das muß schon ein Mensch von hoher Art sein,
dem die Sehnsucht nach Freiheit etwas anderes bedeutete als die Begier nach Verantwortungslosig-
keit.

*

Jeder Krieg wird unter den nichtigsten Vorwänden
begonnen, aus guten Gründen weitergeführt und
mit den verlogensten Ausreden beschlossen.

*

Wenn man mit einem Politiker von guten Manieren und einiger Klugheit in eine Unterhaltung gerät, macht man meistens die überraschende, aber
sympathische Entdeckung, daß er eigentlich gar
nicht zu seiner Partei gehört.

Der Pedantismus mißverstand die Menschenliebe; – das Resultat ist als Marxismus bekannt. Das Ressentiment mißverstand den Marxismus, da wurde der Bolschewismus daraus. Das Literatentum mißverstand den Bolschewismus, da galt er wieder als Menschenliebe; – aber nun sah sie auch darnach aus.

*

Dem Humoristen wird es auch im aufgeräumtesten Moment niemals einfallen, sich mit seinem Publikum zu encanaillieren. Nur der Witzbold ist es, der gerne vertraulich und Beifall werbend ins Parkett oder zum Leser hinüberblinzelt und jederzeit bereit ist, auch eine Gestalt, die er selbst geschaffen, zu verraten und feig im Stich zu lassen, wodurch er die mediokre geistige Atmosphäre schafft, in der allein er zu wirken vermag.

*

Dem Humor, dem göttlichen Kind, ist nichts verwehrt; auch nicht mit dem Schmerz, dem Elend, dem Tod zu spielen. Wenn die Ironie, der Witz, die Satire das gleiche versuchen, empfinden wir das als geschmacklos, roh, wenn nicht gar als Blasphemie.

*

Wer Humor hat, der hat beinahe schon Genie. Wer nur Witz hat, der hat meistens nicht einmal den.

*

Nur derjenige Künstler vermag ein reines Dasein in der Welt zu führen und zugleich reinliche, künstlerische Arbeit zu leisten, der sich zu den von ihm geschaffenen Gestalten in ein menschliches, und zu den Menschen, mit denen er lebt, in ein künstlerisches Verhältnis zu setzen weiß.

*

Das Publikum ist viel gescheiter, als es selber glaubt, aber man darf es ihm nicht zugestehen, sonst wird es noch anmaßender, als es ohnedies zu sein pflegt.

*

Ich traue den Enthusiasten nicht, die von ihrer Fähigkeit, sich zu begeistern, gerade so sehr oder noch tiefer ergriffen sind als von dem Gegenstand, für den sie sich begeistert haben.

*

Das ist die Vergeltung, die der Genius der Kunst am Dilettanten übt: Wenn dieser schöpferisch zu werden versucht, gerät er unter das eigentliche Niveau nicht nur seines Verstandes, sondern auch seines Charakters, so daß uns das Produkt eines sonst leidlich gescheiten Menschen, dem nur eben das Talent versagt ist, wie das Lallen eines Schwachsinnigen, und er selbst, im Leben vielleicht ein ganz anständiger Mensch, durch das Medium seines mißlungenen Werkes als ein höchst fragwürdiges Subjekt erscheint.

*

Welch ein gefräßiges Tier ist doch die Eitelkeit! Sie nährt sich sowohl von Erfolg als von Mißerfolg, von Glück wie von Unglück, von Liebe wie von

Haß, ja zur Not versteht sie es auch von ihrem eigenen Fett zu leben und wird immer noch fetter dabei.

*

Eine Illusion verlieren, heißt um eine Wahrheit reicher werden. Doch wer den Verlust beklagt, ist
auch des Gewinnes nicht wert gewesen.

*

Du kannst einen Menschen daran hindern, zu steh-
len, aber nicht daran, ein Dieb zu sein.

*

Es ist keine Höflichkeit, einem Lahmen den Stock
tragen zu wollen.

*

Nur unter deinesgleichen hast du das Recht, dich
einsam zu fühlen.

*

Gibt es ein Ohr so fein, daß es die Seufzer der wel-
kenden Rose zu hören vermöchte?

*

Lebensklugheit bedeutet: alle Dinge möglichst
wichtig, aber keines völlig ernst nehmen.

*

Dilettant sein, das heißt: seiner eigenen Einfälle
nicht wert, aber auf sie stolz sein.

Wenn der Haß feige wird, geht er maskiert in Gesellschaft und nennt sich Gerechtigkeit.

*

Leute, die immer die Gescheiteren sein wollen, sind genötigt, an diese ununterbrochene Mühe so viel Intensität des Verstandes zu wenden, daß sie am Ende meistens die Dümmeren gewesen sind.

*

Was unsere Seele am schnellsten und am schlimmsten abnützt, das ist: verzeihen ohne zu vergessen.

*

Kein Ärmerer auf der Welt als der Reiche, der es nicht versteht, zu verschwenden.

*

Selbsterkenntnis ist fast niemals der erste Schritt zur Besserung, aber oft genug der letzte zur Selbstbespiegelung.

*

Nur *Richtung* ist Realität, das *Ziel* ist immer eine Fiktion, auch das erreichte – und dieses oft ganz besonders.

*

Man hat es so leicht, seine Erinnerungen zu schreiben, wenn man ein schlechtes Gedächtnis hat.

Es ist die schlimmste Verschwendung an Geist und Herz, Gegner zu überzeugen suchen, die gar nicht daran denken, ihrer eigenen Ansicht zu sein.

*

Schüttle ein Aphorisma, so fällt eine Lüge heraus und eine Banalität bleibt übrig.

*

Das wäre ein schlechtes Aperçu, bei dem ein kluger Mensch sich nicht denken müßte: gerade das oder das Gegenteil ist mir auch schon einmal eingefallen.

*

Im Herzen jedes Aphorisma, so neu oder gar paradox es sich gebärden möge, schlägt eine uralte Wahrheit.

MAX JACOB FRIEDLÄNDER

(1867–1958)

Die Kunstkennerschaft ist schon deshalb keine Wissenschaft, weil sie ihren Mann ernährt, was anständige Wissenschaften nicht tun.

*

Es hat nur einen Kunstkenner gegeben, der sich nie blamiert hat, und der war stumm und konnte nicht schreiben.

*

Wer mit seinen Mitmenschen auskommen will, sollte nie vergessen, daß ein jeder, was sonst er immer auch sei, sich für den Nabel der Welt hält. Nicht sowohl was er denkt und sagt, wohl aber was er fühlt, Wille und Instinkt, die sein Tun bestimmen, sind egozentrisch.

«Takt» die Fähigkeit, auf den Egoismus der anderen Rücksicht zu nehmen, damit zu rechnen.

*

Man soll halbe Wahrheiten nicht scheuen, zwei halbe Wahrheiten, die sich zu widersprechen scheinen, ergeben mitunter eine ganze.

Unterschieden wird in der Stilkritik: Intuition von
gelehrter rationalistischer Forschung; aber schwer
zu ermitteln, wie viel Intuition verborgen ist in der
gelehrten Forschung und wie viel Wissen in der Intuition immanent ist.

*

Gelehrte sind zufrieden, wenn sie selbst verstehen,
was sie geschrieben, an die Leser denken sie nicht.

*

Er erwartet so wenig von den Menschen, daß er
nicht dazu kommt, irgendjemanden zu verachten.
Er achtet alle so gering, daß er den Einzelnen nicht
verachtet. Mit allgemeiner Menschenverachtung
Duldsamkeit dem einzelnen Menschen gegenüber
verbunden.

*

Wenn es Hunger hat, mordet sogar das Tier, der
Mensch bedarf dazu so entscheidenden Anlaß nicht.

*

Akademiker betreten das Museum mit Gedanken,
Kunstkenner verlassen es mit Gedanken. Die Akademiker suchen, was sie zu finden erwarten, die
Kunstkenner finden etwas, von dem sie nichts
wußten.

*

Die Dunkelheit und Unverständlichkeit des gelehrten Schriftwesens dient als Schutzwall. Hat
man die Dunkelheit aufgehellt, den fremdartigen

Text ins Deutsche übersetzend, so bleibt entweder eine Banalität oder eine fragwürdige, bestreitbare Aussage übrig.

*

Wer sich das Leben nimmt, handelt als ein Ungeduldiger, als einer, der es nicht erwarten kann. Jeder Selbstmord ist verfrüht.

*

Die Kunst, ehemals Dienerin in Tempel und Palast, ist jetzt Herrin in dürftiger Hütte.

*

Die «Liebe», die einer Person leidenschaftlich zugewandte erotische Neigung, ist eher vom Roman ins Leben eingekehrt als vom Leben in den Roman. Wenigstens ist im Leben wenig davon zu beobachten.

*

Geborene Pessimisten werden im Alter relativ glücklich sein, weil sie nicht alles so schwarz und miserabel angetroffen haben, wie sie erwartet hatten. Geborene Optimisten hingegen erleben Enttäuschungen, so daß sie im Alter relativ unglücklich werden. Beide Weltanschauungen, Pessimismus und Optimismus, werden durch Erfahrung geschwächt, selbst widerlegt.

*

Die Regierung, außerstande, jedem das Seine zu geben, gibt allen dasselbe.

Wie man die Baukunst gefrorene Musik genannt, kann man die Malerei unserer Tage erfrorene Musik nennen.

*

Die Röntgenaufnahme gibt Herren, die vor Bildern nichts sehen, die Möglichkeit, über Bilder zu urteilen.

*

Der Emigrant hat den Vorteil, sich frei machen zu können von den Konventionen, Vorurteilen der Heimat, und sich fern halten zu können von den Konventionen und Vorurteilen der neuen Heimat. In der Fremde leichter, das Eigene zu entwickeln, wenn anders Eigenes vorhanden.

*

Tugend entsteht oft, wenn zwei Laster sich paralysieren, sich kompensieren, so Eitelkeit gegen Feigheit oder gegen Faulheit, Geiz gegen Lüsternheit. Im Besonderen ist die Eitelkeit die Mutter vieler Tugenden.

*

Der Wunsch der Vater des Gedankens, seine Mutter die Furcht. Dem Optimisten geraten die Gedanken mehr nach dem Vater, dem Pessimisten nach der Mutter. Wie soll aus solcher Ehe etwas Vernünftiges entstehen?

*

Wer sich fast allen Menschen überlegen fühlt, bekommt Übung, seine Überlegenheit nicht merken zu lassen, und tritt bescheiden auf.

Die Kunstgelehrten, die den ganzen Tag lesen, gleichen Leuten, die Kochbücher studieren und dadurch satt zu werden glauben.

*

Man kann seine Eitelkeit aus Eitelkeit bekämpfen – mit halbem Erfolg, mit vollem Erfolg aber aus gesteigertem Selbstbewußtsein.

*

Ein eitles Mädchen von melancholischem Temperament nahm die Gewohnheit an, zu lachen, um die ungewöhnlich schönen Zähne zu zeigen – mit dem Ergebnis, daß ihr Temperament sich aufheiterte. Wie Heiterkeit Lachen erzeugt, erzeugt Lachen Heiterkeit.

*

In einer fremden Sprache sagt man, was man sagen kann, nicht, was man sagen will. Je höher der Mensch begabt ist, um so weniger sagt er selbst in der Muttersprache, was er sagen möchte. Der Weise fühlt sich am Ende zum Schweigen verurteilt.

*

Wer die Natur als die geschaffene betrachtet, neigt zur Plastik, wer dagegen die Natur als die schaffende betrachtet, zur Malerei.

*

Der Fisch meint, die unschuldige Angel habe es auf ihn abgesehen, von dem feindlichen Angler weiß er nichts.

Humor fühlt das Lächerliche, Witz erkennt es.

*

Nur wer wenig von etwas weiß, glaubt es zu kennen.

*

Der Gelehrte «sucht». Im wesentlichen besteht seine Tätigkeit im Suchen. Finden will er immer etwas. Es macht aber einen entscheidenden Unterschied aus, ob man beim Suchen weiß, was man zu finden wünscht und erwartet, so wenn man Erdbeeren im Walde sucht, oder aber beim Suchen überrascht wird durch das, was man findet. Man kann die Forscher einteilen in solche, die Erdbeeren suchen, und solche, die neugierig sind darauf, wie das aussehen wird, was sie etwa finden werden. Zur ersten Klasse gehören die Akademiker, zur zweiten um Kennerschaft bemühte Dilettanten.

*

Ich kann es mir nicht leisten, zu lügen. Mein Gedächtnis ist nicht gut genug.

CHRISTIAN MORGENSTERN

(1871–1914)

Es ist so plump von Künstlern und Dichtern, sich geradezu ans Geschlecht zu wenden. Als ob man sich ans Geschlecht erst wenden müßte.

*

Man weiß, wie wichtig es ist, Schwangeren harmonische Verhältnisse zu schaffen. Sollte es anders sein mit der Menschheit, die sich fortwährend im Zustande der Mutterschaft befindet?

*

Schriftstellerei ist heute vielfach nicht wichtiger zu nehmen, als daß, sagen wir, heute jedermann Kakao trinken kann, während es früher nur die Reichen konnten.

*

Der Ausdruck «Lieber Gott», über den schon Nietzsche spottet, mußte in der Tat dem Deutschen zu erfinden aufgespart bleiben. Es sollte ihm nur einmal aufgehen, wie er sich selbst damit den Blick für die unaussprechliche Gewaltigkeit und Fürchterlichkeit des Weltganzen verdirbt, wenn er dessen höchster Personifikation das vertrauliche Wörtchen «lieb» voransetzt.

Die meisten Menschen sprechen nicht, zitieren nur. Man könnte ruhig fast alles, was sie sagen, in Anführungsstriche setzen; denn es ist überkommen, nicht im Augenblick des Entstehens geboren.

*

Die Sprache ist eine ungeheure fortwährende Aufforderung zur Höherentwickelung. Die Sprache ist unser Geisterantlitz, das wir wie ein Wanderer in die unabsehbare und unausdenkbare Landschaft Gott unablässig weiter hineintragen.

*

Es gibt Menschen, welche Schlagworte wie Münzen schlagen, und Menschen, welche mit Schlagworten wie mit Schlagringen zuschlagen.

Nichts ist so verbreitet wie das Schlagwort. Es wird bis in die höchsten Geisteskreise hinauf gebraucht und hängt oft noch dem Scharfsinnigsten als Zöpfchen hinten.

*

Alles öffentliche Leben ist wenig mehr als ein Schauspiel, das der Geist von vorgestern gibt, mit dem Anspruch, der Geist von heute zu sein.

*

Kein Mensch kann etwas anderes bieten als sein eigenes Programm, aber er soll es wenigstens so taktvoll wie möglich vorbringen, nicht wie ein Plebejer, der sich erst zufrieden gibt, wenn er ein paar andre niedergebrüllt hat.

Wenn der moderne Gebildete die Tiere, deren er sich als Nahrung bedient, selbst töten müßte, würde die Anzahl der Pflanzenesser ins Ungemessene steigen.

*

Von hundert, die von «Menge», von «Herde» reden, gehören neunundneunzig selbst dazu.

*

Vorsicht und Mißtrauen sind gute Dinge, nur sind auch ihnen gegenüber Vorsicht und Mißtrauen nötig.

*

Man müßte sein Ich nicht immer mit sich identifizieren, sondern wie eine Mutter ihr Kind behandeln.

*

Es gibt nichts Degoutableres, als fortwährend von sich als Person zu reden (außer zu bestimmten Zwecken), oder über sich reden hören zu müssen. Daher ist es so kläglich, krank zu sein; ein Zustand, in dem dieses Reden und Beredetwerden fast unvermeidlich ist.

*

Einander kennen lernen, heißt lernen, wie fremd man einander ist.

*

Die Psychologie befaßt sich mit den einzelnen Wellen des Baches. Aber hat ein Bach je aus – Wellen bestanden?

Je tiefer einer wird, desto einsamer wird er; aber nicht nur das; desto mehr lassen ihn selbst seine treusten Freunde allein – aus Zartgefühl, Schamgefühl, Liebe, Ehrfurcht, Verlegenheit, Hochachtung, Scheu, kurz, aus den allerbesten Gründen und mit dem unanfechtbarsten Takt des Herzens.

*

Heftige Bewegungen machen alle Tiere scheu. So sollte sich auch der vollkommene Weise im Geistigen jäher Bewegungen enthalten. Im Grunde ist es das gleiche, wie du an ein Pferd herangehst und sein Zutrauen gewinnst, und wie du an einen Menschen dich wendest und ihn eroberst.

*

Je ernster ein Kritiker seine Kritik nimmt, desto kritischer wird er seinen Ernst nehmen.

*

Wie nahe Furcht und Mut zusammenwohnen, das weiß vielleicht am besten, wer sich dem Feind entgegenwirft.

*

Manche Menschen machen sich vor andern so klein wie möglich, um – größer als diese zu bleiben.

*

Es gibt Naturen, die für sich allein Stunden lang mit ihren Freunden und Bekannten reden, während ihnen in deren Gegenwart jeder Gesprächsstoff entfallen ist.

Ich darf wohl sagen: Ich liebe die Wissenschaft von Grund aus und hasse alle Schwarmgeisterei. Eine Wissenschaft aber, die vergißt, daß sie eine seltene, wunderbare Blume auf dem Boden des Mysteriums ist, ja, die vergißt, daß sie selbst Mysterium ist, sie fällt mit der übelsten Schwarmgeisterei in eins zusammen, sie ist im Tiefsten inferior, allein schon rein intellektuell genommen.

*

Man hat Hegel verspottet, weil er sagte, aus ihm rede der Weltgeist. Ach, auch aus ihnen, den Spöttern, redet leider nichts anderes.

*

Lichtenbergs Bemerkung, die docta ignorantia mache weniger Schande als die indocta, scheint mir das Erschöpfendste, was über das Problem der Wissenschaften gesagt werden kann.

Nicht nur der Weg nach der Wahrheit scheint mehr wert als die Wahrheit selbst, um Lessingsch zu reden; noch wertvoller als der Weg selbst scheint der Wille zu solch einem Wege.

*

Wer die Welt zu sehr liebt, kommt nicht dazu, über sie nachzudenken; wer sie zu wenig liebt, kann nicht gründlich genug über sie denken.

ALFRED POLGAR

(1873–1955)

Der kluge Dilettant mengt die Unzulänglichkeiten, die er hat, unter eine Fülle von Unzulänglichkeiten, die er nicht haben müßte. Man versteht: wenn einer hinkt, aber zu seiner echten Lahmheit mit großem Geschick noch die Komödie der Blindheit und Taubheit spielt, so bekommt er eine dubiose Krüppelhaftigkeit, die sein wirkliches Gebrechen nicht gleich erraten läßt.

*

Die Poesie beginnt gerade dort, wo «das Poetische» aufhört.

*

Der Komiker, der Kredit beim Publikum hat. Die Zuhörer lachen schon, wenn er nur Atem holt, um etwas zu sagen. Kommt dann wirklich etwas Lustiges, lachen sie zweimal auf einmal: erstens über das Lustige, zweitens aus Freude, daß ihr Vor-Lachen nicht hinausgeworfenes Gelächter war.

*

Wie aus Schicksalen ein Charakter wird: Sache des Romans. Wie aus Charakteren ein Schicksal wird: Sache des Dramas.

Ein minderer Gedanke, gereimt vorgebracht, nimmt an Gewicht um etwas zu. Dem geistigen Anreiz gesellt sich da gleichsam auch ein mechanischer. Es ist, wie wenn dir jemand einen Witz erzählt und dich gleichzeitig, zur sicheren Wirkung, ein wenig kitzelt.

*

Ein schlechter Komödiant ist wie ein Mann, der eine fremde Sprache sprechen will und sie nicht beherrscht. Eine schlechte Komödiantin ist eine Frau, die in ihrer Muttersprache stottert.

*

Klassische Sprache. Es mag nicht leicht sein für Emilia Galottis Mutter, Würde zu wahren, wenn sie auf das Ersuchen, nicht zu schreien, antworten muß: «Was kümmert es die Löwin, der man die Jungen geraubt, in wessen Walde sie brüllt?» Hier und anderswo sollte die Klassiker-Pietät scheu werden und einen Satz über den Satz machen.

*

Schauspieler stecken so tief im Metier, daß sie sogar das, was sie sind, scheinen wollen. Sie tragen selbst noch die Haut, aus der sie nicht fahren können, als Kostüm.

*

Der treffende Aphorismus setzt den getroffenen Aphoristiker voraus (Wort als Stigma der gedanklichen Passion).

Es gibt hohe Kunstwerke von doch so zauberischer Klarheit, daß man ihnen bis auf den Grund sehen kann. Ihre Tiefe, wie wunderbar!, liegt an der Oberfläche.

Der Deutsche meint, nur trübe Wasser können tief sein.

*

LUSTSPIEL VON SHAKESPEARE

Ein Strauß, gepflückt im Paradiese, noch leuchtend vom Abglanz des göttlichen Lächelns, das dort über aller Landschaft ruht.

*

Erfahrung lehrt, daß es beim Dichten wie beim Pistolenschießen immer ein wenig die Hand verreißt. Meist nach unten. Man muß höher zielen, als man treffen will.

*

Der Widersprecher ist das oft nur aus Prüderie: er hängt den Widerspruch als Feigenblatt vor seine geistige Scham.

*

Komiker à tout prix. In allen Gliedern hat er (oder besser: hat ihn) das heftigste Possenreißen.

*

Shakespearescher Narr. Die Flöte, die er munter bläst, ist aus einer Trauerweide geschnitten.

EXPRESSIONISTISCHES DRAMA

Gestern noch eine Sache von übermorgen, heute schon eine von vorgestern. Wie die Zeit vergeht!

*

Kunst ist das Feuer, in welches getan vom privaten Erlebnis das Private wegschmilzt. Manchmal bleibt dann freilich gar nichts mehr übrig.

*

Witz ist Unzucht wider die Kausalität.

*

Das Genie geht glatt durch Mauern und stößt sich wund an der Luft.

*

DEUTSCHES LUSTSPIEL

Der Humor trägt eine Tarnkappe; immerzu schreit er: «ich bin da!», und nie sieht man ihn.

*

Der Dichter betrachtet aus solcher Ferne, daß Welten wie Punkte erscheinen... oder aus solcher Nähe, daß etwa ein Menschengesicht die Welt bedeutet.

*

Mancher Held lebt nur noch vom Liede, das von ihm lebt.

«Der Mensch ist gut», sagte die Bestie, als sie ihn fraß.

*

Der große Satiriker zieht, was er ins Lächerliche zieht, mit dem gleichen Griff auch ins Ernsteste.

*

Sehr peinlich sind auf der Bühne Situationen, die, von Dichter und Regisseur mit Humor geladen, durchaus nicht losgehen wollen. Der Zuschauer wird da ganz verlegen und ist nur froh, daß man in der Dunkelheit nicht merkt, wie er errötet.

*

Leichte Musik, um sogleich «einzuschlagen», bedarf einer wunderlichen Eigenschaft, nämlich: wohlvertrauter Originalität.

*

Das Symbolische sitzt dann richtig, wenn es nicht als künstliche Verdunkelung der Werte erscheint, sondern als ihr natürlicher Schatten; als etwas, das sie plastischer, wesenhafter, mehrdimensional macht.

*

Wahrung der Tradition. Aber was nützen Gläubige, Altäre, Priester, wenn die Götter fort sind?

*

Wenn die Kulturmenschen ehrlich wären...
Aber dann wären sie keine Kulturmenschen.

HUGO VON HOFMANNSTHAL

(1874–1929)

Der Mensch wird in der Welt nur das gewahr, was schon in ihm liegt; aber er braucht die Welt, um gewahr zu werden, was in ihm liegt; dazu aber sind Tätigkeit und Leiden nötig.

*

Die Liebe und ihre Umkehrung, der Haß, sind darum das eigentliche Medium des Lebens, weil sie allein aus den andern Individuen die Konsequenzen ziehen.

*

Die ahnende Jugend weiß die Welt mit Kräften erfüllt; aber es kommt ihr nicht bei, welche Rolle in der Welt die Schwäche in ihren verschiedenen Formen spielt.

*

Es ist ein entscheidender Unterschied, ob Menschen sich zu anderen als Zuschauer verhalten können, oder ob sie immer Mitleidende, Mitfreudige, Mitschuldige sind: diese sind die eigentlich Lebenden.

Man muß im Ganzen an jemanden glauben, um ihm im Einzelnen wahrhaft Zutrauen zu schenken.

*

Man schätzt diejenigen als etwas Seltenes, die ruhig und aufmerksam zuzuhören verstehen; ebenso selten ist ein wirklicher Leser, am seltensten einer, der seine Nebenmenschen auf sich wirken läßt, ohne den Eindruck unablässig durch seine innere Unruhe, Eitelkeit, Selbstsucht zu zerstören, ja zu vernichten.

*

Die Jugend ist so stark, als sie sich ahnt, und zugleich so zart und schwach, als sie sich gebärdet; das ist das Zweideutige an ihr und das Dämonische.

*

Man kann sechzig Jahre alt geworden sein, ohne zu ahnen, was ein Charakter ist. Nichts ist verborgener als die Dinge, die wir beständig im Mund führen.

*

In Er-leben ist ein aktivischer Ursinn, wie in Er-reichen, Er-eilen; aber niemand hört ihn mehr, und wir haben ein reines Passivum daraus gemacht.

*

Der Bildungsgang ist um so glücklicher, je mehr seine einzelnen Phasen den Charakter von Erlebnissen annehmen.

Einen Sinn in Kindern auszubilden ist das Wichtigste: den, wahrzunehmen, daß das Göttliche sich
unmittelbar in unserer Nähe offenbart. Vieles aber,
das wir tun und gewähren lassen, zielt darauf ab,
diesen Sinn durch Verhärtung abzutöten.

*

Situationen sind symbolisch; es ist die Schwäche
der jetzigen Menschen, daß sie sie analytisch behandeln und dadurch das Zauberische auflösen.

*

Wie gedankenlos ist man gegenüber dem, was andere trifft. Zum Beispiel das Schicksal eines großen
Sängers, der in jungen Jahren seine Stimme verliert, ist von unausdenkbarer Härte. Er hat besessen, was ihn über alle hinaushob und zugleich allen
angenehm machte. Er verliert es mit einem Schlag,
und was übrigbleibt, ist eine leere Hülse, die vielleicht noch dreißig oder vierzig Jahre auf der Erde
herumspazieren wird.

*

«Einen gelten lassen» und «an einen glauben» sind
Begriffe getrennter Sphären.

*

Es ist etwas anderes, ob man eine Haltung, sei es
welche immer, wirklich hat, oder ob man vor anderen oder sogar vor sich selber sie zu haben vor-
gibt.

Eine Art von unablässiger indirekter Anerkennung ist ein Ingrediens, das dem geselligen Verkehr nie fehlen darf; die direkte Anerkennung ist schwerer zu ertragen: wer uns seine Anerkennung direkt äußert, gibt damit zu verstehen, daß er sich mit uns auf eine Stufe stellt, zumindest in der Lage ist, uns und unser Verdienst zu überblicken.

*

Es ist nur ein geringer und scheinhafter Unterschied zwischen dem flüchtigen und geringfügigen Ruhm, den ein Schauspieler, und dem «bleibenden Ruhm», den ein Dichter erwirbt.

*

Autorität über sich erkennen ist ein Zeichen höherer Menschlichkeit.

*

Die Ich-Sucht vergeht sich nicht so sehr durch Taten, als durch Nicht-Verstehen.

*

In Hinsicht auf den Begriff «Erfahrung» gibt es zwei unangenehme Sorten von Leuten: die, denen Erfahrung mangelt, und die, welche sich auf Erfahrung zu viel zugute tun.

*

Altkluge Kinder und unreife Greise sind in gewissen Weltzuständen genug da.

Es ist eine unangenehme, aber notwendige Kunst, die gemeinen Menschen durch Kälte von sich abzuhalten. «Nur die Kälte bändigt den Kot, daß er dir den Fuß nicht beschmutzt», sagt ein arabisches Sprichwort.

*

Frauen verraten vieles, das sie sonst geheim halten, durch ihren Anzug, woran nie das Geringste ganz ohne Überlegung hinzugetan oder weggelassen ist, auch nicht bei der ärmsten Magd. Daraus müßten sich anfangende Liebhaber, die nicht wissen, woran sie sind, manches herausfinden.

*

Allegorie ist ein großes Vehikel, das man nicht verachten soll. Was Freunde einander wirklich sind, ist eher an einem getauschten Zauberring und Zauberhorn klar zu machen als durch Psychologie.

*

Es ist etwas in uns, das über und hinter allen Altern ist und mit allen Altern spielt.

*

Eine Art, uns selbst zu erziehen, ist die, daß wir einen Menschen, der für uns Autorität hat, herausfordern, sich über einen Gegenstand zu äußern, über den wir ihn anders urteilend wissen, als wir selber urteilen.

*

Jede neue bedeutende Bekanntschaft bewirkt Auseinanderfallen und neue Integration.

Wer im Verkehr mit Menschen die Manieren einhält, lebt von seinen Zinsen, wer sich über sie hinwegsetzt, greift sein Kapital an.

*

Die moderne Liebe ist schwache Melodie, überinstrumentiert.

*

Die Regeln des Anstandes, richtig verstanden, sind Wegweiser auch im Geistigen.

*

Es gibt nicht zwei Menschen auf der Erde, die nicht durch eine teuflisch ausgedachte Indiskretion zu Todfeinden gemacht werden könnten.

*

Übereinstimmung ohne Sympathie gibt ein widerwärtiges Verhältnis.

*

Die Manieren ruhen auf einer doppelten Grundlage: dem andern alle Aufmerksamkeit erweisen, sich selber nicht aufdrängen.

*

Wer wollte heftiger der Liebe nachjagen, als der wenig fähig ist, sie zu empfinden; er legt in die Welt den Mangel, der in ihm ist, und beklagt immer aufs neue die mangelhafte Gelegenheit.

Die an der Seele Defektuösen kennen und wittern
einander.

*

Indem sie ihre Gedanken hinnehmen und hingeben, kommunizieren die Menschen wie in den
Küssen und Umarmungen; wer einen Gedanken
aufnimmt, empfängt nicht etwas, sondern jemanden.

*

Über dem Gedächtnis eines in der Fülle seiner
Kraft verstorbenen Freundes hängt die Seele wie
über einem Wasserfall, stürzt sich immer wieder
mit der lebendigen Masse nach unten, sieht sie zer-
stäuben und zu Dunst werden, um wieder zum
Scheitel aufzusteigen und sich aufs neue herabzu-
stürzen.

*

In der außerordentlichsten und einsamsten Art sich
zu verhalten und in der erbärmlichsten geheimsten
Lage hat jeder Tausende von Gefährten, von denen
er nichts ahnt.

*

Wo ist dein Selbst zu finden? Immer in der tiefsten
Bezauberung, die du erlitten hast.

*

Nicht daß einer alles wisse, kann verlangt werden,
sondern daß er, indem er um eins weiß, um alles
wisse.

In der Gegenwart, die uns umgibt, ist nicht weniger Fiktives als in der Vergangenheit, deren Abspiegelung wir Geschichte nennen. Indem wir das eine Fiktive durch das andere interpretieren, entsteht erst etwas, das der Mühe wert ist.

*

Es hat keinen Zweck, daß das Individuum sich im Geistigen bescheiden stelle; die ganze Mitwelt, alle Vergangenheit in ihr eingeschlossen, ist genau der Raum, den es braucht, um ganz zu existieren.

*

Der Geist entfaltet seine größte Kraft corps à corps mit dem Sinnlichen.

*

Ein Ding ist eine unausdeutbare Deutbarkeit.

*

Unvergeistigte Gedanklichkeit ist ein ganz guter gesprächsweiser Ausdruck für den gegenwärtigen Geisteszustand, wie er in den zahllosen Broschüren und ephemeren Büchern zutage tritt.

*

Wie man empfindet, so will man empfunden sein.

*

Die gefährlichste Sorte von Dummheit ist ein scharfer Verstand.

Nicht: vieles zu kennen, aber: vieles miteinander in Berührung zu bringen, ist eine Vorstufe des Schöpferischen.

*

Die Tiefe muß man verstecken. Wo? An der Oberfläche.

*

Es gibt ein Enthusiastisches aus Schwäche und eines aus Stärke; das erste ist der Sentimentalität verwandt, das andere ist ihr entgegengesetzt.

*

Das Schöne, auch in der Kunst, ist ohne Scham nicht denkbar.

*

Alter Wein ist mehr als Greis und gewinnt den Duft wieder, der auf ihm schwebte, da er weniger war als Kind: ungeboren.

*

Die Verzweiflung einer Epoche würde sich darin aussprechen, wenn es ihr nicht mehr der Mühe wert erschiene, sich mit der Vergangenheit zu beschäftigen.

*

Vergewaltigung der Natur ist ein starkes Ingrediens unserer Kultur seit hundert Jahren.

Die Menschen verlangen, daß ein Dichtwerk sie anspreche, zu ihnen rede, sich mit ihnen gemein mache. Das tun die höheren Werke der Kunst nicht, ebensowenig als die Natur sich mit den Menschen gemein macht; sie ist da und führt den Menschen über sich hinaus – wenn er gesammelt und bereit dazu ist.

*

Ist nicht die Verzweiflung des gegenwärtigen Zeitalters der verlorengegangene Glaube an die Form?

*

Der Hauptunterschied zwischen den Menschen im Leben und den erdichteten Figuren ist dieser, daß die Dichter es sich alle Mühe kosten lassen, den Figuren Zusammenhang und innere Einheit zu geben, während die Lebenden in der Inkohärenz bis ans Äußerste gehen dürfen, da ja die Physis sie zusammenhält.

*

Talent ist nicht Leistung, Glieder sind kein Tanz.

*

Auf der höchsten Stufe der Kunst herrscht Nacktheit, Selbstentblößung, ihr Gegengewicht ist höchster Ernst, völlige Erfülltheit. Wo dieser Zustand intermittiert, ein Auge nach außen blinzt, ist Schamlosigkeit.

*

Daß sie bei großem Tiefsinn die naive Seele eines Jünglings malen, macht die Aphorismen von Novalis so bezaubernd.

Kein Stück der Oberfläche einer Figur kann geschaffen werden, außer vom innersten Kern aus.

*

Der gewöhnliche Erzähler erzählt, wie etwas beiläufig geschehen könnte. Der gute Erzähler läßt
etwas vor unseren Augen wie gegenwärtig geschehen. Der Meister erzählt, als geschähe etwas längst
Geschehenes aufs neue.

*

Lebt man beständig in einer Welt, die stumpf für
die Sprache und durch das Wort kaum zu erschüt-
tern ist, so gerät man um so mehr in Gefahr, durch
Ausgesprochenes die Einzelnen zu verletzen und
sich durch Reden der Verkennung auszusetzen.

*

Daß wir Deutschen das uns Umgebende als ein
Wirkendes – die «Wirklichkeit» bezeichnen, die
lateinischen Europäer als die «Dinglichkeit», zeigt
die fundamentale Verschiedenheit des Geistes, und
daß jene und wir in ganz verschiedener Weise auf
dieser Welt zu Hause sind.

*

Daß wir für zwei so auseinanderklaffende Begriffe,
ja Begriffe verschiedener Ordnung, als wofür die
Franzosen einmal chair, das andre Mal viande setzen, das eine Wort Fleisch gebrauchen, zeigt von
einem stumpfen Arbeiten der sinnlichen Phantasie.

Nur der das Zarteste schafft, kann das Stärkste schaffen.

*

Das Genie bringt Übereinstimmung hervor zwischen der Welt, in der es lebt, und der Welt, die in ihm lebt.

KARL KRAUS

(1874–1936)

Die geniale Fähigkeit des Weibes, zu vergessen, ist etwas anderes als das Talent der Dame, sich nicht erinnern zu können.

*

Kein Zweifel, der Hund ist treu. Aber sollen wir uns deshalb ein Beispiel an ihm nehmen? Er ist doch dem Menschen treu und nicht dem Hund.

*

Am Chauvinismus ist nicht so sehr die Abneigung gegen die fremden Nationen als die Liebe zur eigenen unsympathisch.

*

Bei gleicher Geistlosigkeit kommt es auf den Unterschied der Körperfülle an. Ein Dummkopf sollte nicht zu viel Raum einnehmen.

*

Viele haben den Wunsch, mich zu erschlagen. Viele den Wunsch, mit mir ein Plauderstündchen zu verbringen. Gegen jene schützt mich das Gesetz.

Am unverständlichsten reden die Leute daher, denen die Sprache zu nichts anderm dient, als sich verständlich zu machen.

*

Es gibt Menschen, die heiser werden, wenn sie ununterbrochen acht Tage lang mit keinem ein Wort gesprochen haben.

*

Das Wort «Familienbande» hat einen Beigeschmack von Wahrheit.

*

Auch ein anständiger Mensch kann, vorausgesetzt, daß es nie herauskommt, sich heutzutage einen geachteten Namen schaffen.

*

Die Einsamkeit wäre ein idealer Zustand, wenn man sich die Menschen aussuchen könnte, die man meidet.

*

Die Welt ist ein Gefängnis, in dem Einzelhaft vorzuziehen ist.

*

Wenn ich sicher wüßte, daß ich mit gewissen Leuten die Unsterblichkeit zu teilen haben werde, so möchte ich eine separierte Vergessenheit vorziehen.

Sozialpolitik ist der verzweifelte Entschluß, an einem Krebskranken eine Hühneraugenoperation vorzunehmen.

*

Humanität, Bildung und Freiheit sind kostbare Güter, die mit Blut, Verstand und Menschenwürde nicht teuer genug erkauft sind.

*

Ich halte die Politik für eine mindestens ebenso vortreffliche Manier, mit dem Ernst des Lebens fertig zu werden, wie das Tarockspiel, und da es Menschen gibt, die vom Tarockspiel leben, so ist der Berufspolitiker eine durchaus verständliche Erscheinung. Um so mehr, als er immer nur auf Kosten jener gewinnt, die nicht mitspielen. Aber es ist in Ordnung, daß der politische Kiebitz zahlen muß, wenn das geduldige Zuschauen seinen Daseinsinhalt bildet. Gäbe es keine Politik, so hätte der Bürger bloß sein Innenleben, also nichts, was ihn ausfüllen könnte.

*

Das Geheimnis des Agitators ist, sich so dumm zu machen, wie seine Zuhörer sind, damit sie glauben, sie seien so gescheit wie er.

*

Die Mission der Presse ist, Geist zu verbreiten und zugleich die Aufnahmsfähigkeit zu zerstören.

Der Journalismus dient nur scheinbar dem Tage. In Wahrheit zerstört er die geistige Empfänglichkeit der Nachwelt.

*

Den Leuten ein X für ein U vormachen – wo ist die Zeitung, die diesen Druckfehler zugibt?

*

In Lourdes kann man geheilt werden. Welcher Zauber sollte aber von einem Nervenspezialisten ausgehen?

*

Nervenpathologie: Wenn einem nichts fehlt, so heilt man ihn am besten von diesem Zustand, indem man ihm sagt, welche Krankheit er hat.

*

In einen hohlen Kopf geht viel Wissen.

*

Männer der Wissenschaft! Man sagt ihr viele nach, aber die meisten mit Unrecht.

*

Der Wert der Bildung offenbart sich am deutlichsten, wenn die Gebildeten zu einem Problem, das außerhalb ihrer Bildungsdomäne liegt, das Wort ergreifen.

Das Talent ist ein aufgeweckter Junge. Die Persönlichkeit schläft lange, erwacht von selbst und gedeiht darum besser.

*

Der Philister ist nicht imstande, sich seine Gemütserhebungen selbst zu besorgen, und muß unaufhörlich an die Schönheit des Lebens erinnert werden. Selbst zur Liebe bedarf er einer Gebrauchsanweisung.

*

Der Philister möchte immer, daß ihm die Zeit vergeht. Dem Künstler besteht sie.

*

Wenn ein Künstler Konzessionen macht, so erreicht er nicht mehr als der Reisende, der sich im Ausland durch gebrochenes Deutsch verständlich zu machen sucht.

*

Ein Snob ist unverläßlich. Das Werk, das er lobt, kann gut sein.

*

Die einzige Kunst, vor der das Publikum ein Urteil hat, ist die Theaterkunst. Der einzelne Zuschauer, also vor allem der Kritiker, spricht Unsinn, alle zusammen haben sie recht. Vor der Literatur ist es umgekehrt.

Früher waren die Dekorationen von Pappe und die Schauspieler echt. Jetzt sind die Dekorationen über jeden Zweifel erhaben und die Schauspieler von Pappe.

*

Ansichten pflanzen sich durch Teilung, Gedanken durch Knospung fort.

*

Der Gedanke ist ein Kind der Liebe. Die Meinung ist in der bürgerlichen Gesellschaft anerkannt.

*

Über Probleme des geschlechtlichen Lebens spreche man nicht auf der Gasse. Man erlebe und gestalte sie; aber man spreche nicht davon. Zum Schutze der Wahrheit darf man heucheln.

*

Ein Schriftsteller, der einen täglichen Fall verewigt, kompromittiert nur die Aktualität. Wer aber die Ewigkeit journalisiert, hat Aussicht, in der besten Gesellschaft anerkannt zu werden.

*

Beim Witz ist die sprachliche Trivialität oft der Inhalt des künstlerischen Ausdrucks. Der Schriftsteller, der sich ihrer bedient, ist echter Feierlichkeit fähig. Das Pathos an und für sich ist ebenso wertlos wie die Trivialität als solche.

Es gibt Schriftsteller, die schon in zwanzig Seiten ausdrücken können, wozu ich manchmal sogar zwei Zeilen brauche.

*

Einen Aphorismus kann man in keine Schreibmaschine diktieren. Es würde zu lange dauern.

*

Ein Aphorismus braucht nicht wahr zu sein, aber er soll die Wahrheit überflügeln. Er muß mit einem Satz über sie hinauskommen.

*

Ein Feuilleton schreiben heißt auf einer Glatze Locken drehen.

*

Zuerst schnüffelt der Hund, dann hebt er selbst das Bein. Gegen diesen Mangel an Originalität kann man füglich nichts einwenden. Aber daß der Literat zuerst liest, ehe er schreibt, ist trostlos.

*

Ein Agitator ergreift das Wort. Der Künstler wird vom Wort ergriffen.

*

Wo weder zum Weinen Kraft ist noch zum Lachen, lächelt der Humor unter Tränen.

Lichtenberg gräbt tiefer als irgendeiner, aber er kommt nicht wieder hinauf. Er redet unter der Erde. Nur wer selbst tief gräbt, hört ihn.

*

Eine neue Erkenntnis muß so gesagt sein, daß man glaubt, die Spatzen auf dem Dach hätten nur durch einen Zufall versäumt, sie zu pfeifen.

*

Eine kunstlose Wahrheit über ein Übel ist ein Übel. Sie muß durch sich selbst wertvoll sein. Dann versöhnt sie mit dem Übel und mit dem Schmerz darüber, daß es Übel gibt.

*

Einen Aphorismus zu schreiben, wenn man es kann, ist oft schwer. Viel leichter ist es, einen Aphorismus zu schreiben, wenn man es nicht kann.

*

Man muß jedesmal so schreiben, als ob man zum ersten und zum letzten Male schriebe. So viel sagen, als ob's ein Abschied wäre, und so gut, als bestände man ein Debüt.

*

Der Aphorismus deckt sich nie mit der Wahrheit; er ist entweder eine halbe Wahrheit oder anderthalb.

Alles schwelgende Genießen in Küche und Keller,
alle Kennerschaft in Liebe und Leben beruht nicht
auf der Fähigkeit analytischen Prüfens, sondern
auf der phantastischen Verwendung der Erkenntnis:
Man weiß nicht, wovon man fett wird.

*

Eine Antithese sieht bloß wie eine mechanische
Umdrehung aus. Aber welch ein Inhalt von Erleben, Erleiden, Erkennen muß erworben sein, bis
man ein Wort umdrehen darf!

*

Man verachte die Leute, die keine Zeit haben. Man
beklage die Menschen, die keine Arbeit haben.
Aber die Männer, die keine Zeit zur Arbeit haben,
die beneide man!

*

Gedanken sind zollfrei. Aber man hat doch Schere-
reien.

*

An einem Dichter kann man Symptome beobachten, die einen Kommerzialrat für die Internierung
reif machen würden.

*

Zu allen Dingen lasse man sich Zeit; nur nicht zu
den ewigen.

*

Die Unsterblichkeit ist das einzige, was keinen
Aufschub verträgt.

Man muß oft erst nachdenken, worüber man sich freut; aber man weiß immer, worüber man traurig ist.

*

Liebe und Kunst umarmen nicht, was schön ist, sondern was eben dadurch schön wird.

*

Das Weib läßt sich keinen Beschützer gefallen, der nicht zugleich eine Gefahr ist.

*

Man kann eine Frau nicht hoch genug überschätzen.

*

Ein Literaturprofessor meinte, daß meine Aphorismen nur die mechanische Umdrehung von Redensarten seien. Das ist ganz zutreffend. Nur hat er den Gedanken nicht erfaßt, der die Mechanik treibt: daß bei der mechanischen Umdrehung der Redensarten mehr herauskommt als bei der mechanischen Wiederholung. Das ist das Geheimnis des Heutzutag, und man muß es erlebt haben. Dabei unterscheidet sich aber die Redensart noch immer zu ihrem Vorteil von einem Literaturprofessor, bei dem nichts herauskommt, wenn ich ihn auf sich beruhen lasse, und wieder nichts, wenn ich ihn mechanisch umdrehe.

Die Sprache tastet wie die Liebe im Dunkel der Welt einem verlorenen Urbild nach. Man macht nicht, man ahnt ein Gedicht.

*

Die Technik ist ein Dienstbote, der nebenan so geräuschvoll Ordnung macht, daß die Herrschaft nicht Musik machen kann.

*

Das sind die wahren Wunder der Technik, daß sie das, wofür sie entschädigt, auch ehrlich kaputt macht.

*

Was an einem einzigen Tage der letzten fünfzig Jahre gedruckt wurde, hat mehr Macht gegen die Kultur gehabt als sämtliche Werke Goethes für eine solche.

*

«Gottvoll» ist in mancher Gegend ein Superlativ von «komisch». Ein Berliner, der eine Moschee betrat, fand diese gottvoll.

*

Alle Stände neigen zum Fall. Aber wenn ein Bürger verkommt, so besteht Aussicht, daß aus ihm noch etwas wird, während, wenn ein Aristokrat auf dem Weg ist, ein nützliches Mitglied der menschlichen Gesellschaft zu werden, der Familienrat zusammentreten sollte.

Krank sind die meisten. Aber nur wenige wissen, daß sie sich etwas darauf einbilden können. Das sind die Psychoanalytiker.

*

Psychoanalyse ist jene Geisteskrankheit, für deren Therapie sie sich hält.

*

Ein guter Psycholog ist imstande, dich ohneweiters in seine Lage zu versetzen.

*

Infantile, die seit damals nur das Beten verlernt haben, werden von Analytikern ins Gebet genommen. Am Ende können sie wieder beten: Erlöse uns von der Analyse!

*

Der Historiker ist nicht immer ein rückwärts gekehrter Prophet, aber der Journalist ist immer einer, der nachher alles vorher gewußt hat.

*

Die ganze Menschheit befindet sich bereits der Presse gegenüber im Zustande des Schauspielers, dem ein unterlassener Gruß schaden könnte. Man wird preßfürchtig geboren.

*

Steht die Kunst tagsüber im Dienste des Kaufmanns, so ist der Abend seiner Erholung an ihr gewidmet. Das ist viel verlangt von der Kunst, aber sie und der Kaufmann schaffen es.

Wie wird die Welt regiert und in den Krieg geführt? Diplomaten belügen Journalisten und glauben es, wenn sie's lesen.

*

Das Übel gedeiht nie besser, als wenn ein Ideal da-
vorsteht.

*

Ich kannte einen Hund, der war so groß wie ein
Mann, so arglos wie ein Kind und so weise wie ein
Greis. Er schien so viel Zeit zu haben, wie in ein
Menschenleben nicht geht. Wenn er sich sonnte
und einen dabei ansah, war es, als wollte er sagen:
Was eilt ihr so? Und er hätte es gewiß gesagt, wenn
man nur gewartet hätte.

*

Wenn Tiere gähnen, haben sie ein menschliches
Gesicht.

*

So würdig wie das Pferd die Schmach, erträgt sein
Herr die Würde nicht.

*

Die Undankbarkeit steht oft in keinem Verhältnis
zur empfangenen Wohltat.

*

Pedanterie ist ein Zustand, an dem sich entweder
der Mangel entschädigt oder die Fülle beruhigt.
Wie Perversität ein Minus oder ein Plus ist. Hinter

dem Pedanten steht zuweilen ein Phantast, der Stützpunkte sucht, um es so recht sein zu können. Pedant ist nicht nur, wer im Außen lebt, sondern auch einer, der sich außen schützt, um sich besser zu verlieren.

*

Das Unverständliche in der Wortkunst – in den anderen Künsten verstehe ich auch das Verständliche nicht – darf nicht den äußeren Sinn berühren. Der muß klarer sein, als was Hinz und Kunz einander zu sagen haben. Das Geheimnisvolle sei hinter der Klarheit. Kunst ist etwas, was so klar ist, daß es niemand versteht. Daß über allen Gipfeln Ruh' ist, begreift jeder Deutsche und hat gleichwohl noch keiner erfaßt.

*

«Das Leben geht weiter». Als es erlaubt ist.

*

Kindspech ist eben das, womit man auf die Welt kommt.

*

Ein dick aufgetragener Vaterstolz hat mir immer den Wunsch eingegeben, daß der Kerl wenigstens Schmerzen der Zeugung verspürt hätte.

*

Mein Unbewußtes kennt sich im Bewußtsein eines Psychologen weit besser aus als dessen Bewußtsein in meinem Unbewußten.

Nein, der Seele bleibt keine Narbe zurück. Der
Menschheit wird die Kugel bei einem Ohr hinein-
und beim andern herausgegangen sein.

*

«Den Weltmarkt erobern»: weil Händler so sprachen, mußten Krieger so handeln. Seitdem wird
erobert, wenngleich nicht der Weltmarkt.

*

Eine Heimat zu haben, habe ich stets für rühmlich
gehalten. Wenn man dazu noch ein Vaterland hat,
so muß man das nicht gerade bereuen, aber zum
Hochmut ist kein Grund vorhanden, und sich gar
so zu benehmen, als ob man allein eines hätte und
die andern keins, erscheint mir verfehlt.

*

Krieg ist zuerst die Hoffnung, daß es einem besser
gehen wird, hierauf die Erwartung, daß es dem andern schlechter gehen wird, dann die Genugtuung,
daß es dem andern auch nicht besser geht, und hernach die Überraschung, daß es beiden schlechter
geht.

*

Kriege und Geschäftsbücher werden mit Gott geführt.

*

Geduld, ihr Forscher! Die Aufklärung des Geheimnisses wird durch dieses selbst erfolgen.

EGON FRIEDELL

(1878–1938)

DER GOLDENE BODEN

In jedem solid und kundig geübten Handwerk liegt etwas, das zur Verehrung, ja zur Bewunderung herausfordert. Um einen Schrank, einen Rock, eine Uhr wirklich gut zu machen, dazu gehört eine gewisse Sittlichkeit: Achtung vor dem gottgeschaffenen Material, Selbstzucht, Nachdenken, treue Hingabe an die Sache, Sinn für das Wesentliche. Ein Meister ist allemal etwas sehr Schönes, ob er einen Schuh macht oder einen Dom.

*

Das Leben ist für den Alltagsmenschen ein wissenschaftliches Problem, für das Talent ein künstlerisches und für das Genie ein religiöses.

*

Jede neue Wahrheit beginnt als Anachronismus; sie wird erst langsam wahr. Es braucht immer eine gewisse Zeit, bis ihre Tiefe heraufsteigt, nach oben kommt und sichtbar, das heißt: oberflächlich wird.

KURZUM

Es gibt eine bestimmte, ziemlich kleine Zahl von unveränderlichen Wahrheiten. Aber die Stellung, die die einzelnen Menschen zu diesen Wahrheiten einnehmen, ist eine recht verschiedenartige. Der Durchschnittsmensch *zweifelt sie an*. Das Talent macht den vergeblichen Versuch, *sie zu vermehren*. Und das Genie *wiederholt sie*.

*

MAN MUSS SICH SELBST MYSTERIUM SEIN

So vieles auch die Menschen unterscheidet, es gibt doch nur eines, was sie wahrhaft im Range und in der Tiefe unterscheidet: nämlich dies, ob sie sich als Schale eines ihnen selbst fremden und unbekannten Kerns fühlen, als Ausstrahlung einer geheimnisvollen, ja feindlichen und furchterregenden Kraft.

*

AUFGABE DES MENSCHEN

Steuermann seines Narrenschiffes zu sein.

*

Ein kluger Mensch wird schon aus Egoismus bescheiden sein. Er schützt sich damit vor seinem perfidesten Gegner: vor sich selbst.

Artige Verbeugungen machen, nicht mit dem Messer essen, seine Karte abgeben – das ist noch nicht Wohlerzogenheit. Die Seele seines Mitmenschen bekommen, für drei Stunden seine Melancholien, seine Idiosynkrasien, seine Schulden, seinen Ehrgeiz, seine Krankheiten haben: das heißt wohlerzogen sein.

*

Es wäre der größte Leichtsinn, Schulden zu machen, wenn man die Absicht hätte, sie zu bezahlen.

*

Was das Gymnasium wert ist, sieht man weniger an denen, die es besucht haben, als an denen, die es *nicht* besucht haben.

*

Es gibt Menschen, die selbst für Vorurteile zu dumm sind.

*

«Das Genie schöpft aus dem Vollen.» Aber das ist nicht das Wesentliche, denn aus einem gewissen Reichtum und Überreichtum seiner Persönlichkeit schöpft jeder irgendwie begabte Mensch. Vielmehr zeichnet sich das Genie dadurch aus, daß es nicht der Sklave seines Reichtums ist, sondern aus seiner Fülle immer nur genau so viel schöpft, als es gerade für den gegebenen Zweck braucht, und nicht bemüht ist, in jede Sache, die es macht, alle seine Qualitäten und Künste hineinzustopfen.

Es gibt vielleicht viele unverstandene *Talente,* aber
ein unverstandenes Genie ist nicht denkbar, wenigstens auf die Dauer nicht. Denn «Talent» ist immer
irgend eine hypertrophisch entwickelte und darum schwer verständliche Einzelbegabung, und man
muß selber eine Dosis von demselben Talent besitzen, um es erfassen zu können. Das Genie dagegen
hat in jedermann einen Freund und Versteher, weil
es ein Stück von jedem Menschen enthält. Darum
ist auch das Talent eindeutig und das Genie viel-
deutig.

*

Ein Dichter ist ein Mensch, der für sich nur noch
eine einzige Privatangelegenheit anerkennt: die Sache der Menschheit.

*

Alle berühmten Bücher sind gut, und fast alle guten Bücher sind berühmt, wenn es auch manchmal
einige Zeit dauert, bis sie es werden; und die Klage,
daß es so viele unbekannte Talente gebe, stammt
fast immer von Menschen, die bloß unbekannt
sind. Alles Gute, Wertvolle hat die innere Tendenz,
sich den Menschen mitzuteilen, es greift infolge
eines, man möchte fast sagen: physikalischen Naturgesetzes um sich. Ein Mensch fasse irgendwo,
in irgend einem Winkel der Erde einen neuen,
schönen und tiefen Gedanken, und dieser Gedanke
wird sich so sicher und unwiderstehlich ausbreiten
wie Gas.

Alle echten Dichtungen sind schöne Rätsel und wollen gar nichts anderes sein. Der Dichter unterscheidet sich von den übrigen Menschen dadurch, daß er die Bewegungen des Lebens in ihrem ganzen Reichtum und in ihrer ganzen Tiefe spürt. Aber man darf nicht vergessen, daß er eben darum der einzige Mensch ist, der sich niemals einbildet, das Leben zu verstehen.

*

ER WEISS ES NUR NICHT

Die Kunst ist keine Sache der seltsamen und ungewöhnlichen Erlebnisse. Was den Dichter befruchtet, ist weit mehr das kleine Leben des Alltags als die großen Abenteuer. Außerdem hat fast jeder Mensch eine Menge von höchst absonderlichen Dingen erlebt, nur hat er es nie gemerkt. Der Philister weiß nicht, daß er in einer Welt von lauter Originalen lebt und daß sein ganzes Dasein ein höchst abenteuerliches, phantastisches Märchen war. Er wartet immer auf Feen und Drachen, aber die Feen und Drachen sind da, nur inkognito. Noch weniger ist ihm bekannt, daß er selbst im Grunde eine höchst merkwürdige, verwickelte, singuläre Persönlichkeit ist. Er erfährt nie die Wahrheit über sich. Man möchte solchen Menschen nur wünschen, daß sie einmal an einen Dichter kämen, der ihnen ihren Charakter erklärte. Aber sie würden ihm wahrscheinlich nicht glauben und sich denken: «Er ist ein Dichter.»

IMAGINÄRER DIALOG

Einem berühmten Dichter sagte einer seiner Verehrer: «Ich wundere mich jedesmal von neuem
über die auserlesene Liebenswürdigkeit und Güte,
mit der Sie allen Menschen, auch Briefträgern,
Droschkenkutschern und Lohndienern begegnen.»
Darauf sah ihn der Dichter ganz erstaunt an und
sagte: «Ja was wäre denn der Unterschied zwischen uns und den anderen, wenn wir nicht ein bißchen liebevoller und teilnehmender wären?»

*

Ideales Ballgespräch: Gnädigste sind, wie alle
Frauen, anders als die anderen Frauen.

*

Ich verstehe nicht, wie man homosexuell sein
kann. Das Normale ist doch schon unangenehm
genug.

*

JUPITER ODER: ARS AMANDI

Wenn Jupiter liebte, so kam er als Stier, als Goldregen, als Singschwan oder als Wolke.

Und er wurde geliebt, denn die Frauen lieben die
Stiere, die Goldregen, die Singschwäne und besonders die Wolken.

Aber niemals kam er als Jupiter ...

GUSTAV RADBRUCH

(1878–1949)

Die Rechtsordnung sorgt, daß der Mensch seine Augen nicht unablässig wie Wachtposten aussenden müsse, sondern sie manchmal unbesorgt zu den Sternen und den blühenden Bäumen, zu der Notwendigkeit und Schönheit des Daseins erheben könne.

*

In der Sitte gebieten alle jedem Einzelnen, im Rechte ein einheitlicher Wille allen – in der Sittlichkeit jeder nur sich selbst.

*

Man kann es nicht vermeiden, sich gemein zu machen mit dem, mit welchem man handgemein wird, der Verteidigung wird ihre Weise durch den Angriff vorgeschrieben: so wird die Art des Rechts durch das Unrecht notwendig bestimmt, das Recht als ein bestenfalls relativ Gutes mit dem Unrecht zusammen in einer Sphäre gemeinsamer Sündigkeit unlösbar verstrickt.

Die Sprache des Gesetzes wird niemals der Sprache der Zeitung, des Buches, des Verkehrs gleichen können. Sie ist eine knappe Sprache, die kein Wort zuviel sagt, eine barsche Sprache, die befiehlt, ohne zu begründen, eine kalte Sprache, die sich niemals erregt, und in allen diesen Eigentümlichkeiten so berechtigt wie nur irgendeine andere Stilform.

*

Von der Gerechtigkeit gilt, was von der Wahrheit gilt: Es ist zwar nicht das Zweckmäßige wahr (wie der Pragmatismus meint), aber das Wahre, gerade wenn es sich ohne Rücksicht auf irgendeinen Zweck entfalten kann, ist eminent zweckmäßig.

*

Je mehr Grenzen, um so mehr Grenzfälle, je mehr Grenzfälle, um so mehr Streitfragen, je mehr Streitfragen, um so mehr Rechtsunsicherheit.

*

Glaube niemand, mit Werten wie Sachlichkeit und Gesetzlichkeit die letzten Fragen des Rechts beantworten und der schwersten Probleme des Rechts Herr werden zu können. Sachlichkeit und Gesetzlichkeit genügen, solange die Staatsführung in anständigen Händen liegt. Wird aber, um mit Augustinus zu sprechen, der Staat zu einer großen Räuberbande, dann kann nur der Glaube an höhere Werte helfen, dann muß die heiße Flamme der Gerechtigkeit durch alle Rücksichten und Ängste hindurch schlagen.

Zu lieben und zu hassen sind wir zuständig, aber nicht, uns in Lob und Tadel über andere zu erheben. Strenge gegen sich selbst, Duldsamkeit gegen andere ist die Konsequenz der Freiheitslehre.

*

Liebe und Gnade weisen begriffsnotwendig die Forderungen der Gerechtigkeit von sich. Bedeuten sie doch Bejahung anderen Menschentums ohne Rücksicht auf seinen Wert, ohne Rücksicht auf Verdienst und Würdigkeit – ohne Rücksicht auf Gerechtigkeit.

*

Die Gnade ist dem Wunder innigst verwandt: wie dieses die Naturgesetze durchbricht, so durchbricht diese die Rechtsgesetzlichkeit, und beiden gemeinsam ist jene Wirkung, die ein großes unverdientes Glück auf jeden übt, der solcher Ansprache fähig ist.

*

Es läßt sich an den Zahlen der Statistik ablesen, daß die Strafrechtspflege mehr und mehr den Glauben an sich selbst, mehr und mehr ihr gutes Gewissen verliert. Alles das hat auch berechtigte Gründe, vornehmlich aber ist es auf das erschlaffte Wertbewußtsein in der Gesellschaft und damit auch im Richter zurückzuführen, darauf, daß, nach einem Worte Bismarcks, eine menschliche Kraft, die keine Rechtfertigung von oben in sich spürt, sich zur Führung des Richtschwertes nicht stark genug fühlt.

Jede Zeit hat die Verbrecher, die sie verdient.

*

Man hat das neue Strafrecht unter das Schlagwort gebracht: «nicht die Tat, sondern der Täter», man sollte sagen: nicht der Täter, sondern der Mensch.

*

Wer je auf der Anklagebank gesessen hat – sei es auf der Anklagebank des Strafgerichts – sei es auf der politischen Anklagebank der öffentlichen Meinung –, der hat erlebt, welche Verzerrung das Bild einer Tat und das Gesamtbild eines Lebens, aus dem sie gewaltsam herausgerissen wird, schon dadurch erfährt, daß sie eben in ihrer Vereinzelung und das Leben, dem sie entsprang, unter dem Aspekt dieser zufälligen Einzelheit ins Auge gefaßt wird.

*

Wenn Vergeltung Weckung des Schuldbewußtseins ist, so ist also gerade die Erziehungsstrafe auch Vergeltungsstrafe, nicht freilich Erziehung im Rahmen der Vergeltung, sondern Vergeltung als Mittel der Erziehung.

*

Auf die Verteidiger der Todesstrafe kann das Wort des Größten, der sie erlitt, nicht mehr Anwendung finden: sie wissen nicht, was sie tun.

Die Todesstrafe ist entbehrlich, sie ist gefährlich wegen der unvermeidlichen Gefahr eines Justizmordes und sie ist verabscheuenswert für jeden, dem das Leben heilig ist, auch das armseligste, gewiß nicht als der Güter höchstes, aber als die Stätte, die alle höchsten Werte in sich und aus sich zu entfalten vermag.

*

Demokratie ist gewiß ein preisenswertes Gut, Rechtsstaat aber ist wie das tägliche Brot, wie Wasser zum Trinken und wie Luft zum Atmen, und das Beste an der Demokratie gerade dieses, daß nur sie geeignet ist, den Rechtsstaat zu sichern.

*

Rechtsstaat ist für uns nicht nur ein politischer, sondern ein kultureller Begriff. Er bedeutet die Wahrung der Freiheit gegen die Ordnung, des Lebens gegen den Verstand, des Zufalls gegen die Regel, der Fülle gegen das Schema, kurz dessen, was Zweck und Wert ist, gegen das, was nur zweckmäßig und nur insoweit wertvoll ist.

*

Der Deutsche ist geneigt, wenn der erste Westenknopf falsch zugeknöpft ist, auch den zweiten, dritten und letzten im selben Sinn weiter zu knöpfen, die einmal gewählte Linie stur festzuhalten, nicht nur aus Folgerichtigkeit, sondern auch aus ästhetischem Bedürfnis nach der geschwungenen Kurve und der ungebrochenen Linie.

Deutsche Parteien haben die einfache Wahrheit noch nicht zu beherzigen vermocht, daß Regieren oder für eine Regierung verantwortlich sein heißt: *Wählerstimmen verlieren*. Die Kunst, ohne Risiko zu regieren, ist noch nicht erfunden. Unter der Herrschaft des Parlamentarismus müssen sich die Parteien auf das Wechselspiel einstellen: regieren und Stimmen verlieren, opponieren und die Stimmenzahl wiederherstellen.

*

Wie oft muß man von jungen Menschen statt aller Beweise hören: «Wir jungen Menschen sind so oder so eingestellt.» Die Jugendbewegung hat die alte Generation gelehrt, daß Alter kein Argument ist. Es ist an der Zeit, der Jugend zu sagen, daß ebensowenig Jugend ein Argument ist.

*

Wie tief verschieden von der Jugend der jetzt Fünfzigjährigen ist die gegenwärtige Jugendgeneration! *Wir* hatten eine beinahe krankhafte Furcht, uns weltanschaulich zu binden, die unbegrenzte Fülle der Möglichkeiten gegen eine begrenzte Wirklichkeit dahinzugeben. Das bedeutete für die jungen Menschen von damals weltoffene Bildungsmöglichkeiten, konnte für den Alternden, der nicht darüber hinauskam, nihilistische Boheme bedeuten. Die heutige Jugend hat auf jene weltoffene Bildungsmöglichkeit Verzicht geleistet, sie kann sich nicht früh genug festlegen. Wenn so ein junger

Mensch sich in die Brust wirft: «Ich bin Marxist», «ich bin Nationalsozialist», ist man immer versucht, mit der Frage zu antworten: «Und was bist du sonst?»

*

Keine politische Anschauung ist beweisbar, keine widerlegbar. Weil keine politische Anschauung beweisbar ist, ist sie von jeder andern Anschauung aus zu bekämpfen. Weil keine politische Anschauung widerlegbar ist, ist sie von jeder andern Anschauung aus zu achten. Entschiedenheit der eigenen Stellungnahme und Gerechtigkeit gegen die fremde Stellungnahme sind die beiden Grundsätze des politischen Kampfes. Der Deutsche aber hält die eigene Überzeugung für eine unfehlbare politische Offenbarung, und deshalb ist für ihn der politische Gegner entweder Tor oder Verbrecher.

*

«Politik verdirbt den Charakter.» Nein: Politik erprobt den Charakter. Wer im Bereiche der Politik, in dem so vieles für erlaubt gilt, was im Privatleben unerlaubt wäre, keine weitherzigere Moral kennt als im Privatleben, dessen Charakter hat sich an der Politik bewährt.

*

Die politische Wahl ist nicht ein Glaubensbekenntnis, sondern ein Beitrag zur Regierungsbildung. Man kann diese Selbstverständlichkeit nicht oft genug wiederholen.

Ich habe stets gefunden, daß der Akademiker als solcher zur Politik nicht besser, vielmehr im Durchschnitt schlechter befähigt war, als der durch Partei und Gewerkschaft geschulte Arbeiter.

*

Kameradschaft ist nicht eine unmittelbare Beziehung zwischen Mensch und Mensch, sondern das Verbundensein durch ein Drittes, durch eine gemeinsame Sache, eine gemeinsame Arbeit, einen gemeinsamen Kampf, durch eine Gemeinschaft, der beide gleichzeitig angehören. Während Liebe immer nur Nächstenliebe sein kann, freilich mit der schönen, aber unerfüllbaren Forderung verbunden, daß jeder unser Nächster sein soll, ist Kameradschaft Fernstenliebe.

*

Der Weg des Menschen ist zwischen Abgründen ein messerscharfer Grat, die Würde des Menschen, auf diesem Grat des Widerspruchs sehenden Auges ohne Schwindel zu schreiten.

*

Urquell kulturellen Schaffens bleibt die Persönlichkeit und ein menschliches Grundrecht, das freilich keine Verfassung bisher verbrieft hat, das Recht auf Einsamkeit.

*

Indem wir in der Sache aufgehen, fühlen wir uns erlöst von unserem Selbst und doch erst befreit zu unserem tiefsten Selbst. Niemals ist der Mensch liebenswerter, als wenn er fröhlich ist in seiner Arbeit. Aber nicht nur die Freude, auch der tiefe Ernst eines ganz sachhingegebenen Arbeitsgesichtes ist schön – schön, weil wir in ihm mit Augen sehen, wie eine überpersönliche Ordnung über die Einzelperson Gewalt, in ihr leibhaftig und sichtbar Gestalt gewinnt.

*

Wer mit allen seinen Kräften Persönlichkeit zu werden strebt, wird nimmermehr Persönlichkeit; wer aber schlicht und recht seine Arbeit tut, ohne dabei an sich selbst zu denken, der wird in seinem fertigen Werke beglückt die Züge seines Wesens wiederfinden.

*

Nur der Banause fühlt sich in jedem Augenblick als fraglos nützliches Glied der menschlichen Gesellschaft.

*

Das Subjekt in uns stirbt unrettbar an der Selbstbeobachtung, die es zugleich zum Objekt machen möchte.

*

Die Anziehungskraft, die alles Abnorme auf den Menschen übt, hat ihren Sitz nicht nur in jenen dunkeln Winkeln der Seele, wo sich Grausamkeit und Wollust begegnen, sondern kann auch jenem seelischen Expansionstrieb entspringen, den es wie auf die höchsten Gipfel und zu den äußersten Polen der Erde, so auch in die fernsten Grenzmarken des Seelenlebens treibt, als könne er sich mit ihnen erst des ganzen Umfanges menschlicher Möglichkeiten bemächtigen, der zwischen ihnen liegt.

*

Nächstenliebe mag auch in Gestalt der Güte einfältiger Herzen möglich sein, soziale Sittlichkeit setzt mit Notwendigkeit soziales Wissen voraus, Wissen eben um jene Fernwirkungen, die jede unserer Handlungsweisen an einem noch so fernen Punkte der Gesellschaft auf noch so entfernte andere auszuüben vermag. Deshalb ist in einer verwickelten Gesellschaft höchste Güte nur in Verbindung mit höchster Klugheit möglich: erst für sie kommt jenes christliche Wort voll zur Geltung: «Seid ohne Falsch wie die Tauben und klug wie die Schlangen.»

*

Es gibt kein besseres Mittel, das Gute in den Menschen zu wecken, als sie so zu behandeln, als wären sie schon gut.

*

Die Tragik, deren Wesen unüberwindliche Spannung ist, widerspricht dem letztendigen Optimismus des Vorsehungsglaubens, aber der Vorsehungsglaube ist wirklich bewährt nur bei denen, die immer wieder die Tragik unüberwindlich geglaubter Spannungen durchfühlt und durchlitten haben.

Religion steht jenseits des Gegensatzes von Gut und Böse, sie ist das tiefinnerste Gefühl, daß letzten Endes alles, was ist, auch gut ist – letzten Endes und trotzalledem und um so mehr, je tiefer man es zunächst als böse durchgelitten hat.

*

Wer einmal die Hand einer Mutter gesehen hat, die sich stützend und zärtlich hinter den kleinen und doch noch viel zu schweren Kopf ihres Säuglings legt, ganz groß neben dem kleinen, kleinen Köpfchen und unerschöpflich hilfreich – der weiß, was die Frommen meinen, wenn sie von Gottes Hand sprechen.

*

Die christliche Ethik selbst verlangt vom Menschen nicht das Übermenschliche, sondern nur das Menschliche, wenn sie fordert, den Nächsten zu lieben wie sich selbst, und setzt damit ein Mindestmaß von Sicherung der Selbsterhaltung, also auch die zu diesem Zwecke erforderlichen rechtlichen Einrichtungen stillschweigend voraus. Nur wenn dem Triebe der Selbsterhaltung wenigstens zu einem Teile Genüge geschehen ist, kann der Antrieb zur Nächstenliebe überhaupt ins Bewußtsein treten.

*

Unter den vier Kardinaltugenden ist das Maß – wir können auch sagen: die Geduld. Jedenfalls sollte man die Ungeduld zu den Kardinallastern rechnen. Sie ist recht eigentlich eine Todsünde.

Ungeduld ist Unfähigkeit, die Vorläufigkeit irgendeines Zustandes zu ertragen – Leiden an der Vergänglichkeit, Drang zum Endgültigen. Aber es gibt nur ein Endgültiges – das ist der Tod. Und so ist Ungeduld Drang zum Tode – recht eigentlich eine Art langsamen Selbstmordes, fortdauernden Lebensmordes.

*

Geduld aber gewinnt dem Vergänglichen Dauerwert ab, sie hält den flüchtigen Augenblick fest, sie gewinnt den Sieg über die Zeit, weil sie keine Angst hat, Zeit zu verlieren, sie ist an jeder Stelle des Weges zugleich am Ziel und genießt in der Arbeit schon das Werk, das werden soll. Sie ist Gleichgewicht, Glaube, Vertrauen. Sie hat den persischen Teppich geschaffen und den gotischen Dom. Sie ist die sanfte Mutter der Kultur.

*

Glaube niemand, daß es ihm gelingen werde, durch Teilnahme am Bösen Schlimmeres zu verhüten. Dies Experiment ist oft genug gemacht worden und oft genug mißlungen, ist auch oft genug ein bloßer Vorwand feiger Nachgiebigkeit gewesen.

*

Nur wer die Sitte achtet, ist Gentleman, wer sie nur äußerlich «mitmacht», aber Parvenu.

Die Gescheitheit ist voll fröhlichen Selbstgefallens und voll guter Laune. Der Gescheite bringt Frohsinn ins Haus wie die Kerze Licht in die frostige Dämmerung. Er nimmt den Dingen ihr Gewicht und dem Leben seine Schwere.

*

Halbbildung bedeutet nicht Teilbildung, sondern Stückbildung. Der Halbgebildete hat auf einem zufälligen Gebiete beträchtliche Kenntnisse angesammelt, ohne um ihre Grenzen und Zusammenhänge zu wissen, ohne ihren Platz in einem Weltbild zu kennen, ohne sie als selbstverständlichen Besitz in Fleisch und Blut seiner Persönlichkeit aufzunehmen. Sein Wissen ist seiner Seele ein Fremdkörper geblieben, es steckt ihm wie ein Kloß im Hals.

*

Es gilt, durch die heitere Bewegung des Denkens alles Unbewußte und Ungewußte in eitel Bewußtheit umzusetzen, in lauter frohe und behende Schlankheit der Seele. Es gibt ein wunderschönes deutsches Wort: «aufgeräumt». Wir nennen einen heiteren Menschen aufgeräumt, weil wir wissen, was ihn so heiter macht: die Ordnung, die Wissen und Denken in seiner Seele geschaffen haben.

*

Unser Geist liebt es, sich in das Gewand der Sinnlichkeit zu verbergen, um dann, wie der verkleideten Schönen ihr Spiegelbild, fremdvertraut sich

selbst entgegenzukommen, und wo er auf diesem
Umwege durch die ganze Welt zurück zu sich selber die seelenlose Wirklichkeit berührt, da wird sie
sinndurchleuchtetes Symbol.

*

Man erlebt Stunden, wo man das Altbekannte, das
Bedeutungsloseste mit neuen Augen betrachtet,
und was einen grämlich und gelangweilt bisher ansah, strahlt dich dann plötzlich fremdvertraut mit
einem bezaubernden Lächeln an, dem ein beglük-
kendes Geheimnis auf kaum noch geschlossenen
Lippen zu schweben scheint. Das ist das Staunen,
das die Dichter macht und die Philosophen, der un-
befangene Kinderblick, der die alte Welt in jedem
Augenblick verjüngt.

*

Nur zu oft war vor und während des Krieges der
Professor die Trompete, die von selbst zu tönen
meinte und nicht wußte, daß und von wem sie ge-
blasen wurde – nichts ist gutgläubiger als ein Professor außerhalb seines Fachwissens.

*

Nicht nur der Mensch hat seine Würde, ihre Würde
hat auch die Sache. Der Mensch nützt nicht nur die
Sache, die Sache verlangt ihrerseits etwas vom
Menschen, verlangt, ihrem Werte gemäß geschont
und gepflegt, genützt und genossen zu werden,
verlangt mit einem Worte: Liebe.

Lampenfieber schadet nichts, Lampenfieber vorher muß sogar sein, es setzt sich während des Vortrages in Temperament um.

*

Wer einen Beruf zu treiben gezwungen ist, der ihm nur Handwerk sein kann, der sollte auch wirklich ein Handwerk wählen: denn jeder geistige Beruf, so gemißbraucht, rächt sich furchtbar.

*

Der verfehlte Beruf ist die größte Sünde, recht eigentlich die Sünde wider den heiligen Geist – wider den eigenen dadurch verkümmerten, verkrüppelten und verrenkten Geist.

*

Das eigene Rechtsgefühl dem autoritativen Rechtsgefühl zu opfern; nur zu fragen, was rechtens ist, und niemals, ob es auch gerecht sei; möglicherweise der Ungerechtigkeit zu dienen in einem Berufe, der ohne Liebe zur Gerechtigkeit nicht freudig betrieben werden kann: das ist die Aufgabe und die Tragödie des Juristen.

*

Es gehört zum unaufgebbaren Wesen der Rechtswissenschaft, nur die einzelnen Bäume sehen zu wollen und nicht den Wald.

Das rechtliche Denken verlangt, daß man sich mit dem konkretesten Leben und doch wiederum nur mit seinen abstraktesten Umrissen beschäftige.

*

Die Untersuchungen über die juristische Methode häufen sich. Wie Menschen, die sich durch Selbstbeobachtung quälen, meist kranke Menschen sind, so pflegen aber Wissenschaften, die sich mit ihrer eigenen Methodenlehre zu beschäftigen Anlaß haben, kranke Wissenschaften zu sein; der gesunde Mensch und die gesunde Wissenschaft pflegen nicht viel von sich selbst zu wissen.

*

Der Ausleger kann das Gesetz besser verstehen, als es seine Schöpfer verstanden haben, das Gesetz kann klüger sein als seine Verfasser – es *muß* sogar klüger sein als seine Verfasser.

*

Wer Recht schaffen soll, muß rechtschaffen sein.

RUDOLF ALEXANDER SCHRÖDER

(1878–1962)

Grausam wird der Witz, wenn der Ausweg aus seinem Dilemma mitten durch das Herz des Gegners geht.

*

Warum ist in jedem geredeten Wort ein wenig schwarze Magie enthalten? Weil jedes geredete Wort zugleich das Gewand unseres Wissens und der Deckmantel unsres Nichtwissens ist.

*

Die Worte Fremdheit, befremdlich, befremdet gibt es in der besonderen Bedeutung, die wir ihnen zu geben vermögen, nicht in anderen Sprachen. Der Deutsche hat eigentlich immer schon die Klinke zum Jenseits in der Hand, wenn er sie ausspricht.

*

Wer jedes Wort auf die Spitze stellt, dem wird die Rede schwanken.

*

Rascher denken als sie schreiben, ja rascher denken als sie nachdenken können, ist eine Plage aller klugen Leute.

Unser Verhältnis zum Schönen ist in sehr deut-
lichem, ja in völlig unverkennbarem Maße ein ero-
tisches, wie denn überhaupt der Eros es ist, der das
Zünglein an allen Waagen der Welt ins Schwanken
bringt. Daß dieses erotische Verhältnis zum Schönen von der höchsten und «abstraktesten» Stufe bis
zur niedrigsten und umgekehrt gehe und gehen
müsse, kann nur den in Erstaunen setzen, der vergißt, daß das Schöne und die ganze in sein Gebiet
gehörende Begriffsverwandtschaft als Erscheinung
sowohl wie als Affekt durch die ganze Breite der
Welt gehe.

*

Was ist Wahrheit? Der Ruhezustand der Wirklichkeit. Was ist Wirklichkeit? Ewige Unruhe.

*

Mit nichts treibst du größere Verschwendung als
mit deinen Gedanken. Die meisten, die du denkst,
kannst du nicht brauchen, und die meisten, die du
gebrauchen könntest, bist du zu träg zu denken.

*

Einblick in die Absurdität der gesamten Welt ist
der Urgrund alles Humors. Sein Gegenpol ist Fröm-
migkeit.

*

Ein alter Irrtum in neuer Beleuchtung kann unter
Umständen den Dienst einer neuen Wahrheit tun.

Alles Wichtigste in der Welt geschieht *nebenbei*.
Beispiel: Christi Leben und Sterben.

*

Es wird nirgendwo so subtil über Gott geredet wie
in der Hölle.

*

«Ketzer». – Wenn ich das Wort höre oder lese,
kehrt sich mir der Magen um. Als wenn wir nicht
alle vor dem Geheimnis in der gleichen Lage wären.

*

Wer zuerst die landläufige, blasphemische Phrase
vom «lieben» Gott aufgebracht hat, verdiente noch
nachträglich gebrandmarkt zu werden.

*

Ob Christus in einem Kommunisten, einem Sozia-
listen oder einem Bürger sterbe, darauf kommt es
nicht an, ihr biederen Genossen. Daß er in ihm und
in jedem Einzelnen lebe und sterbe, darauf kommt
es allerdings an.

*

Zwischen dir und Gott steht niemals eine Erkenntnis oder eine Unkenntnis. Du kannst ihn weder
kennen noch nicht kennen.

Wenn man alt wird, wird man notgedrungen zum Interpreten und Kommentator seiner eigenen Jugend, das heißt man fängt an zu wissen, was man schon immer gewußt hat.

*

Unsere Hände und Füße sind in gewissem Sinne klüger als unser Verstand. Mit ihm allein würden wir weder gehen noch stehen können. – Wer dies eingesehen hat, der weiß auch, daß unter allen Torheiten menschlicher Erfindung die der Weltverachtung die törichteste sei.

*

Ablegung des Ekels ist vielleicht die schwerst zu erlernende Form der Demut. Aber wer seine Feinde lieben will, muß sie sich zu eigen machen.

*

«Liebe deine Feinde.» – So steht es geschrieben. Aber wir haben noch nicht einmal die Anfangsgründe der Lektion gelernt, die uns lehren soll, unsre Wohltäter zu lieben.

*

Lebe, wie wenn du schon gestorben wärest. Ein anderer Rat läßt sich nicht ersinnen.

*

Das höchste Glück und der tiefste Schmerz sind ohne Humor. Wo sie zu lächeln anfangen, haben Furcht und Hoffnung schon ihr Werk begonnen.

Wer Dreck anfaßt, besudelt sich. Jawohl. Aber wer überhaupt keinen Dreck anfassen will, wird im Schmutz umkommen.

*

Das Arge der Welt ist ohne weiteres aus der Tatsache zu ersehen, daß jeder Versuch, das Paradies auf Erden zu verwirklichen, zu einer Hölle auf Erden führt und führen muß, und zwar der Versuch im Großen wie im Kleinen, an der Allgemeinheit oder am Einzelnen.

*

Wo Geschichte fehlt, ist Chaos oder Schöpfung, wo Geschichte wird, ist Leben, wo Geschichte überwiegt, Verfall.

*

«Einer trage des andren Last.» Herrliches, abgrundtiefes Wort, Wort, das mit einem kaum spürbaren Ruck das schreckensvolle Geheimnis menschlicher Beziehungen in ein höheres Licht hebt, in dem das Aufeinanderangewiesensein aller sich als gottgewollte Harmonie kundtut. Davon, daß jeder die gleiche Last tragen solle wie der andere, steht nichts geschrieben, es wäre auch der bare Unsinn.

*

Es ist eins der lustigen Geheimnisse der Welt, daß alle Welt immerfort nach Gerechtigkeit schreit und Gnade meint.

Die Berge, die du nicht versetzen kannst, mußt du ersteigen. Da hilft dir niemand.

*

Die meisten Menschen – alle Anwesenden eingeschlossen – gehen mit ihrer Zeit um, wie der Verschwender mit seinem Vermögen, von dem er weiß, daß das Zusammenhalten seiner Reste nichts mehr helfen würde.

*

Geben und nehmen heißt es auf der einen Seite. Rauben und fahren lassen auf der anderen. Dazwischen steht, dem geheimnisvollen Bereich menschlicher Übereinkunft angehörig, der Vertrag.

*

Der ehrliche Dank adelt die schlechte Gabe. Der ehrliche Dank beschämt aber den leichtfertigen Geber.

*

Wahrheiten rangieren wie die Brillanten nach der Zahl ihrer Facetten.

*

Eine zur Schau getragene Gleichmut oder gar Gleichgültigkeit ist das wesentliche Element alles erzieherischen Erfolges. Wer erzogen wird, sollte niemals wissen, mit welchen Mitteln er erzogen wird.

So liegt denn auch in der Tatsache, daß man den
Lehrer – überhaupt den geistigen Arbeiter – im allgemeinen so dürftig entlohnt, weniger ein Element
der Mißachtung als vielmehr eines der – vielleicht
unbewußten – Hochschätzung und ein Kompli-
ment an seine postulierte Vollkommenheit. Man
wünscht ihn so selbstlos wie man ihn – mit Recht! –
fordert.

*

Jede Strafe, die kein Opfer der Eltern an ihre Kinder bedeutet, ist ein Machtmißbrauch.

*

Manche Gedanken tauchen wie Inseln aus dem
Meer unsres Seelenschlafes. Andre springen wie
fliegende Fische drüber hinweg.

*

Der Einfall kommt aus dem Licht. Die Vermutung
geht ins Licht.

*

Das Durchlaufen des Kreises bedeutet den Tod,
das Durchlaufen der Spirale das Leben.

*

Das Ungefähre ist die Luft des geistigen Lebens.
Sie zu reinigen, nicht sie aufzuheben, ist irdisches
Geschäft.

THEODOR HAECKER

(1879–1945)

Es gibt Schriftsteller, wahre Pechvögel, deren Federn zwar andere schmücken, aber sie selber nicht.

*

Der Ruhm der Welt vergeht wie ein Rauch. Das ist wahr. Aber auch das muß verwirklicht, realisiert werden. Das heißt, einer muß diesen Ruhm auch erwerben und haben und *dann* erkennen, daß er nichts ist und seine Seele leer läßt. Nur dann ist der Satz Wahrheit. Der Ruhmlose sagt nur halb die Wahrheit, halb ist es Lüge. Auch das Nichts in dieser Welt muß sozusagen einen Leib bekommen. Alle Wahrheit in dieser Welt muß einen Leib haben oder bekommen.

*

Wie traurig wäre das Alter, wenn nicht die Freude der Jungen wäre, an der es sich freuen kann. Aber auch das ist nur Schwermut ohne die Hoffnung auf das Heil.

*

Der eine meint, er sei an allem schuld, der andere, er sei überhaupt an nichts schuld. Beides ist verkehrt, aber der erste ist immerhin der Wahrheit näher.

Die unmittelbarste und die stärkste Einheit schafft nicht dasselbe Denken, nicht einmal dasselbe Wollen, sondern dasselbe Fühlen (dieselbe Memoria!), in und auf welchem Denken und Wollen ruhen, aus dem sie ausgehen, in dem sie ihre Spuren hinterlassen.

*

Wenn einer sieht, daß der andere die Dinge, über die er mit ihm redet, überhaupt nicht sieht, dann soll er mit dem Reden aufhören.

*

Wie zweideutig die Dinge sind, ein wie furchtbarer Unterschied sich durchzieht durch die ganze Welt! Wie kamen mir die Tränen, als ich zum ersten Male hörte, daß die Tränen abgetrocknet werden in der Ewigkeit. Alle! Wie trocken brannten meine Augen, als einer der SS erzählte, daß er Tränen gelacht habe über die letzten komischen Bewegungen, die einer machte, als er von Maschinengewehrkugeln getroffen wurde. Ist es dasselbe Wort?

*

Der Freiheit der Kinder Gottes entspricht eine Freiheit der Kinder Satans, nur daß diese von der ihrigen einen viel weiter gehenden Gebrauch machen als jene.

*

Das Wesen der modernen Diktatur ist die Verbindung des eindimensionalen, flachen Denkens mit der Gewalt und dem Terror.

Die Menschen, die «stille Wasser» sind, glauben oft schwer an die Vergebung der Sünden und bleiben trübe und werden den Schmutz nicht los. Die Menschen, die tätig, die «fließende Wasser» sind, glauben leichter daran.

*

Die Menschen sind rar geworden, die an einem Wort erforschen, wieviel Wahrheit in ihm ist. Die meisten Menschen interessiert nur, wieviel Wirkung in ihm ist.

*

Die große Täuschung, daß der Spott etwas nütze. Den gemeinen Menschen bessert er nicht, er erregt nur seinen unversöhnlichen Haß und seine Rachsucht. Den Edlen aber verletzt er unter Umständen tödlich.

*

Zum «Weisen» gehört in erster Linie das Schweigen und das Sprechen, denn da ist er dabei, und das ist wichtig für den Empfänger des Schweigens und der Rede. Erst in zweiter Linie kommt für ihn das Schreiben, denn da ist er für den Leser nicht mehr dabei, es sei denn, der Leser sei selber ein Weiser. Aber das ist selten.

*

Es gibt in der Tat Menschen, die wie ein Buch reden. Glücklicherweise gibt es zum Entgelt Bücher, die wie ein Mensch reden.

Kinder und junge Menschen haben von alten Leuten Vorstellungen, die diese selber nie haben. Der neunzigjährige Prinz Eugen sagte zu seinem ebenso alten Oberförster: wir fühlen uns doch noch ganz frisch, wir merken gar nicht, daß wir so alt sind. – Wir nicht, Königliche Hoheit, aber die andern, antwortete der weisere Oberförster.

*

Lügen haben ihre Zeit. Werden sie nach einer bestimmten Zeit nicht durch die Wahrheit vertrieben, dann durch eine andere und vielleicht größere Lüge; aber vertrieben werden sie.

*

Oberflächlich angesehen, scheint es dieselbe Sache zu sein, ob einer kein Wort findet, weil er keinen Gedanken hat, oder weil er einen zu großen, zu schweren, zu reichen hat. Aber es ist der Unterschied einer Welt zwischen beiden.

*

Ausgegangen muß werden von der *Gleichheit* der Menschen. Dann erst kann und muß von der Ungleichheit der Menschen gesprochen werden. Umgekehrt ist es eine gefährliche Sache, die praktisch zu den schlimmsten Katastrophen führt. Für den Christen ist diese These ganz klar.

*

Die den Dichter auszeichnende Gabe, sagen zu können, was er leidet, hat Grade und Stufen der Qualität; die höchste ist, mehr durch Nichtsagen

zu sagen als durch Sagen, also die rechte Mischung
mit dem Schweigenkönnen: Geheimnis der Weisheit und der Schönheit.

*

Kein Mensch liebt, betrogen zu werden, und jeder
hat mehr oder weniger Angst davor. Aber nur all-
zuoft geschieht es, daß diese Angst ihn um wertvolle Güter und Erlebnisse betrügt.

*

Gerechtigkeit ist als Maxime für das soziale Leben
weit besser als «Gleichheit, Freiheit und Brüder-
lichkeit». Wären von Natur alle Menschen gleich,
könnte ja das soziale Problem nicht allzu schwierig
sein. Und gewiß, sie sind gleich, und das ist das erste, aber sie sind auch ungleich, und hier beginnt
die Gerechtigkeit als Schwierigkeit.

*

Humor ist nicht ohne die Zeit denkbar; aber er gehört doch zu den Dingen, die auch nicht ohne die
Ewigkeit denkbar sind. Und das ist viel, denn die
meisten unserer Dinge gehören *nur* der Zeit an.
Humor ist schwer denkbar in der Ewigkeit, aber
auch Glaube und Hoffnung hören in ihr auf.

ROBERT MUSIL

(1880–1942)

Ein neuer Geist ist da? Es ist noch nicht lange her, daß diese Behauptung bloß ein Schlagwort von Künstlergruppen gewesen ist; heute bildet sie den Stolz von gedrillten Massen. Da möchte man wohl sagen: Geist bleibt immer das gleiche, auch noch in seinen Widersprüchen; aber die Lebenden haben bald mehr, bald weniger von ihm!

*

Die Menschheit gestattet sich überhaupt gerne in Ausnahmen, was sie sonst verbietet. So gilt es zum Beispiel als ein Zeichen schlechten Geschmacks, wenn nicht als eines der Dummheit, daß sich ein Mensch selbst lobt; wo Menschen aber als Masse, Partei, Glaubensgemeinschaft, Nation und ähnliches verbunden auftreten, loben sie sich schamlos. Sie loben sich, sobald sie «wir» statt «ich» sagen dürfen. Nur wir haben den rechten Willen, sind von Gott erleuchtet oder von der Geschichte berufen, ist noch das wenigste, was sie vorbringen; und sie halten das nicht nur für erlaubt, sondern noch für ein gutes Zeichen!

Bezeichnenderweise gilt in Zeiten, wo das überhandnimmt, der Dichter als überflüssig oder als Schwächling.

Sonniger Schriftsteller: Er lobt sich nicht selbst, aber er lobt die Güte des Herrn, die ihn geschaffen hat. Das ist seine Form der Eitelkeit.

*

Die Jugend überschätzt das Neueste, weil sie sich mit ihm gleichaltrig fühlt. Darum ist es ein zweifaches Unglück, wenn das Neueste zu ihrer Zeit schlecht ist.

*

In der Metaphysik der Musik sagt Schopenhauer, daß es in der Musik die ganze Welt noch einmal gebe. Alles lasse sich durch Musik sagen... «eine allgemeine Sprache, deren Deutlichkeit sogar die der anschaulichen Welt selbst übertrifft». Nur in dieser Sprache gebe es eine völlige Verständigung unter Menschen. – Hätte dieser große, ausnahmsweise optimistische Pessimist doch noch das Kino erlebt! Wie fesselnd wäre es, ihn darüber zu vernehmen, daß seine Argumente versehentlich auch auf dieses zugetroffen sind!

*

Was sagt Lichtenberg? «Mich dünkt, der Deutsche hat seine Stärke vorzüglich in Originalwerken, worin ihm schon ein sonderbarer Kopf vorgearbeitet hat; oder mit andern Worten: er besitzt die Kunst, durch Nachahmen original zu werden, in der größten Vollkommenheit.» Es ist rund hundertfünfzig Jahre her, seit dies geschrieben worden ist! Aber das bedeutet nicht Rasse, sondern Schicksal!

Der Erfolg eines Mannes bei einer Frau beginnt dann, wenn sie ihn bewundert, weil er drei große Stücke Torte zu essen vermag, oder wenn sie dazu lacht, daß er, während sich andere Männer erhitzen, bloß erklärt: «Ich habe dazu nichts zu sagen.»

*

Aus der Gesellschaft. Was läßt sich antworten, wenn eine Frau erzählt: «Früher wollte ich immer nach Asien, jetzt gefällt mir Afrika besser!»?

*

GIBT ES DUMME MUSIK?

Erst wenn von dem, was an ihr erlernbar und ablernbar ist, abgesehen wird, zeigt sich die Frage, ob Musik dumm sein könne, als nützlich. Dem einen erscheint es natürlich, weil es doch auch tiefe, ja gedankentiefe Musik gebe; dem andern aber unmöglich, weil es sinnlos sei, das Urteil «dumm» auf Form und Gefühl anzuwenden. Ein unschuldiger kleiner Kunstgriff sei beiden empfohlen, man drehe einmal die Frage um: Ist vielleicht die Dummheit musikalisch? Dauernde Wiederholungen, eigensinniges Beharren auf einem Motiv, Breittreten ihrer Einfälle, Bewegung im Kreis, beschränkte Abwandlung des einmal Erfaßten, Pathos und Heftigkeit statt geistiger Erleuchtung: ohne unbescheiden zu sein, könnte sich die Dummheit darauf berufen, daß dies auch ihre Lieblingseigenschaften sind! Aber, um versöhnlicher zu schließen: die Frage, ob eine große Göttin unter dem Arm kitzlich sei, ist keine für Neugierige, sondern eine für Liebhaber.

*

Es ist wohl auch so, daß sich die Menschen lieber fühlen als denken machen lassen. Ein Dichter, der ihr Denken angreift, regt gegen sich alle Kritik und die Widerstände auf, die das persönliche Überzeugungssystem des Lesers zusammenhalten.

*

Es ist das sicherste, einen Unsinn zu sagen: Irgendwann geschieht er!

Es genügt, eine Dummheit auf den Markt zu werfen.

*

Ich bin überzeugt, daß man mit der Kielfeder ein besseres Deutsch geschrieben hat als mit der Stahlfeder, und mit der Stahlfeder ein besseres als mit der Füllfeder. Wenn einmal das Parlophon ausgebildet sein wird, wird man überhaupt kein Deutsch mehr schreiben.

Das Seitenstück dazu: daß man schon heute bei Dummköpfen für einen klassischen Dichter gilt, wenn man bloß ein halbwegs postklassisches Deutsch schreibt. Ich will keine Beispiele nennen, aber täte ich es, so wiese ich auf Stössel, L. Frank und ... Joseph Roth hin.

Großschriftsteller: Zu diesem Gegenstand wäre auch die Steigerung der Auflageziffern zwischen 1890 und 1930 zu erheben. Dadurch wurde er wirtschaftliches Objekt. Heute muß der gute Schriftsteller wohl wieder in die Einsamkeit. Es ist vorderhand ein Nachruf.

*

Grausamkeit entsteht durch Domestikation. Der Trieb dient nicht mehr seinem naiven Zweck.

*

Der größte Gedanke, der noch in jedem Kopf Platz hat: die kleinste umfassende Idee.

*

Ich und Wir. Für den jungen Menschen ist zunächst nur die Gegenwart wichtig, die ganze Vergangenheit ist ein Friedhof. Statt ihm dessen Lebens- und Sterbedaten einzupauken, müßte man ihm erst begreiflich machen, daß sein wahres, heißes Leben dort ruht, unendlichmal dichter als in der Gegenwart.

*

Neuer Geist: Laßt euch nicht auslachen! Der Geist ist seit ? der gleiche, wenn auch seine Art, sich zu stellen, wechselt, nur hat der Einzelne mehr oder weniger von ihm!

*

Mehrmals gelesen: Das Phänomen, daß mir «Vanity fair» zweimal gefallen hat und ich es das drittemal trotz fehlender Erinnerung nicht lesen konnte?

Daß ich Lichtenberg ohne Interesse anlas und vier-
zehn Tage später verschlang? Gewiß, was daran
persönliche Zustände sind, das ist bald verstanden;
aber was ist objektiv, am Buch?

*

Man tut das, was man ist.
Man wird das, was man tut.

*

Wenn man jemandem eine Sache erzählt, schwelgt
man als anständiger Mensch auch nicht in den
Stimmungen, sondern man sucht sie ihm begreiflich zu machen.

HANS ALBRECHT MOSER

(1882–1978)

Nicht was einer über sich sagt, sondern wie einer sich gibt, zeigt, wofür er sich hält.

*

Der wahrhaft originale Geist hat eine besondere, nur ihm eigentümliche Art, die Dinge anzuschauen; während das sogenannte «Original» bloß eine absonderliche Auswahl unter den Dingen trifft.

*

Unter ärmlich Gekleideten gut gekleidet zu erscheinen ist genierlicher, als unter gut Gekleideten ärmlich gekleidet zu erscheinen.

*

Mit den guten Manieren verhält es sich umgekehrt wie mit den Kleidern: damit sie gut sitzen, müssen sie täglich gebraucht werden.

*

Unsere Lesefrüchte müssen immer eine Weile gelagert haben, bevor wir sie zeigen dürfen. Ein Wissen von heute imponiert nicht.

Der große Mann unterscheidet sich vom bloß geistreichen Mann auch darin, daß er den Mut hat, notwendige Trivialitäten zu sagen.

*

Nirgends so sehr wie in der Politik kommt es nicht
nur darauf an, was einer sagt, sondern wer etwas
sagt. Nur das erklärt die erstaunliche Beachtung,
die oft die trivialsten Aussprüche prominenter politischer Persönlichkeiten finden, Aussprüche, die
sich wohl diese Persönlichkeiten, aber nie ein un-
bekannter Schriftsteller leisten dürfte.

*

Die Stärke der öffentlichen Meinung ist nie die
Meinung – die ist gerade immer ihre Schwäche –,
sondern die Schwierigkeit oder gar Unmöglichkeit, sie zu widerlegen.

*

Wir müssen die Folgen unserer Taten tragen, nicht
nur die Folgen unserer schlechten Taten, sondern
auch die Folgen unserer edlen Taten – was zuweilen schwerer ist.

*

Wir pflegen die Grobheit, die wir einem Menschen
sagen, damit zu entschuldigen, daß es die Wahrheit
gewesen sei. Mein Freund, die Wahrheit ist nie
grob. Ganz, ganz vorsichtig stellt sie sich hin und
versucht zu sein.

Reichtum erschwert uns den Weg zu Gott; sonst läßt sich über den Reichtum nur Gutes sagen.

*

Ein Dieb, der gestohlenes Gut freiwillig zurückgibt, gilt fast als ein nobler Mann.

*

Wir nehmen ernst, was spielerisch zu nehmen über unsere Kraft geht.

*

Schwere Naturen dürfen sich nie auf einen leichten Lebenswandel einlassen. Denn sie nehmen auch das leichte Leben viel zu schwer und gehen dabei zugrunde.

*

Es ist gefährlich, aus Eitelkeit vornehmer zu handeln, als man ist. Denn die Vornehmheit hat Konsequenzen, die zu tragen die Eitelkeit zu schwach ist.

*

Kein Aufstieg ohne Treulosigkeit. Sie wird dem zum Verhängnis, dem der Aufstieg nicht gelingt.

*

Seit die soziale Frage im Mittelpunkt aller Fragen steht, sind über der Armut die Sterne erloschen. Seither ist der Arme bloß nicht reich, weiß nichts mehr von den Gütern, die am ehesten erwirbt, wer arm ist.

Wenn du einen großen Geist über die Dummheit der Welt lächeln siehst, dann lächle sein Lächeln nicht mit. Denn die Dummheit der Welt fängt bei ihm anderswo an als bei dir.

*

Die bei der Jugend mit jeder entscheidenden Erfahrung verbundene Wichtigtuerei ist für das Alter, das heißt für den Menschen, der gelernt hat, die Dinge im Durchgang zu erleben, das eigentlich Ermüdende an der Jugend.

*

Das Paradoxe unserer Situation besteht darin, daß wir ein leichtes Leben anstreben und dabei wissen, daß uns nur die Überwindung von Schwierigkeiten eigentlich weiterbringt.

*

Es ist schön, wenn der Einzelne zugunsten der Mehrheit verzichtet; aber noch schöner ist es, wenn die Mehrheit zugunsten des Einzelnen verzichtet.

*

Je ernster eine Feier ist, desto weniger vertragen wir eine originelle Aufmachung. Nur strenge Einhaltung der Konvention kann hier die Unvermeidbarkeit der äußeren Aufmachung vergessen machen. Originalität lenkt vom Ernst des Anlasses ab und zieht den Ernst der Veranstalter in Zweifel.

Jemand erzählte mir begeistert, man könne jetzt einen gewissen Gipfel unserer Berge, zu dessen Besteigung man früher von der Talsohle aus sieben Stunden benötigte, in einer Stunde erreichen. Ich antwortete ihm, ich könne ein Adagio von Beethoven, dessen Spieldauer etwa zehn Minuten beträgt, in einer Minute bewältigen.

*

Die Grazie ist eine der köstlichsten Zierden des Menschen, bei Kindern oft, bei Erwachsenen selten zu finden. Beim Weib wird sie zerstört durch ihre allzu bewußte Schwester, die Koketterie, beim Mann durch die Dicke seines Selbstbewußtseins.

*

Je leichter man den Menschen verzeiht, desto weniger erwartet man von ihnen.

*

Weder die Luft noch die Seele kann man sehen; aber beider Widerstand bekommt man zu spüren.

*

Man kennt zu viele Menschen, mit denen man nicht redet, weil man sich etwas zu sagen hat, sondern weil es Sitte ist, mit Menschen zu reden, die man kennt.

*

Wenn uns ein sympathischer Mensch einen erwarteten Dienst nicht erweist, so ist die Enttäuschung darüber noch immer leichter zu ertragen als die

Verlegenheit, in die wir geraten, wenn uns ein un-
sympathischer Mensch einen unerwarteten Dienst
erweist.

*

Es gehen mehr Menschen an zu viel als an zu wenig
Freiheit zugrunde. Also stellt sich die Frage, was
wichtiger sei: die Freiheit oder die Menschen, die
an ihr zugrunde gehen. Ich glaube, die Freiheit.

*

Was sind das für Bräuche, die gar nicht mehr gebraucht, sondern gepflegt werden müssen!

*

Rechne bei den Menschen nur mit Gier und Angst,
nicht mit sittlichen Beweggründen. Dann wirst du
an ihnen nie eine Enttäuschung erleben, aber vielleicht einmal eine Überraschung.

*

Zu Menschen, die zugeben, was sie nicht wissen, kannst du Vertrauen haben. Die Allwissenden
mußt du meiden.

*

Das Leben hat es wie die Hunde: es liebt die nicht,
die Angst vor ihm haben.

*

Was die Menschen über einander zu sagen haben,
ist nie richtig und selten interessant. Aber es gibt

ein nicht ausdrückbares Wissen über einander, das sich im Verhalten kundgibt. Das ist immer interessant und zuweilen richtig.

*

Halte dich in allen Dingen fern von der Menge, nur im Gebet vereinige dich mit ihr.

FRANZ KAFKA

(1883–1924)

Der wahre Weg geht über ein Seil, das nicht in der Höhe gespannt ist, sondern knapp über dem Boden. Es scheint mehr bestimmt stolpern zu machen, als begangen zu werden.

*

Es gibt zwei menschliche Hauptsünden, aus welchen sich alle andern ableiten: Ungeduld und Lässigkeit. Wegen der Ungeduld sind sie aus dem Paradiese vertrieben worden, wegen der Lässigkeit kehren sie nicht zurück. Vielleicht aber gibt es nur eine Hauptsünde: die Ungeduld. Wegen der Ungeduld sind sie vertrieben worden, wegen der Ungeduld kehren sie nicht zurück.

*

Ein erstes Zeichen beginnender Erkenntnis ist der Wunsch zu sterben. Dieses Leben scheint unerträglich, ein anderes unerreichbar. Man schämt sich nicht mehr, sterben zu wollen; man bittet, aus der alten Zelle, die man haßt, in eine neue gebracht zu werden, die man erst hassen lernen wird. Ein Rest von Glauben wirkt dabei mit, während des Transportes werde zufällig der Herr durch den Gang kommen, den Gefangenen ansehen und sagen: «Diesen sollt ihr nicht wieder einsperren. Er kommt zu mir.»

*

Wie ein Weg im Herbst: Kaum ist er rein gekehrt, bedeckt er sich wieder mit den trockenen Blättern.

*

Wenn es möglich gewesen wäre, den Turm von Babel zu erbauen, ohne ihn zu erklettern, es wäre erlaubt worden.

*

Leoparden brechen in den Tempel ein und saufen die Opferkrüge leer; das wiederholt sich immer wieder; schließlich kann man es vorausberechnen, und es wird ein Teil der Zeremonie.

*

Du bist die Aufgabe. Kein Schüler weit und breit.

*

Das Glück begreifen, daß der Boden, auf dem du stehst, nicht größer sein kann, als die zwei Füße ihn bedecken.

*

Wie kann man sich über die Welt freuen, außer wenn man zu ihr flüchtet?

Das Negative zu tun, ist uns noch auferlegt; das
Positive ist uns schon gegeben.

*

Wenn man einmal das Böse bei sich aufgenommen
hat, verlangt es nicht mehr, daß man ihm glaube.

*

Die Krähen behaupten, eine einzige Krähe könnte
den Himmel zerstören. Das ist zweifellos, beweist
aber nichts gegen den Himmel, denn Himmel bedeutet eben: Unmöglichkeit von Krähen.

*

Sein Ermatten ist das des Gladiators nach dem
Kampf, seine Arbeit war das Weißtünchen eines
Winkels in einer Beamtenstube.

*

Es gibt kein Haben, nur ein Sein, nur ein nach letz-
tem Atem, nach Ersticken verlangendes Sein.

*

Früher begriff ich nicht, warum ich auf meine
Frage keine Antwort bekam, heute begreife ich
nicht, wie ich glauben konnte, fragen zu können.
Aber ich glaubte ja gar nicht, ich fragte nur.

*

Einer staunte darüber, wie leicht er den Weg der
Ewigkeit ging; er raste ihn nämlich abwärts.

Nur unser Zeitbegriff läßt uns das Jüngste Gericht so nennen, eigentlich ist es ein Standrecht.

*

Noch spielen die Jagdhunde im Hof, aber das Wild entgeht ihnen nicht, so sehr es jetzt schon durch die Wälder jagt.

*

Lächerlich hast du dich aufgeschirrt für diese Welt.

*

Je mehr Pferde du anspannst, desto rascher geht's – nämlich nicht das Ausreißen des Blocks aus dem Fundament, was unmöglich ist, aber das Zerreißen der Riemen und damit die leere fröhliche Fahrt.

*

An Fortschritt glauben heißt nicht glauben, daß ein Fortschritt schon geschehen ist. Das wäre kein Glauben.

*

Im Kampf zwischen dir und der Welt sekundiere der Welt.

*

Es gibt nichts anderes als eine geistige Welt; was wir sinnliche Welt nennen, ist das Böse in der geistigen, und was wir böse nennen, ist nur eine Notwendigkeit eines Augenblicks unserer ewigen Entwicklung.

Die Sprache kann für alles außerhalb der sinnlichen Welt nur andeutungsweise, aber niemals auch nur annähernd vergleichsweise gebraucht werden, da sie, entsprechend der sinnlichen Welt, nur vom Besitz und seinen Beziehungen handelt.

*

Eine durch Schritte nicht tief ausgehöhlte Treppenstufe ist, von sich selber aus gesehen, nur etwas öde zusammengefügtes Hölzernes.

*

Wer der Welt entsagt, muß alle Menschen lieben, denn er entsagt auch ihrer Welt. Er beginnt daher, das wahre menschliche Wesen zu ahnen, das nicht anders als geliebt werden kann, vorausgesetzt, daß man ihm ebenbürtig ist.

*

Die Tatsache, daß es nichts anderes gibt als eine geistige Welt, nimmt uns die Hoffnung und gibt uns die Gewißheit.

*

Unsere Kunst ist ein von der Wahrheit Geblendet-Sein: Das Licht auf dem zurückweichenden Fratzengesicht ist wahr, sonst nichts.

*

Er ist ein freier und gesicherter Bürger der Erde, denn er ist an eine Kette gelegt, die lang genug ist, um ihm alle irdischen Räume frei zu geben, und doch nur so lang, daß nichts ihn über die Grenzen der Erde reißen kann. Gleichzeitig aber ist er auch ein freier und gesicherter Bürger des Himmels, denn er ist auch an eine ähnlich berechnete Himmelskette gelegt. Will er nun auf die Erde, drosselt ihn das Halsband des Himmels, will er in den Himmel, jenes der Erde. Und trotzdem hat er alle Möglichkeiten und fühlt es; ja, er weigert sich sogar, das Ganze auf einen Fehler bei der ersten Fesselung zurückzuführen.

*

Er läuft den Tatsachen nach wie ein Anfänger im Schlittschuhlaufen, der überdies irgendwo übt, wo es verboten ist.

*

Theoretisch gibt es eine vollkommene Glücksmöglichkeit: an das Unzerstörbare in sich glauben und nicht zu ihm streben.

*

Er frißt den Abfall vom eigenen Tisch; dadurch wird er zwar ein Weilchen lang satter als alle, verlernt aber, oben vom Tisch zu essen; dadurch hört dann aber auch der Abfall auf.

*

Die sinnliche Liebe täuscht über die himmlische hinweg; allein könnte sie es nicht, aber da sie das Element der himmlischen Liebe unbewußt in sich hat, kann sie es.

Wir sind nicht nur deshalb sündig, weil wir vom
Baum der Erkenntnis gegessen haben, sondern
auch deshalb, weil wir vom Baum des Lebens noch
nicht gegessen haben. Sündig ist der Stand, in dem
wir uns befinden, unabhängig von Schuld.

*

Wir wurden geschaffen, um im Paradies zu leben,
das Paradies war bestimmt, uns zu dienen. Unsere
Bestimmung ist geändert worden; daß dies auch
mit der Bestimmung des Paradieses geschehen wäre,
wird nicht gesagt.

*

Das Böse ist eine Ausstrahlung des menschlichen
Bewußtseins in bestimmten Übergangsstellungen.
Nicht eigentlich die sinnliche Welt ist Schein, sondern ihr Böses, das allerdings für unsere Augen die
sinnliche Welt bildet.

*

Ein Glaube wie ein Fallbeil, so schwer, so leicht.

*

Der Tod ist vor uns, etwa wie im Schulzimmer
an der Wand ein Bild der Alexanderschlacht. Es
kommt darauf an, durch unsere Taten noch in diesem Leben das Bild zu verdunkeln oder gar auszu-
löschen.

Nur hier ist Leiden Leiden. Nicht so, als ob die, welche hier leiden, anderswo wegen dieses Leidens erhöht werden sollen, sondern so, daß das, was in dieser Welt Leiden heißt, in einer andern Welt, unverändert und nur befreit von seinem Gegensatz, Seligkeit ist.

*

Wieviel bedrückender als die unerbittlichste Überzeugung von unserem gegenwärtigen sündhaften Stand ist selbst die schwächste Überzeugung von der einstigen, ewigen Rechtfertigung unserer Zeitlichkeit. Nur die Kraft im Ertragen dieser zweiten Überzeugung, welche in ihrer Reinheit die erste voll umfaßt, ist das Maß des Glaubens.

*

Manche nehmen an, daß neben dem großen Urbetrug noch in jedem Fall eigens für sie ein kleiner besonderer Betrug veranstaltet wird, daß also, wenn ein Liebesspiel auf der Bühne aufgeführt wird, die Schauspielerin außer dem verlogenen Lächeln für ihren Geliebten auch noch ein besonderes hinterhältiges Lächeln für den ganz bestimmten Zuschauer auf der letzten Galerie hat. Das heißt zu weit gehen.

*

Es kann ein Wissen vom Teuflischen geben, aber keinen Glauben daran, denn mehr Teuflisches, als da ist, gibt es nicht.

Du kannst dich zurückhalten von den Leiden der
Welt, das ist dir freigestellt und entspricht deiner
Natur, aber vielleicht ist gerade dieses Zurückhal-
ten das einzige Leid, das du vermeiden könntest.

*

Die Demut gibt jedem, auch dem einsam Verzwei-
felten, das stärkste Verhältnis zum Mitmenschen,
und zwar sofort, allerdings nur bei völliger und
dauernder Demut. Sie kann das deshalb, weil sie
die wahre Gebetsprache ist, gleichzeitig Anbetung
und festeste Verbindung. Das Verhältnis zum Mitmenschen ist das Verhältnis des Gebetes, das Verhältnis zu sich das Verhältnis des Strebens; aus dem
Gebet wird die Kraft für das Streben geholt.

*

Es ist nicht notwendig, daß du aus dem Hause
gehst. Bleib bei deinem Tisch und horche. Horche
nicht einmal, warte nur. Warte nicht einmal, sei
völlig still und allein. Anbieten wird sich dir die
Welt zur Entlarvung, sie kann nicht anders, ver-
zückt wird sie sich vor dir winden.

*

Darauf kommt es an, wenn einem ein Schwert in
die Seele schneidet: ruhig blicken, kein Blut verlieren, die Kälte des Schwertes mit der Kälte des Stei-
nes aufnehmen. Durch den Stich, nach dem Stich
unverwundbar werden.

Der Dornbusch ist der alte Weg-Versperrer. Er muß Feuer fangen, wenn du weiter willst.

*

Wer glaubt, kann keine Wunder erleben. Bei Tag sieht man keine Sterne.

*

Wer Wunder tut, sagt: Ich kann die Erde nicht lassen.

*

Aussprache bedeutet nicht grundsätzlich eine Schwächung der Überzeugung – darüber wäre auch nicht zu klagen –, aber eine Schwäche der Überzeugung.

*

Zölibat und Selbstmord stehen auf ähnlicher Erkenntnisstufe, Selbstmord und Märtyrertod keineswegs, vielleicht Ehe und Märtyrertod.

*

Die Guten gehn im gleichen Schritt. Ohne von ihnen zu wissen, tanzen die andern um sie die Tänze der Zeit.

*

Der Verrückte und der Ertrinkende, beide heben die Arme. Der erste bezeugt Eintracht, der zweite widerstreitet den Elementen.

Müßiggang ist aller Laster Anfang, aller Tugenden
Krönung.

*

Der Himmel ist stumm, nur dem Stummen Wider-
hall.

*

Der Beobachter der Seele kann in die Seele nicht
eindringen, wohl aber gibt es einen Randstrich, in
dem er sich mit ihr berührt. Die Erkenntnis dieser
Berührung ist, daß auch die Seele von sich selbst
nicht weiß. Sie muß also unbekannt bleiben. Das
wäre nur dann traurig, wenn es etwas anderes
außer der Seele gäbe, aber es gibt nichts anderes.

*

Nicht jeder kann die Wahrheit sehn, aber sein.

*

Wer sucht, findet nicht, aber wer nicht sucht, wird
gefunden.

*

Hier wird es nicht entschieden werden, aber die
Kraft zur Entscheidung kann nur hier erprobt werden.

*

Die Kunst fliegt um die Wahrheit, aber mit der entschiedenen Absicht, sich nicht zu verbrennen. Ihre
Fähigkeit besteht darin, in der dunklen Leere einen

Ort zu finden, wo der Strahl des Lichts, ohne daß
dies vorher zu erkennen gewesen wäre, kräftig auf-
gefangen werden kann.

*

Der Selbstmörder ist der Gefangene, welcher im
Gefängnishof einen Galgen aufrichten sieht, irr-
tümlich glaubt, es sei der für ihn bestimmte, in der
Nacht aus seiner Zelle ausbricht, hinuntergeht und
sich selbst aufhängt.

ERICH BROCK

(1889–1976)

Wenn das Leiden den Menschen wirklich so zuträglich wäre, wie die Theologen behaupten, so müßte die Menschheit bereits phantastische Höhen des Wertes erklommen haben.

*

Sehr dicke Menschen essen meistens häßlich, selbst wenn sie es noch so beiläufig machen wollen. Das kommt daher, daß sie beim Essen ein schlechtes Gewissen haben, und schlechtes Gewissen tötet jede Anmut. Anmut ist schuldlos, sicher, *vor* dem Sündenfall.

*

Das sicherste Rezept für den literarischen Erfolg eines Buches ist, den Menschen die Vorstellung zu geben, sie seien, indem sie es lesen, geistig und gebildet – ohne ihnen jedoch die daraus entspringenden Anforderungen irgendwie ernstlich zu stellen.

*

Manche Frauen schließen aus der bloßen Tatsache ihrer Dummheit, daß sie erotisch höchst belangvoll seien.

Auch der Gläubigste meistert das Böse des Lebens nur zu einem Viertel mit dem Glauben, zu drei Vierteln mit der Stumpfheit.

*

Das Reizvolle an jungen Tieren ist die unendliche Neugier, die Neugier für das Unendliche. Später nehmen sie nur noch wahr, was ihnen unmittelbar dient. Bei den Menschen ist's nicht viel anders.

*

Es genügt nicht, platt zu sein, um die Menschen einzunehmen, man muß auch noch tief scheinen.

*

Wer sich in die Religion hineingibt wie in ein Ding ohne Abgründe und Widerhaken und Widerwillen, der wird entweder ein großer Heiliger oder ein pfäffischer Schwätzer.

*

Die Menschen lieben es, sich einen Adler mit gestutzten Flügeln auf ihren Hühnerhöfen zu halten.

*

Wem nicht die abstrakten Begriffe der Philosophie als die innersten Dimensionen, Gegensätze und Alternativen des Lebens auf den Nägeln brennen, kann ruhig annehmen, daß er nichts von Philosophie versteht.

Welcher Schlag von Männern gemeinhin auf die Frauen wirkt, versteht man nur, ohne an diesem Geschlecht zu verzweifeln, wenn man sieht, welcher Schlag von Frauen gemeinhin auf die Männer wirkt.

*

Es gibt Menschen, die zugleich etwas Bedeutendes sind und etwas Bedeutendes machen. Aber bei wenigen unter ihnen steht beides im Gleichgewicht. Häufiger sind die, welche nur ein Abfall ihres Werks sind, und die, von denen ihr Werk nur ein Abfall ist.

*

Wer leben will, muß in Todesgefahr willigen. Das Lebensgefährlichste ist, zu lieben; nichts macht aber so leben wie zu lieben.

*

Der wahre Hochmut beginnt da, wo der Mensch zu hochmütig zum Hochmut wird.

*

Wer im Geistigen nur gebildet ist, ist nur halbgebildet.

*

Angesichts der panischen Flucht der Intellektuellen ins Instinktive, Körperliche, Manuelle möchte man ihnen gelegentlich als letztes Argument zu bedenken geben, daß der Kopf schließlich auch noch ein Körperteil ist.

Im Augenblick leben kann man nur von dem aus, was über den Augenblick hinausgeht.

*

Keine Tapferkeit hilft. Keine Tapferkeit ist umsonst.

*

Jeden Tag muß man das Leben und seine Bewältigung neu anfangen. Fortsetzen kann man das Leben nicht.

*

Es ist eine seltsame Idee der Theologen, daß Glauben Verdienst sei. Man wehrt sich seiner Haut, das ist alles. Seit wann ist Notwehr Verdienst?

*

Wenn es einen Sinn von Leben und Welt gibt, so überragt er nur um Haaresbreite das Sinnlose beider. Doch schon *dies* Überragen ist ein ungeheurer Sieg.

*

Der lebendige, feste Glauben läßt sich nicht erzwingen, sondern nur allmählich entwickeln. Wer ihn aber nicht erzwingen will, wird ihn auch nicht entwickeln.

*

Man soll das Leben nicht allzu laut und schäumend bejahen, denn immer ist einer in der Nähe, den das ein auf ihn gemünzter Hohn dünkt.

Wer nicht über seine Grenzen hinausstrebt, gelangt nicht einmal bis an seine Grenzen.

*

Wie die Männermode zwischen zwei und drei Rockknöpfen hin- und herpendelt, damit die Schneider etwas zu tun und die Kunden etwas zu überlegen haben – so ist es auch mit den meisten geistesgeschichtlichen Bewegungen zwischen den gegebenen Polen. Die Kritiker sind dann meistens diejenigen, welche mit dem Bewußtsein apokalyptischer Einmaligkeit rufen: Zwei Knöpfe! – oder: Drei Knöpfe! – oder: Nun sind es genug; halt! – und dafür bezahlt, bewundert und von einer Schule umgeben werden.

*

Es ist eins der sichersten Zeichen für edle oder unedle Artung eines Menschen, ob ihn gewährtes Vertrauen zu dessen Bewahrheitung oder Ausnützung antreibt.

*

Man sollte die Menschen zehn Mal die Naturgesetze des Lebens lehren, ehe man ein Mal ihnen Wider- und Übernatürliches abverlangte.

*

Vielleicht spielt sich das göttliche Leben neben uns ab, und wir sitzen stumpfsinnig dabei wie ein mürrischer Hund, wenn Bachs Hohe Messe ertönt.

«Macht jetzt euren Dreck alleene» – das ist ein wirkliches Königswort, ein gewaltiges Urwort der Menschheit, ohne dessen herzliche Auskostung niemand alt zu werden vermag.

*

Meistens brauchen die Glücklichen keine Religion. Früher sah man darin einen Einwand gegen das Glück, heute einen gegen die Religion.

*

Es gibt eine völlige Stille in der Verzweiflung, die wie die Stille im Mittelpunkt des Wirbelsturms ist.

*

Es gibt bei den Frauen eine Koketterie aus erotischer Fülle und Kraft, und eine aus erotischer Flachheit und Schwäche. Die zweite ist die heftigere.

*

Die einzige menschliche Haltung, die sich unbedingt auszahlt, ist Sich-nicht-Fürchten.

*

Finstere Stunde: Das Wesen, welches Welt und Leben ersonnen und gemacht hat, bekommt ein Täfelchen «Gott» umgehängt, damit man es vom Teufel unterscheide.

*

Nochmals finstere Stunde. Unbesorgt, ihr Menschen: Es gibt keine Hölle – außer diesem Leben.

Der Glaube ist, daß man in ein finsteres Loch gestopft wird, der Deckel zugemacht, und noch den Gruß erhält: Gehabe dich wohl, bis ich wiederkomme – und das dann auch tut.

*

Schöne Frauen, die ihres Reizes gewiß sein können, sind oft dankbar, wenn man sie unter Absehung davon höflich und achtungsvoll behandelt.

*

Nur eines gibt es, was noch schrecklicher ist als in Gottes Hand zu sein: es *nicht* zu sein.

*

Wenn die jungen Katzen sich beklagen, gleichviel weswegen, so stürzt die Mutter herbei und leckt sie fanatisch von oben bis unten ab, überzeugt, daß dies gegen alles Leid der Welt hilft. So vermögen auch die Mütter der Menschen nie ganz zu begreifen, daß die Mutterliebe in ihrer Unendlichkeit nicht gegen alles helfe – besonders nicht gegen das Leid des Selbstwerdens.

*

Daß so viele gegen das Alter hin herunterkommen, liegt bei einigen daran, daß sie es zu gut, bei anderen, daß sie es zu schlecht, und bei dem Rest, daß sie es zu mittel hatten.

Eine Gesellschaft, in der man sich ohne weiteres gehen lassen kann, und eine andere, in der man jeden Augenblick bedacht sein muß, sich dadurch nichts zu vergeben – das sind beides keine guten Gesellschaften.

*

Leiden hat nur Sinn, wenn man es annimmt, nachdem man sich aus Kräften dagegen aufgelehnt hat.

*

Es hat nicht sehr viel Zweck, den Starken Erbarmen für die Schwachen abzuverlangen; aber sehr viel Zweck, den Schwachen abzuverlangen, daß sie stark genug werden, um das Erbarmen nicht zu brauchen.

*

Chinesisch: Wenn man Böses mit Gutem vergilt, womit will man dann Gutes vergelten?

*

Was wäre Gnade, wenn sie nicht das Unerdenkliche wäre; was wäre sie, wenn sie nicht das von langer Hand Erdenkliche, von jeher Ersehnte wäre? Die tiefste Gnadenlosigkeit weiß nichts mehr von der Möglichkeit der Gnade, und weiß sie zugleich allein ganz.

*

Nicht hasten. Nicht trödeln. Denn jeder Augenblick ist gottesunmittelbar.

«Kürzlich erging ich mich in der Wüste, als plötzlich ein Löwe mit Gebrüll auf mich losstürzte. Ich
konnte mich knapp noch auf einen Baum retten.»
– «Aber erlauben Sie, in der Wüste gibt es doch
keinen Baum.» – «Darauf konnte ich in diesem
Augenblick natürlich keinerlei Rücksicht nehmen.»
– Genau dasselbe ist das Verhältnis des ernstlich
angefochtenen Menschen zu Gott – oder fast genau. Nur daß damit das Verhältnis nicht ab-
schließt, sondern erst beginnt. Man baut auf unge-
sichertem Grund und sichert ihn dann vom Ge-
bäude her.

*

Die leidenschaftlich hingegebene und unermüdlich
sorgfältige Befassung der Hunde, an Baum, La-
terne und Eckstein aufzuspüren, ob schon ein anderer Hund dort das selbe getan und seine Marke
hinterlassen hat, erinnert an das Gehaben bestimm-
ter Gelehrter.

*

Die letzte und schwerst zu bestehende Unholdin,
gegen die der Mensch im Kampf gegen die Furcht
antreten muß, ist die Furcht vor der Furcht.

*

Wenn man sieht, mit welcher Qual eine Katze ins
Freie verlangt, um nach Gewährung fünf Schritte
weit zu laufen und sich dann ruhig hinzusetzen – so
bekommt man dadurch einen Begriff von dem zugleich elementaren und rein sinnbildlichen Wesen
des Freiheitsstrebens bei allen Lebewesen. Die Ver-
walter der Tiergärten wissen nichts davon.

Handarbeitende Menschen können oft mit dem ge-
lassensten Anstand Gesprächen beiwohnen, die sie
nicht verstehen. Der Halbgebildete zeigt dagegen
leicht eine chronische «Eingeschnapptheit», ein
prophylaktisches Mißtrauen gegen alle Andeutun-
gen und Pointen, die ihm etwa entgehen und die,
wie er meint, einen Spott gegen ihn enthalten
könnten.

*

Die Familie ist der Ort, wo der giftigste, sich fast
von selbst verschärfende Haß aller gegen alle, und
der wärmste, sich fast von selbst vertiefende Zu-
sammenhalt unter Menschen möglich wird. Man
muß dieses Abenteuer auf sich nehmen und bestehen.

KURT TUCHOLSKY

(1890–1935)

Manche kleinen Mädchen sehen aus wie «Mammi als Kind». Es sind altkluge Photographiergesichter, die später einmal von den Kindern dieser Kinder in die Hand genommen werden, und das suchende Auge entdeckt in dem kleinen Oval «schon damals» die vertrauten Züge der Mutter. Und dann sagt das Kind verwundert-glücklich: «Das ist Mammi als Kind.»

*

Dies ist, glaube ich, die Fundamentalregel allen Seins: «Das Leben ist gar nicht so. Es ist ganz anders.»

*

Es gibt keine geborenen Großstädter.

Der Berliner sagt, er sei in Breslau geboren, stammt aber aus Posen; der Pariser ist aus Tunis und bestenfalls aus Frankfurt, der Wiener aus Czernowitz und der New Yorker aus Württemberg. Nur die Prager sind aus Prag, und das ist ihnen ganz recht.

Nach dem Sündenfall vergißt der Franzose eine
Frau, der Engländer heiratet sie, der Rumäne ver-
schafft ihr einen Mann, der Deutsche fängt einen
Prozeß mit ihr an, und der Amerikaner heiratet sie
vorher.

*

Der Leser hat's gut: er kann sich seine Schriftsteller
aussuchen.

*

Der trockne Pedant hat gewöhnlich ein Ideal: den
falschen Abenteurer.

*

Das Englische ist eine einfache, aber schwere Sprache. Es besteht aus lauter Fremdwörtern, die falsch
ausgesprochen werden.

*

Man kann jeden schreibenden Menschen bis ins
Mark daran erkennen, wie er das Wort «ich» setzt.
Manche sollten es lieber nicht setzen. Hitler setzt
es. «Wenn ich in Deutschland spreche, so strömen
mir die Menschen zu...» Der Ton ist vom Kaiser
entlehnt, und das Ganze hat etwas Gespenstisches:
denn dieses «ich» ist überhaupt nicht da. Den
Mann gibt es gar nicht; er ist nur der Lärm, den er
verursacht.

*

Sie sprach so viel, daß ihre Zuhörer davon heiser
wurden.

Nie geraten die Deutschen so außer sich, wie wenn
sie zu sich kommen wollen.

*

Der Engländer hat für jeden Begriff ein Wort und
für jede seiner Nuancen noch eins – da ist ein
großer Wortreichtum. Bei dem Franzosen ist das
anders. Wenn man den fragt, wie ein besonders
kniffliger Begriff auf französisch heiße, dann denkt
er lange nach. Und dann sagt er: «faire».

*

Wenn einer nichts gelernt hat –: dann organisiert
er.
      Wenn einer aber gar nichts gelernt und nichts zu
tun hat –: dann macht er Propaganda.

*

Wer lobt, wird selten nach seiner Aktivlegitima-
tion gefragt.

*

Shaw. So ernst, wie der heiter tut, ist er gar nicht.

*

Der englische Schriftsteller William Gerhardie
sprach einst: «Wenn eine Frau sagte, sie sei genau
wie alle Frauen – die wäre anders.»

*

«Wenn ich so viel Geld hätte», sagte Joachim Rin-
gelnatz, «und so viel Macht, daß ich alles auf der Welt
ändern könnte, dann ließe ich alles so, wie es ist.»

Schade, daß es nicht im Himmel einen Schalter
gibt, bei dem man sich erkundigen kann, wie es
unten nun wirklich gewesen ist.

*

«Er wußte um die Geheimnisse des Seins...»
Solche Wendungen sollte man auf Gummistempel
schneiden und dann verbrennen.

*

Max Liebermann wäre auch ohne Hände ein großer Bankier geworden.

*

Du mußt über einen Menschen nichts Böses sagen.
Du kannst es ihm antun – das nimmt er nicht so
übel. Aber sage es ihm nicht. Er ist in erster Linie
eitel, und dann erst schmerzempfindlich.

*

«Muß denn immer gleich von Liebe die Rede
sein?» – Ja.

*

«In unsrer Zeit...» sagen die Leute, und sind sehr
stolz darauf. Das klingt oft wie: «Bei uns in Tun-
tenhausen...» Es gibt Kleinstädter, und es gibt
Kleinzeitler. Das Wort «heute» wird zu oft gebraucht.

*

Er war eitel wie ein Chirurg, rechthaberisch wie
ein Jurist und gutmütig wie ein Scharfrichter nach
der Hinrichtung.

Zur Rassenfrage. Die Blonden sind ganz umgäng-
liche Menschen. Aber die Dunkeln, die gern blond
sein möchten ...!

*

Komische Junge sind viel seltner als komische Alte.

*

Es gibt Leute, die wollen lieber einen Stehplatz in
der ersten Klasse als einen Sitzplatz in der dritten.
Es sind keine sympathischen Leute.

*

Laß dir von keinem Fachmann imponieren, der dir
erzählt: «Lieber Freund, das mache ich schon seit
zwanzig Jahren so!» – Man kann eine Sache auch
zwanzig Jahre lang falsch machen.

*

Ein Mitarbeiter dieser Blätter hatte einst einen sonderbaren Traum. Er träumte, daß er sein Abitur
noch einmal machen müßte, und das Thema zum
deutschen Aufsatz lautete: «Goethe als solcher.»

*

Ein skeptischer Katholik ist mir lieber als ein gläu-
biger Atheist.

*

Vom Stationsvorsteher aus gesehn sieht der tägliche Abschied der Reisenden an den Zügen recht
stereotyp aus. Von der Krankenschwester aus gesehn hat der Tod ein andres Gesicht als vom Trau-

ernden aus gesehn. Alles, was man regelmäßig und berufsmäßig tut, versteinert. Man sollte auch seine eignen Erlebnisse vom Stationsvorsteher aus sehen können.

*

Du bekommst einen Brief, der dich maßlos erbittert? Beantworte ihn sofort. In der ersten Wut. Und das laß drei Tage liegen. Und dann schreib deine Antwort noch mal.

*

«Was fällt Ihnen ein! Ich habe für einen Bandwurm und drei unmündige Kinder zu sorgen!»

*

Das Liebespaar, das sich, von einander entfernt, verabredet, um halb elf Uhr abends an einander zu denken. Keiner tut's. Aber jeder freut sich: wie verliebt der andre doch sei.

*

Der Pessimist. «Ich werde also eines Tages sterben. Natürlich – das kann auch nur mir passieren!»

*

Zu einem ganz strengen, ganz bösen Mann am Fahrkartenschalter möchte ich immer sagen: «Na, was haben Sie denn so für Billetts –?»

*

Jeder historische Roman vermittelt ein ausgezeichnetes Bild von der Epoche des Verfassers.

Wenn ich so die unentwegten Marxisten lese, dann
frage ich mich immer: Wird eigentlich in Rußland
auch gestorben? Und was ist der Tod bei denen?
Ein Betriebsunfall? Ein kleinbürgerliches Vorurteil?

*

Humor ruht oft in der Veranlagung von Menschen, die kalt bleiben, wo die Masse tobt, und die
dort erregt sind, wo die meisten «nichts dabei
finden».

*

Wenn eine Firma für ihre Waren Reklame macht,
sollte man sie immer fragen: «Bezahlt ihr eure Angestellten so, daß sie sich eure Waren kaufen können?» Und wenn sie dann antwortet: «Für unsre
Angestellten sind unsre Fabrikate nicht bestimmt»,
so sage man ihr: Andre Firmen bezahlen ihre Angestellten auch nicht besser, sondern genau so
schlecht. Und so viel reiche Chefs gibt es nicht.
Und was ihr treibt, ist Selbstmord: ihr ruiniert
eure eigne Kundschaft. Ihr seid Fabrikanten für
das Nichts. Wer hat bloß den Kaufleuten den Handel anvertraut! Das ist ein Jammer.

*

Es ist die Aufgabe des historischen Materialismus,
zu zeigen, wie alles kommen muß – und wenn es
nicht so kommt, zu zeigen, warum es nicht so
kommen konnte.

In der Ehe pflegt gewöhnlich immer einer der Dumme zu sein. Nur wenn zwei Dumme heiraten –: das kann mitunter gut gehn.

*

An einem Rausch ist das schönste der Augenblick, in dem er anfängt, und die Erinnerung an ihn.

*

Ein Künstler braucht keinen Erfolg zu haben. Aber ein Zahnarzt, der nicht von Schmerzen befreit; ein General, der dauernd Prügel bekommt, und ein Wirtschaftskapitän, der nicht weiß, wo Gott wohnt –: diese drei dürften nicht ganz das Richtige sein.

CARL JACOB BURCKHARDT

(1891–1974)

Das Gute zu schaffen braucht unendliche Zeit, das
Böse zu tun einen Augenblick.

*

Denken und Sprechen heißt immer sein Gleichgewicht suchen. Und nun gar schreiben!

*

Der Tyrann zwingt durch die Macht, der Märtyrer
durch das Leiden. Die Herrschaft des einen endet
mit dem Tode, die des anderen beginnt mit ihm.

*

Versteckte Roheit eines Menschen offenbart sich
dadurch, daß die offenbare Roheit seiner Mitmenschen ihn nicht mit Widerwillen ergreift.

*

Wenn man einen im Grunde guten Menschen
wirklich nahe gekannt hat, so hat er eigentlich immer recht.

Ich liebe die Großmütigen mehr als die Gerechten. Großmut geht rein auf. Bei der aufs feinste gewogenen Gerechtigkeit bleibt immer ein trüber Rest.

*

Moralisches Verhalten kann ebensogut wie unmoralisches nur der kühl gewählte Weg des eigenen Vorteils sein.

*

Der Dichter hat eine andere Zeit als diejenige, die um ihn herum abläuft und von der sich die Schwachen wegtragen lassen, um mit ihr zu verschwinden.

*

Jede Dichtung wird groß am Widerstand der Zeit, aber Widerstand muß es sein.

*

Ein autonom gehaltener Machtapparat kann seine Tagesbefehle von einer Minute zur anderen ändern.

*

Für Freiheit hört man angeblich nicht auf zu kämpfen. In unseren Tagen verhaftet eine neue Polizei die alte: Die Befreier werfen die vorhergehenden Befreier ins Gefängnis. Die Befreier fürchten jedermann, aber niemanden so sehr wie die anderen Befreier.

Innerhalb des Linkskonformismus übertrifft die
Zahl der Verbote die Zahl der Ideen.

*

Die Masse hält sich an triviale Legenden: die fran-
zösische Frivolität, die englische Hypokrisie, die
deutsche Brutalität, der gewinnsüchtige Jude. All
dies ist primitiv und bleibt primitiv, wenn man
diese Definitionen umkehrt, indem man sagt: die
geistige Klarheit der Franzosen, das politische Genie der Engländer, die Gedankentiefe der Deutschen, die ethische Unbestechlichkeit der Juden.
Zwischen solchen armen Schematismen befindet
sich eine Unzahl von nur in Nuancen faßbaren
Wahrheiten über Menschen.

*

Unter den Lastern des Bürgers ist das schreck-
lichste die Mesquinität.

*

Sobald jemand bekehren will, zeigt er schon die
Schwäche seiner Position. Eine starke Position überzeugt ohne den Willen dessen, der sie hält.

*

Ein deutscher Gedanke ist, daß ein wirklicher Philosoph die Welt nicht auf dem gleichen Punkte zu-
rückläßt, auf welchem er sie angetroffen hat. Ein
Romane wird nur annehmen, daß er eine neue Ansicht von der Welt, eine neue Erklärung der Welt
geschaffen habe.

Der Franzose will leben, der Deutsche will erleben.

*

Alles, was nicht wesentlich ist, auch im Kleinsten, bleibt der wahren Kunst fremd.

*

Wie oft bleibt die Frage tiefer als die Antwort.

*

Größe beginnt dort, wo die Anmaßung fehlt.

*

Der erfolgreiche Verleumder spricht leise und gütig.

*

Wer in seinem Sohn sein eigenes Ich liebt, läuft Gefahr, doppelt zu versagen.

*

Ein Machtmittel des Tyrannen: Keiner weiß jemals, woran er mit ihm ist.

*

Die List räumt den Widerstand aus dem Wege, und zwar durch Täuschung, oder sie umgeht ihn; in beiden Fällen geht die Möglichkeit verloren, sich am Widerstand zu kräftigen.

*

Diskretion aus Rücksicht strahlt Helle aus, Diskretion aus Vorsicht bleibt im Dunkeln.

Man lebt, solange man geliebt und gehaßt wird;
begegnet man nur noch der Achtung, naht sich das
Ende.

*

Gemäß dem Wortsinn wäre Originalität das Zu-
rückgreifen auf den Ursprung. Dieser Sinn ist jetzt
in sein Gegenteil verkehrt worden.

*

Je tiefer man eine Person mit dem Herzen zu erkennen vermag, desto stärker wird der Respekt vor
ihrem Geheimnis.

LUDWIG STRAUSS

(1892–1953)

Es gibt genug Empfindsame, die «Mutter Natur»
sagen, aber höchstens «Tante Natur» meinen.

*

Im Willen zur Sache erwächst Haltung. Aus dem
Willen zur Haltung entsteht Pose.

*

Ein Mensch, dem es immer wichtiger bleibt, *wie* er
lebt, als *daß* er lebt, steht mit großer Freiheit im
Schicksal.

*

Das Versagen im Kleinen brauchen wir manchmal
zur Beschwichtigung eines Flehens aus unserer
Tiefe, im Großen versagen zu dürfen.

*

Wen es nicht manchmal zwingt, für den Gegner zu
argumentieren, der steht noch nicht ganz im Gespräch.

Glaube nicht, einen Menschen ganz verstanden zu haben, solange du noch nicht auf das in ihm gestoßen bist, was dir unverständlich bleibt!

*

Man muß sich nicht um die Meinung der Leute kümmern, sondern um die Leute.

*

Im Umgang mit Männern lernt der Mann sich selber kennen, im Umgang mit Frauen die Welt.

*

Aneinander zu leiden, ihr Liebenden, ist über euch verhängt. Nur dies ist in eure Hand gelegt: ob ihr einer an des andern Wahrheit leiden wollt oder einer an des andern Lüge.

*

Die furchtlose Vertraulichkeit, das wehrlose Vertrauen – sie sind das Glück in der Lust.

*

Das Gute ist hart und herrlich. Die Güte hat immer etwas von Resignation.

*

Eines zu sein, wie schön wäre das! Aber wieviel schöner noch ist es, zwei zu sein, die eins sein wollen!

*

Alle Zärtlichkeit eilt der Kindheit zu und über die Kindheit hinaus dem Ursprung des Lebens.

Nicht wer Grundsätze weiß, wird uns helfen, sondern wer Maße kennt.

*

«Was für ein inkonsequenter Mensch! Bald atmet er ein, bald atmet er aus! Wird er sich denn nie entscheiden?»

*

Wieviel Gefahren drohen dem Gebenden: den Nehmenden zu erniedrigen oder zu bestechen, sich ein Recht auf seine Liebe oder ein Aufsichtsrecht über sein Tun zu erkaufen, und das alles unterm Schutze der Wohltat! Er kann nicht wachsam genug sein.

*

Merke dir gut, wer du bist, wenn du in eine Versammlung gehst! Du könntest dich verwechseln wie einen Mantel.

*

Länder schafft das Leben, Grenzen die Willkür.

*

Für den Politiker wie für den Erzieher gilt: schlimm, wenn er sich mit der Freiheit begnügt; schlimmer, wenn er hinter die Freiheit zurückgeht.

*

Du magst viele Geheimnisse ergründen, aber nicht dies: ob und wie weit ein spielendes Mädchen ans Leben seiner Puppe glaubt.

Für einen Lehrer ist es gut, wenn er sich von Zeit zu Zeit noch darüber wundern kann, daß er auf dem Katheder sitzt und nicht unten in der Klasse.

*

Daß sie das Erstmalige als Einmaliges zu bestaunen und zu verherrlichen vermag, ist das große Wunder der Jugend. Daß sie das Einmalige jeder Wiederholung zu erkennen und zu verehren vermag, ist das größere Wunder der Reife.

*

Jeder echte Kunstgebildete rettet ins Geistige hinein ein tierisches Glück.

*

Das Wahre, das Gute und das Schöne sind nicht eins. Sie wollen eins werden.

*

Du mußt die Weisen und Dichter im gleichen Maße wörtlich nehmen, wie sie die Schöpfung wörtlich genommen haben.

*

Es gibt Bücher, die zweifellos gut, und Bücher, die zweifellos schlecht sind, und drittens gute, die sich auch als schlechte lesen lassen und deren Erfolg deshalb ein durchschlagender ist.

Unter den Menschen, deren Bildung nur angelesen ist, sind die schlimmsten die, welche auch gelesen haben, daß Bildung nicht nur angelesen sein darf.

*

Die Klugheit des Rationalisten ist die des Betrunkenen in der Anekdote, der seinem Hut nicht auf der dunklen Straßenseite nachforscht, wo er ihn verloren hat, sondern auf der beleuchteten, wo er ihn besser suchen kann.

*

Der Irrationalist will uns einreden, daß, wer die Augen schließt, rascher schreite und sicherer greife.

*

Flüchte dich nicht ins Geheimnis! Fliehe nicht aus dem Geheimnis!

*

Es gibt auch Hunde, die bellen, um dich glauben zu machen, daß sie nicht beißen werden.

*

Das Auge ist nicht da, um zu sehen. Es ist da und sieht.

*

Der Weg, der nur dem Ziel dienen will, das er erzielt, und nicht auch dem Wanderer, der ihn begeht, führt in das Nichts.

Im Leiden bekommt die Stimme des Tieres etwas vom Menschlichen, die Stimme des Menschen etwas vom Tierischen und vom Göttlichen.

*

Das höchste Glück und die tiefste Trauer sind ohne Grund wie die bodenlose Bläue des Himmels.

*

Nur wer das Glück vom Leiden nicht widerlegt glaubt und das Leiden nicht vom Glück, lebt mit der ganzen Wirklichkeit.

*

Die Eigenschaften, die wir Gott zuschreiben, bedeuten nicht Einsichten in sein Wesen, sondern flehentliche Bitten an ihn.

*

Daß Gott uns nicht zwingt, das ist seine Härte.

HEIMITO VON DODERER

(1896–1966)

ALLEIN

Man muß es wirklich genau und jederzeit wissen,
daß man allein sei: sonst verliert man den festen
Stand und kann auch demjenigen keine helfende
Hand mehr bieten, mit dem man vermeinte sich
verschmelzen zu können.

*

ALLGEMEINBILDUNG

Allgemeinbildung ist, so harmlos das Krankheits-
bild immer auf den ersten Blick aussehen mag,
doch nur in sehr vereinzelten Fällen heilbar. Das ist
ganz ähnlich wie bei den sogenannten Gesinnun-
gen.

*

ALTER

Man muß den Mantel konkreter Tätigkeit im Alter
dichter um die Schultern ziehn, um bei herandrin-
gender Weltraumkälte bestehen zu können.

BEHAGEN

Das wirkliche Behagen bemerkt man nur nebenbei. Es ist keine separate Speise an der Tafel des
Lebens, sondern ein Beigeschmack, den gewisse
Gerichte haben. Aufs Behagen kann man nicht den
Blick einstellen. Es befindet sich nie uns gegenüber
im Mittelpunkte der Aufmerksamkeit – dort ist's
unmöglich zu fixieren oder nur in widerwärtiger
und monströser Weise. Sondern es wird am Rande des Blickfeldes eben noch mit-gesehen. Daher
wohnt es in den Augenwinkeln, nie im frontalen
Blickstrahl eines Menschen: hier wäre es absurd,
dort kann es liebenswürdig sein.

*

DENKEN

Tief denken heißt in das Denken versinken wie in
einen Tiefschlaf: Lethe für die empirische Person.
Denkschlaf. Denkend schlafen, und im Denken
schlafen, wie der Albatros in der Luft schlummert
oder die Möwe auf dem sanft schwankenden Was-
serspiegel.

*

EHEN, SCHLECHTE

Sogenannte schlechte Ehen halten oft deshalb gut
zusammen, weil sie nicht selten außerordentlich
aufreibend sind. Den Leuten bleibt keinerlei Lust
und Kraft zu Seitensprüngen. Sie sind durch ihr
eheliches Unglück so fest gebunden, wie andere
durch ihr Eheglück; ja, fast möchte ich die erste Art
der Bindung für die noch festere halten.

EINSAMKEIT

Man flieht in die Einsamkeit nicht so sehr vor den anderen Menschen, als vor dem, was aus einem selbst wird, wenn man unter ihnen verweilt.

Man flieht aus der Einsamkeit nicht so sehr zu den anderen Menschen, als vor dem, was aus einem selbst nicht geworden ist, während man allein verweilte.

*

ERZÄHLUNGSKUNST

Ein Werk der Erzählungskunst ist es um so mehr, je weniger man durch eine Inhaltsangabe davon eine Vorstellung geben kann.

*

FAULHEIT

Ein Reptil ist nicht faul, wie man angesichts seiner stundenlangen Reglosigkeit wohl vermeinen möchte; es ist nur sparsam mit seinen Bewegungen. Das ist ein abgründiger Unterschied. Das Reptil ist im Höchstmaß fleißig, das heißt, es betätigt sich ständig in der Kernfunktion seines Lebens: dem Lauern. Alle Tiere sind fleißig und ihrem Schöpfer absolut gehorsam, nicht aus Tugend, sondern weil er sie in unentrinnbarer Weise dazu anhält. Ein Tier ist nie faul. Nur der Mensch kann von dem ihm Aufgetragenen abfallen, auf der Seite liegen, anfaulen und endlich selbst zu Abfall werden.

p.s. Vielleicht gibt es Faulheit bei Haustieren; sie haben bereits Teil am menschlichen Spielraum dazu.

FREUND UND FEIND

Man hat immer mehr Feinde, als man jemals auch
nur zu ahnen vermag: weil alle unsere besten
Freunde zeitweis dazu gehören, wenn auch nur für
kleinste Strecken.

*

GANZ UND HALB

Ganze Sachen sind immer einfach, wie die Wahrheit selbst. Nur die halben Sachen sind kompli-
ziert.

*

GEBILDET – HALBGEBILDET – UNGEBILDET

Gebildet könnte man jemand nennen, der es ab-
lehnt, seine jeweilige Arbeitshypothese und selbstverständlich auch seine Kenntnisse ernst zu nehmen.

Halbgebildet erscheint mir, wer seine Arbeitshypothese für eine Theorie hält.

Ungebildet ist die ganze übrige akademische
und bürgerliche Bagasch, welche nicht einmal im
Zimmer und beim Essen die unappetitlichen Ab-
wässer ihrer Kenntnisse zurückzuhalten vermag.

*

GRAMMATIK

Grammatik ist die Kunst des vollkommensten Ausdrucks bei geringster Auffälligkeit.

HEIMITO VON DODERER 379

GRENZEN, UNSERE

In der Jugend halten wir unsere Begabungen für grenzenlos und universal. Im Mannesalter ahnen wir unsere Grenzen und vermeinen auch manchmal an sie zu stoßen. Im Greisenalter erkennen wir erst, wie vielfach wir unsere Grenzen überschritten hatten, und daß es mit ganz unleugbarem Erfolge geschah.

*

GÜTE – AUS DER INTELLIGENZ

Man muß dieses Gebreche und Gescherbe der eigenen Schwächlichkeit nur deutlich gesehen haben, dann stellt sich die Nachsicht gegen andere von selbst ein und schließlich auch die Güte, nicht aus dem nahen Depot der eigenen und nie ganz verläßlichen Gutmütigkeit rasch entnommen, sondern von weiter her geholt, nämlich aus der Intelligenz, welche den Scherbenberg von Unzulänglichkeiten erkennt, in welchem jeder haust und durch den er seine Maulwurfsgänge graben muß.

*

HARMLOSIGKEIT

Es werden manche geliebt um ihrer Harmlosigkeit willen; aber wenn sie mehr und mehr ohne Gegenwehr zurückweichen, werden sie am Ende doch mißhandelt, und verfallen arm ihrer eigenen Bitterkeit. Ihre Haltung beruhte nicht auf einer Entscheidung, daher mangelte ihr die zurückdrängende Kraft, die auch ohne Waffen Achtung erzwingt.

HERKUNFT UND HINKUNFT

Woher einer kommt, ist bei nahezu allen von aller-
größter Wichtigkeit.

Wohin einer geht, ist nur bei ganz Vereinzelten
von einer die Herkunft überwiegenden Bedeutung.

*

HÖFLICHKEIT

Unter Höflichkeit verstehe ich die Übung, mich
selbst jederzeit einem anderen aus dem Wege zu
räumen. Deshalb ist das Zurücktreten vor der Tür
ein Symbol, das alle anderen Formen der Höflichkeit einschließt.

*

HÖHE DES LEBENS

Die Höhe des Lebens wird nicht erreicht, damit
man sich hinaufsetzt, sondern damit man in besse-
rer Luft weitergeht.

*

INDIREKT – AUCH IM GENUSSE

Man kann nichts genießen, worauf man geradezu seine Aufmerksamkeit richtet: eine Landschaft
geht tief in uns ein, wenn ganz andere Gedanken
uns noch tiefer bewegen; und eine treffliche Mahlzeit genießt sich am besten durch den Schleier angenehmer Gesellschaft und belebten Gespräches.
Aber geradezu am Zipfel des Genusses etwas festhalten, das vermögen wir nicht. Es muß zu einem
anderen hinzugegeben werden.

INTELLIGENZ — IHRE VERFASSUNG

Jederzeit besuchsfähig zu sein: das ist das comme-il-faut der Intelligenz.

*

INTELLIGENZ — VERPFLICHTUNG ZUR

Wir wissen nicht, was wir wirklich wünschen, was wir eigentlich angefangen haben, noch was wir damit letzthin meinten. Gleichwohl sagten die Alten: quidquid agis prudenter agas et respice finem. Die Verpflichtung zur Intelligenz ist dem Menschen in seine chaotische Verfassung gelegt wie ein Demantstein in eine Schüssel voll Kraut und Rüben.

*

KINDHEIT

Das Unglück und das Glück der Kinderjahre besteht gleichermaßen in nichts anderem als in ihrer Eingeschlossenheit: und das heißt Ausgeschlossenheit von jeder Möglichkeit des Vergleichens.

*

KÜNSTLER — GLAUBE

Der Mut zur eigenen Begabung ist die Glaubensform des Künstlers.

*

LEBEN

Im Grunde: es wird uns ein fremder Hut aufgesetzt auf einen Kopf, den wir noch garnicht haben.

MENSCHEN – UMGANG MIT

Vor dem anderen Menschen muß man so weit zurücktreten, daß der eigene Schatten nicht mehr ins Bild fällt. Erst dann kann man dieses Bild liebevoll betrachten.

*

MENSCHENERKENNTNIS

Werde dir selbst erst befremdlich – und bald wird nichts mehr dir fremd sein.

*

MÜSSIGGANG

Müßiggang ist aller Laster Anfang und aller entscheidenden Fähigkeiten Ursprung, Prüfung und Lohn.

*

NATION

Eine andere Art von Euphorie zu erkennen: allein das heißt eine Nation erkennen. Wer das russische Teetrinken genossen hat, den türkischen Kèf, ein Wiener Café und ein Pariser Déjeuner: der hat Rußland, die Türkei, Österreich und Frankreich erkannt. Denn nur was ihnen wirklich Vergnügen macht, ist für die Menschen bezeichnend, nicht was sie außerdem meinen. Nur in der Freude sind wir zu uns selbst erfähigt in freier Wahl. Das Leid drückt alle platt.

OPFER

Wem ein Opfer zu weit geht, der darf sich nicht wundern, wenn er nicht weit kommt.

*

OPFER

Jedes kleinste Opfer baut uns fühlbar auf. Aus Körnchen wird ein Berg. Der Himmel scheint diese Körnchen mit äußerster Sorgfalt zu sammeln, unsere Sünden aber großenteils zu verschlampen. Nur so erklärt sich's, daß wir immer noch weiterleben.

*

ORDNUNG

Ordnung ist teuflisch, wenn sie hergestellt, himmlisch, wenn sie nebenher abgesondert wird. Im zweiten Falle kommt sie schon mit Patina zur Welt, mit einem leuchtenden Rost, mit der bakteriellen Flora des Lebens bedeckt. Sie mag die kühnste und neueste sein: es sieht aus, als wär' sie längst bekannt und im Grunde immer dagewesen.

*

ORDNUNG

Am eifrigsten und am unerbittlichsten wird die Ordnung, wenn sie als Sendbotin des Chaos auftritt.

PHILANTHROPEN

Diese Edlen, die gleich beim Du sind, haben wahrscheinlich mit ihrem Ich nichts anzufangen gewußt. Es hat ihnen nichts zu beißen gegeben. Jetzt
haben sie die anderen zum Fressen gern.

*

PSYCHOLOGIE

Die wissenschaftliche Psychologie, wenn sie nicht
bezogen wird auf die Entelechie des Menschen,
kommt mir vor wie die Betrachtung eines Pfeiles
unter Absehen von der Spitze: da werden Schaft
und Fiederung zu unbegreiflichen, ja fast monströ-
sen Formen, und man gelangt am Ende vielleicht
zu der Vermutung, das Ganze sei ein Werkzeug um
Schaum zu schlagen oder etwa, um sich am Rük-
ken zu kratzen, wenn's juckt.

*

REVOLUTION

Revolution ist Lebensmüdigkeit. Man löst das Po-
litikum durch totalitäre Abschaffung der Politik,
jedes Problem durch Abschaffung der Dialektik,
die eingebildete oder wirkliche «Judenfrage» durch
Abschaffung der Juden – und so weiter, bis zur Abschaffung des Lebens überhaupt. Die Last der Geschichte abzuwälzen, indem man die Gegenwart
entleert und den Akzent von rückwärts nach vorn
wirft, in eine unanschauliche Zukunft, um derent-
willen aber jetzt und hier recht anschauliche Ver-

brechen begangen werden sollen: das ist die letzte Weisheit all dieser Dünnblütigen oder überhaupt Blutarmen im Geiste... avant tout des fusillades massives; puis, le bonheur universel... (Valéry).

*

SCHRIFTSTELLER – SEINE GRUNDVERFASSUNG

Sehen wollen ist mehr als irgendetwas sein wollen. Der Schriftsteller hat das erste gewählt.

*

SKANDALPRESSE

Die Rolle einer Zeitung, welche sich in zunächst löblicher Weise darauf verlegt, Übelstände aufzudecken und skandalöse Zustände des öffentlichen Lebens zu bekämpfen, muß früher oder später darauf hinauslaufen, daß sie vom Bösen lebt, welches sie bekämpft, und eingestellt werden müßte, setzte es aus. Was aber würde dann jenen, die eine solche Zeitung machen, einzig übrig bleiben? Sich in rankünöser Weise ein anderes Feld ähnlicher Betätigung zu suchen, ja, am Ende das Böse um jeden Preis aufzutreiben, sei es, wo es sei, und auch wo es garnicht ist.

*

SKLAVEREI

Erst der Freigelassene freilich offenbart die ganze Gräßlichkeit der Sklavengesinnung. Aber verantwortlich für diese sind jene, welche die Gewissensruhe hatten, Sklaven zu halten.

SOZIALISMUS

Es wird neuerdings wichtig, noch viel plastischer
als bisher dieses Eine zu wissen: daß der Mensch in
allem Wesentlichen des Lebens wirklich allein ist.
Jede geringste Verschleierung dieses uns einmal
gesetzten Sachverhaltes (zu schweigen von dem
Verabsolutieren der Gemeinschaft) fälscht alle Beziehungen, die zwischen Menschen möglich sind.
Das Soziale ist gesund, wenn es viele Hereinragun-
gen aus der Einsamkeit als Stützen hat. Aber diese
Solidarität in der Zivilisation ist nur ein Abbild
der Solidarität der Einsamen. Das Fundament der
Gemeinschaft liegt dort, wo die Menschen miteinander nichts mehr gemein haben; und wenn jene
verloren geht, artet diese alsbald in Gemeinheit
aus.

*

UMGANG MIT SICH SELBST

Sich übersehen (überblicken, überschauen) und sich
selbst übersehen (nicht-beachten, ignorieren) sind
die beiden Modalitäten, unter denen einer mit sich
selbst verkehren kann ohne zu große Intimitäten
mit dem Partner.

*

WELTANSCHAUUNG

Eine Weltanschauung vermeinen heute diejenigen
Leute zu besitzen, denen die Welt nicht mehr an-
schaulich ist. Dafür sind sie von ihren Anschauun-
gen besessen. Auch dieses Wort also wurde, wie so
viele, pseudologisch auf den Kopf gestellt.

ZEITALTER, UNSER

Das Entschwinden der Anschaulichkeit und die un-
zählbaren Metastasen dieses Ablaufs: darin allein
besteht die Geschichte unseres Zeitalters, mag es
sich selbst Namen geben wie immer.

*

ZUGEHÖRIGKEIT

Eine der niedrigsten Tendenzen des Menschen ist:
irgendwo dazugehören zu wollen.

*

ZUSTAND, UNSER NORMALER

Schwimmst wie ein Blatt am Wasser, mit Adhäsion
an der Oberfläche, und augenlos über der Tiefe.

MAX RYCHNER

(1897–1965)

Wer von andern zuviel erwartet, ist im Begriff, selber zuwenig zu leisten.

*

Im «Paradies auf Erden» werden ein Baum der Unkenntnis und ein Baum des Todes stehen. Es wird verboten sein, von den beiden nicht zu essen.

*

Vor Gott sind alle Menschen gleich, aber geschaffen hat er sie ungleich.

*

Dem Sohne ist aufgegeben, seinen Vater zu suchen.

*

Daß du krank seist, sage nur deinem Arzt.

*

Zu den Wohltätern gehören heute die Menschen mit Manieren, weil sie allein noch dem Einzelnen jene Aufmerksamkeit zuwenden, die eigentlich unser aller Lebenselement wäre. Das Allgemeinste immer von wenigen gerettet. Sie machen es offenbar, was man tagtäglich an Notwendigstem zu entbehren hat.

*

Er stehe hin- und hergerissen zwischen Heidegger und Christus, sagte er. Da gibt es allerdings nur noch eine Lösung: Abzählen an den Knöpfen.

*

Freundschaft: auf ihn kann ich mich verlassen, auf mich nicht.

*

Der Hochmut gegen Binsenwahrheiten ist Vater der Lüge oder einer neuen Wahrheit.

*

Der Feige glaubt, man könne an der Welt zwar nichts ändern, aber durch Wegblicken doch manches beschwichtigen.

*

Wer auf seinen Rang pocht, hat ihn schon eingebüßt und fühlt es.

*

L. war in dem Maße gescheit, daß man ihn in erster Linie für hochmütig ausgab. Sein echteres Verhältnis zum Wahren entkräftete das der andern. All seine Umgänglichkeit half da nichts; er verletzte, bloß weil er so war, wie er war. Durch ihr Sein verwunden die Menschen einander tiefer als durch Taten.

In der Kunst wird ein Problem erst durch seine Lösung gestellt.

*

Die Zote ist die niedrigste Erhebung des Geistes über das Fleisch. Kaum läßt sich unterscheiden, wer von beiden das Wort führt.

*

Mancher, der gescheit ist und es bleiben könnte, gibt sich auf, weil er als Schriftsteller *tief* sein möchte. Die wahrhaften Tiefen wollen etwas ganz anderes sein als tief.

*

Als ich ihr sagte, sie sei schön, lächelte sie und war nun schön. Aber ihr Lächeln war schmerzlich, und sie glaubte mir nicht; ich mir auch nicht: und doch war es so.

*

Wenn die Frauen wüßten, wie fünfzehnjährige Knaben an sie denken, so wüßten sie sich nicht zu fassen vor Stolz. Sie werden es nie erfahren; aber etwas davon ahnen sie zuweilen, und es verschönt sie mit einer Schönheit, die Männer kaum wahrnehmen.

*

Jene Moralpredigten gelingen am besten, die der Predigende, ohne es zu wissen, gegen sich selbst hält.

Die Sonnenuhr zeigt ihre Wahrheit durch einen Schatten.

*

Keine Zeit haben ist nicht ein Verhängnis, sondern eine Sünde.

*

Wir haben, bis in die Künste hinein, einen verbreiteten Kultus der Häßlichkeit. Das Häßliche gilt heute als «tiefer, echter, ursprünglicher» als das Schöne. Gott hielt sich bei der Schöpfung zwar nicht an diese Bewertung. Vom Sinn für Schönheit will ich gar nicht reden, das tun bekanntlich nur «verlogene, blutlose Ästheten» ... Aber das Wort *Geschmack* wenigstens möchte ich zwischendurch einmal erwähnen, das im 18. Jahrhundert noch so lebendig war – mit der bezeichneten Sache – und das heute nur noch von Weinkennern verstanden wird.

*

Die Uniform vermehrt das Selbstempfinden der Persönlichkeit um soviel, als sie die Persönlichkeit einschränkt. Sie konzentriert; Gürtelgefühle herrschen vor.

*

Die Treppen hätten am meisten zu sagen von Seufzern. Die Schwellen von Herzklopfen. Die Zimmer von Langeweile.

Bald wissen nur noch Sterbende vom Schauder der letzten Fragen. Die Lebenden geben sich mit den lumpigsten Antworten auf Lebensfragen schon zufrieden.

*

Menschen, die sich ein Auftreten ausgedacht haben, um zu imponieren, kommen oft in die Lage, nicht bloß vor andern, sondern auch vor sich selbst durchzufallen. Die, welche wirklich imponieren, erreichen dieses Nebenprodukt ihrer Wirkung durch Hingabe an eine große Sache. Wohlfeiler läßt es sich nicht haben.

*

Die Geschlechtsteile sind die einzigen Organe, deren Besitz man mit andern teilen kann.

*

Der Drang nach Geschwindigkeit gründet im Drang, aus der Haut zu fahren. Wohin, ist ihnen gleich.

*

Bei einer sehr genauen Tätigkeit (Zielen, Einfädeln, Sandkorn unter dem Lid hervorholen usw.) halten wir den Atem an, das ungenau fließende Leben.

*

In Bezug auf den Lauf der Welt empfiehlt die Kirche Pessimismus, befiehlt der totale Staat Optimismus. Dieser Optimismus ist erbarmungslos, jener

Pessimismus stellt sich unter das Zeichen des Erbarmers und fordert Hoffnung, die auch etwas Höheres ist als Wille und «Zielsetzung» der verbissenen Optimisten.

*

Je organisierter das Leben wird, desto höher steigt der Wert der sogenannten weiblichen Unlogik. Man wird ihr einst, als einer Freiheitsgöttin, Statuen errichten.

*

Höflichkeit ist Zauberei und Beschwörung gegen die überall und immer vorhandene Feindseligkeit in der Welt.

*

Sein Leben war eine Abhandlung, deren Thema das Leben war und die vom Thema abwich.

*

Die Nichtneugierigen erfahren nichts; die Neugierigen wissen mit dem Erfahrenen nichts anzufangen und wollen auch nicht.

*

Dem Herzlosen bleibt immer noch, im Namen des Volkes oder der Menschheit zu sprechen. Vom Menschen wüßte er nichts zu sagen. Der langweilt ihn.

*

Er lebte in seinem Überfluß wie die Rotznase in ihrem.

Die Hälfte des Unheils kommt von denen, die das
Neue wollen. Das Wahre wurde gesagt, ist da. Sie
wissen es nicht – ebensowenig wie jene, die nur das
Alte wollen und von denen die andere Hälfte des
Unheils kommt.

*

Sie sind jetzt so weit, zwar nicht schreiben zu
können, aber zu ergründen, wie die Weltlage sein
müßte, die ihnen erlauben würde, schreiben zu
können. Sie tun es schriftlich.

*

Jene verstehen auf großherzigste Weise Ehrerbietung darzubringen, die sie selber verdienen. Sie
bleiben in ihrem Element.

*

Nur der geschichtlich Bewanderte weiß, wie origi-
nell das Alltägliche ist. Auch das «Selbstverständ-
liche» hat eine fast unbegreifliche Biographie, jeder
Brauch, jedes Gefühl, jede Arbeit, jedes Wort.

*

Hochgestellte, die den einfachen Menschen kennen
wollen, vergessen manchmal, daß es, außer in ihrer
primitiven Vorstellung, keine einfachen Menschen
gibt.

*

An der Sanduhr sehen wir nicht nur eine ver-
gehende, sondern auch eine entstehende Menge.
Diese ist ebenso tief gedankenvoll.

Wenn du einen Menschen so gut kennst, daß du zu wissen glaubst, was er zu irgendeiner Sache sagen würde, so heißt das im Grunde, daß du nichts mehr von ihm wissen willst.

*

Vieldeutigkeit kommt der Sache näher. Ist sie gewollt, so bleibt sie der Sache ferner als das Eindeutige.

*

Gespräche über das Wetter sind wohl töricht, aber *daß* man über das Wetter spricht, ist weise.

*

Sie lassen sich einreden, daß eine gut organisierte Hölle eigentlich der Himmel sei. So gestorben sind sie zu Lebzeiten schon.

FRIEDRICH GEORG JÜNGER

(1898–1977)

Zurück zu den Quellen! Wer das ruft, ist keine
Quelle.

*

Wissen, wo etwas Gewußtes steht, das ist der
größte Teil alles Wissens heute.

*

Die Absicht bedeutend zu schreiben, bedeutend
zu sprechen, verdirbt vieles. Absicht gibt dem Stil
etwas Abgesehenes.

*

Auch der Gedanke, daß alles vergeht, ist vergäng-
lich.

*

Du kannst vieles zerreißen, aber du kannst kein Riß
sein.

*

Die Bewahrung des Verfallenden ist schon der Verfall der Bewahrung.

Wer seinen Schatten flieht, der flieht das Licht.

*

Zur Archäologie gehört immer auch die Gräber-schändung.

*

Wer über die Götter hinauswill, der fällt in die Hände der Titanen.

*

Schlechte Zeit ist alle Zeit, die als Zeit ins Bewußt-sein kommt.

*

Das Nachdenken ist harte Arbeit, ist das Bewälti-gen von Widerständen. Ob das Vordenken leichter ist? Nein, auch ist es nur ein Modus des Nach-denkens. Wir denken nur dort vor, wo wir nach-denken.

*

Ein Unterschied ist kein Widerspruch.

*

Wenn die Pathologie pathologisch wird, müssen Laien kommen, um die Ärzte zu behandeln.

*

Ein Mensch ohne Jugend wird schwer alt.

*

Dort, wo alles gesagt werden kann, ist Schweigen gut.

Leicht bin ich in dem Verhältnis, in dem ich Gewicht habe. Wenn ich nichts wöge, würde ich nicht leicht sein.

*

Das Ende alles Denkens ist der Ursprung.

*

Wenn das Maß des Verbotenen zunimmt – ein schlechtes Zeichen. Nimmt das Maß des Erlaubten zu – kein gutes Zeichen. Gut ist, wenn das zunimmt, was keiner Trennung unterworfen ist, das, was weder erlaubt noch verboten ist.

*

Mit dem Maß der Verstellung wächst die Komik der Fehlschläge. Je schlauer jemand ist, desto komischer wird er, wenn er stolpert.

*

Witzig sein wollen, witzig um jeden Preis, das heißt sich zu seinem eigenen Affen machen. Nachäffen – ein gutes Wort. Es bezeichnet die mißlungene Nachahmung.

*

Mitten im Gelächter stirbt das Lachen ab. In der Mitte des Ernstes bricht es auf.

*

Es gibt einen Rekord für Tiefbohrungen in der kürzesten Zeit. Schwieriger ist, eine Schicht Humus von drei Zoll zu erzeugen.

Er hat nicht den Begriff der Ironie. Er will immer deutlich werden.

*

Der Hörende horcht nicht; der Horcher hört nicht.

*

Ein Gott, der sich bewegt, tanzt.

*

Die Welt der Wissenschaft ist der göttlichen Welt am fernsten.

CHARLES TSCHOPP

(1899–1982)

Das Leben ist ein unerfreulicher Roman; oft möchte man das Buch zuklappen, aber es nimmt uns immer wieder wunder, wie es weiter geht.

*

Erst die Enttäuschungen verraten uns, was wir alles hofften.

*

Erinnerungen sind rückwärtsschauende Hoffnungen.

*

Eine Hure schämt sich wegen dem Loch im Strumpf ebenso sehr als die anständigste Frau.

*

Eine alte Geschichte: Sie verführte ihn dazu, daß er sie verführte.

*

Eine gute Ehe ist eine durch Freundschaft gemäßigte Liebe.

Im Unglück wollen wenige getröstet, viele bedauert, die meisten bewundert sein.

*

Man ist zuweilen aus Versehen glücklich.

*

Wer von sich nicht groß denken kann, denkt von der Menschheit gering.

*

Geben können ist seliger als annehmen müssen.

*

Man übt Wohltätigkeit, wie man Katzen streichelt, deren zufriedenes Schnurren man hören will.

*

Wie man eine gute Bibliothek verdoppelt? – Man lese die Bücher zweimal.

*

Bedenke: Wenn wir auf das hohe Roß steigen, sind wir alle schlechte Reiter.

*

Die Deutschen leben im Geistigen von dem Glauben, daß Schwerverdauliches besonders nahrhaft sei.

*

Die bequemste Art, den Schein von Gedanken zu haben, ist: das Gegenteil zu behaupten.

Er wurde der berühmteste Mensch seiner Zeit, weil er fast so stark wie ein Gorilla war.

*

Indem die Technik unsere Hoffnungen, Sehnsüchte, Wünsche zu befriedigen scheint, verwandelt sie diese in verfluchte, lästige Bedürfnisse.

*

Das allzubequeme elektrische Licht hat dem Menschen die Nacht gestohlen. Unsere Gedanken und Gefühle verflachen, weil wir die Nacht nicht mehr kennen, weil wir fast nie mehr im Dunkeln uns durch die Wohnung tasten, weil wir Städter die Sterne nicht mehr sehen ... Mehr Nacht!

*

Dem Auto und der Spinnmaschine verdanken wir die Poesie der Postkutsche und des Spinnrades.

*

Unsere neuesten Erfindungen: Welcher Triumph der Menschheit und welche Niederlage der Menschlichkeit.

*

Wer den Zweck außerhalb, den Sinn innerhalb jeglichen Tuns sucht, darf wohl behaupten: Die moderne Menschheit macht die Arbeit immer zweckvoller und immer sinnloser.

Mancher, der stolz und kaltblütig davon träumt, wenigstens der Diktator Europas zu werden, verträgt kaum den dünkelhaften Rausch, wenn er wirklich zum Gemeinderat in Seldikon gewählt wird.

*

Die Kätzchen sind allerliebst, die vogelmörderischen Katzen scheußlich. Worauf beruht der Unterschied? Darauf, daß die Katze kann, was das Kätzchen bloß will.

*

Fortschritt: Früher starb man ohne Ärzte, später wegen den Ärzten und heute trotz den Ärzten.

*

Wissen ist schwerer als Besserwissen.

*

Sein Stil ist das, wofür der Künstler nichts kann; Manier das, woran er selber schuld ist.

*

Die Tugendhaften würden nicht so sehr gegen Laster und Lasterhafte schimpfen, wenn sie sich das Vergnügen an den Lastern nicht übertrieben groß vorstellten.

*

Mancher spricht mit Stolz von seiner «abgeschlossenen» Bildung und merkt die hohnvolle Wahrheit seiner Worte nicht.

Merkwürdig, auch in den feinsten Familien lernen die Kinder alle die Ausdrücke, die man unter feinen Leuten doch nicht braucht.

*

Journalist ist, wer über Dinge, die er nicht versteht, kompetent zu schreiben weiß.

*

Der Himmel kann sich auch in einer Pfütze spiegeln.

*

Solange die Eltern leben, sind wir noch Kinder, die den Tod nicht ernst nehmen. Doch wenn sie sterben, ist es gleichsam, als ob eine Wand, die uns vom Tode trennte, weggerissen würde. Auf einmal rücken wir eine Generation vor: Wir stehen nackt da, wie die Fichtenstämme am Rande eines Kahlschlages, der nächstes Jahr weiterrücken und bald auch die jungen Bäume überraschen wird, die noch tief im Waldesdunkel träumen.

*

Ein Lächeln besiegt oft das lauteste Gebrüll.

*

Hilf dir selbst: *So* hilft dir Gott.

Es ist mit den Freuden des Lebens wie mit den Blumen: Die schönsten verblühen oft am häßlichsten.

*

Am meisten jammern die, deren Brot auf beiden Seiten gebuttert ist. Es fällt nie auf die rechte Seite.

*

Der wunderbar irisierende Glanz alter Gläser rührt von feinen Sprüngen her. Und der Glanz reifer Seelen?

*

Es gibt Übungen für die Seele: Betrachte einmal dein Zimmer oder eine sommerliche Landschaft so, als ob du sterblich wärest. – Betrachte die Menschen deiner Stadt, wie wenn sie jemand gemalt oder gezeichnet hätte und du tausend Jahre später lebtest und dieses Bild studiertest. – Betrachte einen Festzug mit den Augen eines kleinen Kindes, für das die Erwachsenen die Herren dieser Welt und dieses Lebens sind (und zu denen gehörst auch du für gewöhnlich; du wirst darüber staunen!) – Betrachte einen Schulhof und laß die Knaben und Mädchen in Gedanken plötzlich fünfzig Jahre älter werden –

*

Ein bescheidenes *Ich* zu werden ist mehr wert als ein großer *Jemand*.

*

Zu was willst du die Kinder erziehen? – Zu Leuten oder zu Menschen?

Warum zürnest du dem Freund, den die veränderten Gedanken und Meinungen von dir trennen? Er ist ein Wandergenosse, der bei der Kreuzung einen andern Weg wählt. Reiche ihm dankbar für die Begleitung die Hand zum Abschied.

*

Der gute Mensch will, was an *ihm* gesündigt worden ist, an *andern* gutmachen.

*

Durch die Erfüllung verwandelt die Zivilisation Wünsche in Bedürfnisse.

*

Der Laute steht im Verdacht, selbst schlecht zu hören.

*

Man kann tiefsinniger schweigen als reden.

*

Der Koch des Herzogs von Soubise konnte den besten Extrakt von fünfzig Schinken in ein Glasfläschchen zwingen, das nicht größer als ein Daumen war. – Er hätte Aphorismen schreiben sollen!

*

Auch der sauerste Schweiß fällt als Perle von der Stirne.

HANS KUDSZUS

(1901–1977)

Wege entstehen dadurch, daß wir sie gehen.

*

Wer Gedanken liebt, wiederholt sich. Wer das Denken liebt, widerspricht sich.

*

Daß Gott die Vögel, die nicht säen und nicht ernten, doch ernährt, freut die Katze am meisten.

*

«Lügen haben kurze Beine»; und lange Arme.

*

«Genie ist Fleiß», aber nur, wenn er der Fleiß eines Genies ist.

*

Wenn wir die letzte Maske ablegen, verlieren wir unser Gesicht.

*

Abschied ist die innigste Weise menschlichen Zusammenseins.

Ohne Flügel ist Amor nur ein kleiner Nackedei.

*

Abstand wahren ist der kürzeste Weg in die Nähe
des anderen.

*

Ich hörte schon oft sagen: «Sie ist eine Schönheit»;
aber noch nie: «Sie ist eine Klugheit»; das duldet
schon die Sprache nicht. Warum?

*

Es findet der Mensch leichter im Glück die Liebe
als in der Liebe das Glück.

*

Der Fisch schaut das Meer erst, wenn er am Strand
liegt, todgeweiht.

*

Das Lächeln der Mona Lisa gilt denen, die es zu
enträtseln versuchen.

*

Wir halten uns nie so innig an uns selber fest, als
wenn wir uns gehen lassen.

*

Jemanden mißverstehen macht oft sehr viel mehr
Mühe, als ihn verstehen.

Schönheit strahlt, Geist glänzt; und beide können blenden. Güte wärmt.

*

Weil er seine Skepsis nicht mehr ertragen konnte, wurde er Fanatiker.

*

Lachen, immer laut, ist ein akustisches, Lächeln, immer leise, ein optisches Phänomen. Ich höre dich lachen und sehe dich lächeln. Wer nichts mehr zu lachen hat, flüchtet sich ins Lächeln oder geht zugrunde.

*

Die Sehnsucht des Marmors ist der Bildhauer.

*

Wer uns vernichten kann, vermag uns noch längst nicht zu verwunden; dies ist das Vorrecht derer, die wir lieben.

*

Da jeder Omnibus die Chance hat, an der nächsten Ecke mit einem anderen zusammenzustoßen, ist jeder verpaßte Omnibus ein Quell ungetrübter Freude.

*

Das Sehnen der Sterne, sich zu spiegeln, erfüllt ein flacher Tümpel nicht schlechter als ein tiefer See.

Beneidenswertes Los der Zeit: Sie kommt zu sich
selbst, wenn sie vergeht.

*

Es macht sich niemand so leicht schmutzig wie der,
der mit allen Wassern gewaschen ist.

*

Über den Menschen sollte nur reden, wer über ihn
verstummt ist.

*

Es gibt Gesichter, die nicht halten, was der Kopf
verspricht; und umgekehrt.

*

Hochmut ist oft nur die Weigerung, sich unter sein
eigenes Niveau hinabdrücken zu lassen. Dann gilt:
Hochmut schützt vor dem Fall.

*

Sage mir erst, welche Opfer du brachtest, und ich
sage dir, wieviel Kraft du hast.

*

Mit jedem Individuum setzt sich ein Kollektiv eine
Laus in seinen Pelz.

*

Auch Ideen machen Wind: «Ideologien».

Wer vorwärtskommen will, darf nie gleichzeitig mit beiden Füßen auf der Erde stehen.

*

Wenn der Klügere in der Politik nachgibt, begeht er nicht nur eine Dummheit, sondern ein Verbrechen.

*

Wie man hundert Theologen bilden muß, um einen Priester zu bekommen, muß man tausend Politiker züchten, um einen Staatsmann zu erhalten.

*

Ein Politiker darf an Gott glauben, aber nie mit ihm rechnen.

*

Kein Lärm der Geschichte bricht das Schweigen der Erde.

*

Das Recht ist eine Gewalt, die der Gewalt das Recht streitig macht.

*

Unbildung ist stumm, Halbbildung beredt, Bildung schweigsam.

*

Am schwersten ist aus einer Sprache in eine andere das Schweigen zu übersetzen.

Schriftsteller wird man, wenn man alle Dinge beim Wort nimmt.

*

Unechte und echte Selbstmörder: Jene haben noch genug Leben in sich, um es vernichten zu können; diese nicht mehr.

*

Der Tod ist das Schlimmste; aber der Tod ist nicht der schlimmste Tod.

*

«Also auch Sie hängen doch am Leben?» – «Selbstverständlich. Wie der Fisch am Angelhaken.»

*

Da die Toten jenseits des Lebens sind, haben wir alle die Chance, einmal hinter das Leben zu kommen.

*

Im Zweifel am Glauben sonnt sich der Glaube an den Zweifel.

*

Aufschlußreicher als das, woran jemand glaubt, ist, woran er glauben zu können wünscht.

*

Alle Epochen sind gleich unmittelbar zu ihren Gespenstern.

Das Böse, das wir taten, ist eine kleine Last, verglichen mit dem Guten, das wir hätten tun können.

*

Die Gelehrten sind sich immer uneins; die Weisen immer eins.

*

Denker nähren sich vom Denken, nicht vom Gedachten.

*

Wenn jemand behauptet, er sei sich über eine Frage «restlos klar» geworden, so fahnde danach, wo er sich eines intellektuellen Betruges schuldig gemacht hat.

*

Denken heißt Gedanken bekommen. Wie man etwa ein Geschenk bekommt. Oder eine Ohrfeige. Nur daß der Geber unbekannt ist; nicht einmal denkbar. Wäre er dies, so wandelte sich der Geber in die Gabe: das Paradox der Offenbarung.

*

Wer einen Gedanken mitteilt, denkt auch das Mitteilen.

*

Den Ausdruck eines Gedankens verbessern, heißt einen besseren Gedanken ausdrücken.

THEODOR W. ADORNO

(1903–1969)

Im 19. Jahrhundert haben die Deutschen ihren Traum gemalt, und es ist allemal Gemüse daraus geworden. Die Franzosen brauchten nur Gemüse zu malen, und es war schon ein Traum.

*

In angelsächsischen Ländern sehen die Dirnen aus, als ob sie mit der Sünde zugleich die Höllenstrafe mitlieferten.

*

In der Erinnerung der Emigration schmeckt jeder deutsche Rehbraten, als wäre er vom Freischütz erlegt worden.

*

An der Psychoanalyse ist nichts wahr als ihre Übertreibungen.

*

Ob einer glücklich ist, kann er dem Winde anhören. Dieser mahnt den Unglücklichen an die Zerbrechlichkeit seines Hauses und jagt ihn aus leichtem Schlaf und heftigem Traum. Dem Glücklichen singt er das Lied seines Geborgenseins: sein wütendes Pfeifen meldet, daß er keine Macht mehr hat über ihn.

*

Der lautlose Lärm, der aus unserer Traumerfahrung seit je uns gegenwärtig ist, tönt dem Wachen aus den Schlagzeilen der Zeitungen entgegen.

*

Bei vielen Menschen ist es bereits eine Unverschämtheit, wenn sie Ich sagen.

*

Noch der armseligste Mensch ist fähig, die Schwächen des bedeutendsten, noch der dümmste, die Denkfehler des klügsten zu erkennen.

*

Daß in der repressiven Gesellschaft Freiheit und Unverschämtheit aufs gleiche hinauslaufen, bezeugen die sorgenlosen Gesten der Halbwüchsigen, die «Was kost' die Welt» fragen, solange sie ihre Arbeit noch nicht verkaufen. Zum Zeichen dessen, daß sie auf niemand angewiesen sind und darum keinen Respekt haben müssen, stecken sie die Hände in die Hosentaschen. Die Ellenbogen aber, die sie dabei nach außen kehren, sind schon bereit, jeden zu stoßen, der ihnen in den Weg kommt.

Die Phrase: «Kommt überhaupt gar nicht in Frage», die im Berlin der zwanziger Jahre aufgekommen sein dürfte, ist potentiell schon die Machtergreifung. Denn sie prätendiert, daß der private Wille, gestützt manchmal auf wirkliche Verfügungsrechte, meist auf bloße Frechheit, unmittelbar die objektive Notwendigkeit darstelle, die keinen Einspruch zuläßt. Im Grunde ist es die Weigerung des bankrotten Verhandlungspartners, dem andern einen Pfennig zu zahlen, im stolzen Bewußtsein, daß es bei ihm ja doch nichts mehr zu holen gibt. Der Trick des betrügerischen Advokaten tut sich großmäulig als heldische Unbeugsamkeit auf: sprachliche Formel der Usurpation. Solcher Bluff definiert gleichermaßen den Erfolg und den Sturz des Nationalsozialismus.

*

Ein Deutscher ist ein Mensch, der keine Lüge aussprechen kann, ohne sie selbst zu glauben.

*

Der Antisemitismus ist das Gerücht über die Juden.

*

Mit dem Glück ist es nicht anders als mit der Wahrheit: Man hat es nicht, sondern ist darin. Ja, Glück ist nichts anderes als das Umfangensein, Nachbild der Geborgenheit in der Mutter. Darum aber kann kein Glücklicher je wissen, daß er es ist. Um das Glück zu sehen, müßte er aus ihm heraustreten: er wäre wie ein Geborener. Wer sagt, er sei glücklich, lügt, indem er es beschwört, und sündigt so an dem

Glück. Treue hält ihm bloß, der spricht: ich war glücklich. Das einzige Verhältnis des Bewußtseins zum Glück ist der Dank: das macht dessen unvergleichliche Würde aus.

*

Monogramme. – Odi profanum vulgus et arceo, sagte der Sohn des Freigelassenen.

*

Von sehr bösen Menschen kann man sich eigentlich gar nicht vorstellen, daß sie sterben.

*

Wir sagen und Ich meinen ist eine von den ausgesuchtesten Kränkungen.

*

Vorm fünfundachtzigsten Geburtstag eines in allen Stücken wohlversorgten Mannes legte ich mir im Traum die Frage vor, was ich ihm schenken könne, um ihm wirklich eine Freude zu machen, und erteilte mir sogleich selber die Antwort: einen Führer durch das Totenreich.

*

Früh in der Kindheit sah ich die ersten Schneeschaufler in dünnen schäbigen Kleidern. Auf meine Frage wurde mir geantwortet, das seien Männer ohne Arbeit, denen man diese Beschäftigung gäbe, damit sie sich ihr Brot verdienten. Recht geschieht ihnen, daß sie Schnee schaufeln müssen, rief ich wütend aus, um sogleich fassungslos zu weinen.

Geliebt wirst du einzig, wo du schwach dich zeigen darfst, ohne Stärke zu provozieren.

*

In nuce. – Aufgabe von Kunst heute ist es, Chaos in die Ordnung zu bringen.

*

Künstlerische Produktivität ist das Vermögen der Willkür im Unwillkürlichen.

*

Kunst ist Magie, befreit von der Lüge, Wahrheit zu sein.

*

Die Kunstform, welche von altersher als Darstellung der Idee den höchsten Anspruch auf Vergeistigung erhebt, das Drama, ist zugleich seinen innersten Voraussetzungen nach unabdingbar auf ein Publikum verwiesen.

*

Der von den Ästhetikern verbreitete Glaube, das Kunstwerk wäre, als Gegenstand unmittelbarer Anschauung, rein aus sich heraus zu verstehen, ist nicht stichhaltig. Er hat seine Grenze keineswegs bloß an den kulturellen Voraussetzungen eines Gebildes, seiner «Sprache», der nur der eingeweihte folgen kann. Sondern selbst wo keine Schwierigkeiten solcher Art im Wege sind, verlangt das Kunstwerk mehr, als daß man ihm sich überläßt. Wer die Fledermaus schön finden will, der muß wissen, daß es die Fledermaus ist: ihm muß die Mutter erklärt haben, daß es nicht um das geflügelte Tier, sondern um ein Maskenkostüm sich handelt; er muß daran sich erinnern, daß ihm gesagt ward: morgen darfst du in die Fledermaus. In der Tradition stehen hieß: das Kunstwerk als ein bestätigtes, geltendes erfahren; in ihm teilhaben an den Reaktionen all derer, die zuvor es sahen. Fällt das einmal fort, so liegt das Werk in seiner Blöße und Fehlbarkeit zutage. Die Handlung wird aus einem Ritual zur Idiotie, die Musik aus einem Kanon sinnvoller Wendungen schal und abgestanden. Es ist wirklich nicht mehr so schön. Daraus zieht die Massenkultur ihr Recht zur Adaption. Die Schwäche aller traditionellen Kultur außerhalb ihrer Tradition liefert den Vorwand, sie zu verbessern und damit barbarisch zu verschandeln.

*

Das Tröstliche der großen Kunstwerke liegt weniger in dem, was sie aussprechen, als darin, daß es ihnen gelang, dem Dasein sich abzutrotzen. Hoffnung ist am ehesten bei den trostlosen.

*

Kafka: der Solipsist ohne ipse.

LUDWIG HOHL

(1904–1980)

Alles, was wir handeln, muß, wenn es Wert haben soll, vom Betrachtungspunkt der Kürze unseres Lebens aus gehandelt sein.

Stehen wir nicht da, so werden wir, auch wenn wir scheinbar tätig sein sollten (äußere Gewalten treiben uns zumeist zu einer scheinbaren Tätigkeit und lassen uns ihr nicht mehr entrinnen), vorwiegend in immerwährender *Erwartung* leben; stehst du aber da, so willst du vor allem andern selber rasch noch etwas *tun* (– und mit einem ganz andern Ernste, als jenes Tun geschieht, in dem dich fremde, äußere Mächte gefangen halten). Es ist aber etwas tun und solches Tun – eigenes Tun, zu dem dich nicht fremde äußere, sondern innere Gewalten nötigen –, das einzige, was Leben gibt, was retten kann.

Solches Tun nenne ich Arbeiten.

*

Einige bemühen sich immer, in die Geschichte einzutreten. In die Geschichte tritt man von selber ein.

*

Dieser hielt sich ans Einzelne und änderte das All. Jener predigte das Universale und änderte weder das All noch das Einzelne.

Um die Erkenntnis herum gibt es zwei fundamentale Irrtümer: erstens, man könne sie übermitteln (wie man Namen oder wissenschaftliche Lehrsätze übermittelt); zweitens, man könne sie bewahren (in Gedächtnis oder Bücherschrank).

*

Daß wir aus dem Leben hinaus in den Tod hinüber nichts mitnehmen können, weiß jeder; aber wer weiß die ebenso große Wahrheit, daß wir auch ins Leben hinein nichts mitgebracht haben von irgendeinem *Wert*? Alles, was irgendeiner mitbringen konnte, waren Bedingungen; die Werte, wenn er welche haben wollte, mußte er von Stunde zu Stunde, von Minute zu Minute, *erzeugen*.

Denn Werte können nicht aufbewahrt werden. Das ist ja eben der Sinn aller Veränderungen: die nicht aufzubewahrenden Werte immer wieder gegenwärtig zu machen.

Du brennst: die Flamme ist der Wert.

*

Wir wissen zwar, daß die Erkenntnis das Höchste ist. Aber es ist sinnlos, einem Menschen zuzurufen: «Erkenne!» Erkennen ist der Gipfel, aber wie sind die Wege? Über die Ebenen des Alpinisten schaut als Wunderbarstes der Gipfel; aber sein einziges Sinnen gilt dem Weg. Was ist der Weg desjenigen, der steigen will zu den Gipfeln des Lebens? Das Richtige tun!

Welches aber ist die Tat, die am meisten des Richtigen enthält? Dir präsentieren sich, wenn du jung bist, viele! – So ergreife eine, in der du Richtiges siehst! Das Richtige in ihr wird groß, und wird eine Leuchte, die dich führt zu Richtigerem.

*

Das Leben. Erst zählt man die schlechten Momente. Dann zählt man die frohen Momente, – und wird froher.

*

Die Geistesstärke eines Menschen ist zu messen im Zustand der Angst. Nicht, daß nicht jeder in gewaltige Angst gestürzt werden könne – jedoch ist der Unterschied der, ob er in diesem Zustand noch auf Überlegungen des Verstandes zu hören vermag oder nicht. Jener Professor auf dem ihm gefährlich scheinenden Grat: Mag diese Angst ihn angekommen sein, es ist zu begreifen: aber daß er auf die einfachen Argumente für die Gefahrlosigkeit und auf die klaren Anweisungen der Kundigen, wie er jedem Rest von Gefahr entgehen könne, nicht zu hören vermochte, das zeigt – nicht eine noch größere Angst, sondern eine geringere Geistesstärke an. Der geistig Starke sucht eben in der höchsten Gefahr am ehesten Zuflucht bei der Vernunft, er sucht durch den Verstand Rettung vor allem!

*

Nie zu vergessen, in welchem Maße Worte kostbare Dinge sind, die einmal aufgehen wie Samen; die, behalten – man kann sie doch wie materiell behalten, im Gedächtnis –, ihre Zeit abwarten zu größter Aktion, strahlend erwachend in Kraft, nach Jahren.

Vom *mystischen* Wesen jeder ernsten menschlichen Anstrengung: Sie ist nicht ein gerader Weg, wie die Jugend meint; ihre Frucht (des Weges Ziel) ist nicht zu erblicken: nicht den Gipfel, den es zu erreichen gilt, sehen wir, sondern eine Aushängefahne, uns auf den Weg zu locken, und im besten Falle einen Vorgipfel von keiner Bedeutung. – Auf dem Weg finden wir dann Edelsteine, – oder sehen wir den immer wahreren Gipfel: unser eigentliches Ziel ist der Weg.

Die Größten sind nur *die größern Wegkundigen.*

*

Zwar wächst man durch die Last, die man trägt (nur durch die Last); ist aber die Last zu groß, bricht man im Nu zusammen.

Sünde ist nicht nur, nicht Last tragen zu wollen; sondern auch, sich freiwillig eine größere Last aufzubürden, als man tragen kann.

*

Einer der wichtigsten Sätze von Karl Kraus lautet: «Gute Ansichten sind wertlos. Es kommt darauf an, wer sie hat.»

*

Wenn man nicht den Fortschritt als solchen (das verbessernde Tun) liebt, sondern an der Erreichung des Ziels haftet, an einem zu erreichenden Idealzustand (und das heißt: am näheren Bild statt am höheren) –, so ist man gerade so dumm wie jene, die Gutes einem andern tun, um von ihm Lohn zu empfangen; ebenso sicher wird man den Zusammenbruch erleben.

Klassenbewußtsein, ja, die Theorie ist nur allzu richtig. Aber es gibt noch eine dritte Klasse, die des Sokrates, die der Unversöhnlichen.

*

Man darf sich nur dann sprichwörtlicher Wendungen (oder gar ganzer Sprichwörter) bedienen, wenn man sie wiedererweckt, wenn man durch jeden ihrer ausgedörrten Teile frisches Leben strömen läßt (was selten möglich, schwerer ist, als ohne sie sich ausdrücken).

Denn auch die Worte sterben unaufhörlich ab und müssen unaufhörlich ihr Leben neu empfangen.

*

Wenn du es mit all deinem Schreiben und Bergsteigen nicht weiter gebracht hast, als daß du am Ende deines Lebens erkennst, du hättest nicht schreiben oder bergsteigen sollen, sondern besser Landwirtschaft getrieben, dann hast du es freilich nicht weit gebracht.

*

ÜBER GOTT

Man hat, wenn man von den großartigsten Erfindungen redete, die der Menschheit gelungen sind, diese meistens vergessen: Gott.

In der Angelegenheit Gott ist das Merkwürdigste dies, daß jene, die ihn ernst bejahen, mit denen, die ihn ernst verneinen, sich sehr gut verstehen.

Noch einmal: Der Künstler ist nur eine größere *Quantität* als irgendein Mensch – nicht etwas *anderes*. Wir können also, wenn wir sein Gesetz erforschen – wozu die Umstände eben der größeren Quantität wegen sich vorzüglich eignen –, zu dem für alle Menschen Gültigen gelangen.

Also: Leben ist gleich Kunstprodukt und Kunstprodukt ist gleich wahrem Leben. Das eine wie das andere erreichen besteht in einem richtigen Verhalten, Zeugnis geben, das ist Darstellen eines Innen durch ein Außen; kurz, besteht in Bejahung des Lebens, somit: Vermehrung des Lebens; ist Kommunikation mit den andern, Arbeiten.

*

Es ist nicht dasselbe, ob man jemanden bewundert oder liebt. Und zwar ist deutlich zu sagen, daß Liebe mehr ist: denn sie schließt Bewunderung ein.

*

Wenn es heißt: «Man hat so genau gerechnet – alles war ganz genau berechnet – und nun sind die Dinge doch ganz anders herausgekommen», so kann als sicher gelten: die Rechnung war eben doch nicht genau.

*

Man kann nicht zwar den Willen zur Größe, nicht aber Größe haben. Wo der wirkliche Wille zur Größe ist, da ist Größe.

Eine Hauptsache, die man nie vergessen dürfte: daß es an *uns* liegt, die Welt zu ändern, nicht bei den andern. *Immer bei uns.*

*

Der Mensch muß erst seinen Bruch mit der Natur sehen, um wieder Natur zu werden.

*

Wer etwas erkannt hat und sich davor zurückhält, der tötet.

*

Alles ist Fragment gewesen, was je geschaffen worden ist.

*

Wahre Tätigkeit schützt sich selbst vor Überhebung.

*

Wichtig ist, daß man das vom Klavier nicht vergißt: Wenn du anderswo einen Ton erzeugst, gewisse Bewegungen machst, die einen Ton erzeugen, erklingt das Instrument. Das Universale – von unten bis oben gesehen – ist so eine Musikorganisation; wenn du *richtige* Bewegungen machst, gleichgültig ob kleine oder große, so erklingt diese Musikorganisation.

DAS EWIGE

Das Leben hat wirklich viel von einem Traum (ich sehe wieder die Kaninchen, wohl neu herangewachsene, vom selben Platz aus, weiß, daß gleich wieder die Rhabarber hervorstoßen werden, und sehe, wie die Jahre schwinden; man wird fast *plötzlich* alt; die Jahrzehnte *verfliegen*), der Tod ist eine unwesentliche Kleinigkeit, wie ein kleiner Krampf, ein Auffahren beim Erwachen. Und auch da wieder bricht es mit unwiderlegbarer Deutlichkeit – wie das Sonnenlicht auf eine nächtliche Stadt fällt – über mich herein, daß es nur *eines* gibt, ein Gutes für uns alle bei diesen ganzen Affären, diesen Flüchtigkeiten: selber bestimmend mitzuwirken, das eine bejahend, das andere verneinend, bei diesen Flüchtigkeiten, diesen vorüberjagenden farbigen Träumen.

*

Das Unglück allein ist noch nicht das ganze Unglück; Frage ist noch, wie man es besteht. Erst wenn man es schlecht besteht, wird es ein ganzes Unglück.

Das Glück allein ist noch nicht das ganze Glück.

*

Während man sich nun mit dem Unterbewußten, dem Unbewußten und Ähnlichem, kurz den verschiedenen Arten des nicht ganz Bewußten sehr viel beschäftigt, ist noch lange nicht genug bekannt und wird vielleicht nie genug bekannt sein, daß es

auch viele, ja endlos viele Grade des durchaus Bewußten gibt, *Intensitätsgrade des Wissens*. Der einfache Mann ist auch heute noch der Meinung, entweder wisse man eine Sache oder man wisse sie
nicht. Kein größerer Irrtum ist möglich! Die Stärke,
mit der etwas gewußt wird, ist verschieden von
Mensch zu Mensch, von Tag zu Tag; ist nicht
weniger veränderlich als die Lage eines Tropfens
in einem strömenden Wasser, ja in einem Spring-
brunnen! (Womit es zusammenhängt, daß man
eine Erkenntnis nicht aufbewahren kann, daß eine
Rettung immer eben erst geschehen sein muß.)
Daher kann Zitieren (eines ganz Bekannten), ja
verschiedenes Betonen, schon eine große Leistung
sein. – Wieder ein Zugang, die Bedeutung zu sehen
des Redens.

*

Schweigen kann seinen Sinn nur durch das es umgebende Reden haben; es ist wie ein Interpunktionszeichen, es kann nicht allein stehen. Wie ein
Gedankenstrich.
    Nun sind die Interpunktionszeichen wichtig;
heißt das, daß jene gedichtet haben, die nur in Interpunktionszeichen gedichtet haben? – Und um
genau zu sein, sind die Interpunktionszeichen noch
mehr als das andere Schweigen, denn sie variieren,
jenes nicht (es gibt das plumpe, irdische Schweigen des Punkts und das höhere, durchsichtige
des Strichpunkts, das klare, einfache, nur wie eine
Verschiebung wirkende des Beistrichs, das tiefe,
mächtig Raum greifende dreier Punkte oder das
wie ein Pfeil in die Ferne schießende zweier Striche,

und andere); das gewöhnliche Schweigen ist gleich-
zusetzen *einem,* immer wiederholten Interpunktionszeichen.

Wir meinen also nicht, daß man immer reden
solle. Wenn du durch dein Schweigen das hervor-
hebst, was du gesagt hast oder sagen wirst, magst
du schweigen. Denn Schweigen allein ist nichts.

*

«Ein bedeutendes Schweigen.» Mäßigkeit – Ab-
wesenheit von Maßlosem; und alles Schaffende,
alles Wertvolle tritt auf als ein Maßloses – hat nur
Bedeutung, soweit sie der Grund (le fond), das ver-
bindende, durch Verbindung ermöglichende Element eines Ungewöhnlichen, eines Maßlosen ist;
also nicht selber Bedeutung. Genau so kommt
einem Schweigen nur Bedeutung zu, soweit es als
Rahmen der Bedeutung eines Geredeten hervor-
zutreten erlaubt; es gibt also kein bedeutendes
Schweigen.

*

Die Kinder, wenn ihnen ein Buch, ein Stück gefällt, wollen immer sogleich vom selben Autor
mehr lesen; lesen, wenn sie dazu gelangen können,
von den Stücken, die dieser Autor verfaßt hat,
eines nach dem andern *durch,* bis sie den Autor *aus*-
gelesen haben, was sie dann bedauern. – So auch
mancher Erwachsene.

Was aber tut der *Leser,* wenn ihm ein Stück gefällt? Ohne Ausnahme das eine: er liest nochmals.

Das zweite Lesen wird den ersten Eindruck nie nur bestätigen, sondern aufheben oder vertiefen.

Kein wirklicher Leser hat ein wirkliches Kunstwerk je ausgelesen.

Der wirkliche Leser wird in dem gut Geschriebenen immer neue Seiten entdecken; in jeder Lage ergeben sich neue Wirkungen. Selbst wenn er das Stück «auswendig» weiß, wird es erst recht inwendig, ein Teil von ihm und erreicht kein Ende, da es fortzeugend ist wie das Leben – da es selber das Leben ist, ein realer Teil der Dinge und unabsehbar in den Folgen.

Bei Lichtenberg steht: «Ein sicheres Zeichen von einem guten Buche ist, wenn es einem immer besser gefällt, je älter man wird, vorausgesetzt, daß man mit dem Alter auch weiser wird; denn ein Buch ist ein Spiegel, wenn ein Affe hineinguckt, kann kein Apostel herausschauen.»

Mit Leuten, die das Lesen als passiven Vorgang bezeichnen, dürfte nicht zu reden ratsam sein. Wer weiß, vielleicht werden sie das Hören auch als passiven Vorgang betrachten und unter eurer Rede einschlafen oder sterben.

*

In den meisten Fällen, da einer sagt, wirklichen Werken gegenüber: «*das* verstehe ich daran, aber *das* verstehe ich nicht», hat er gar nichts verstanden.

In Notlagen erheben sich die Geringern zu des Wortes Stärke; dann können sie hören, können sie reden. Die großen Künstler sind immer in solchen Notlagen.

*

Einer schreit im Garten; ein schwerer Stein ist ihm auf den Fuß gefallen: er verantwortet seinen Schrei. Einer fleht: «Bleibe. Ich sterbe.» Du siehst ihn an, und aus seiner Bleichheit, aus dem Ton seiner Rede und aus hundert winzigen Dingen, die du nicht nennen kannst, geht dir zwingend auf – wie jedem aufgehen müßte –: daß es *seine* Worte sind. So aber soll es, wenn ihr schreibt, unter euch Schriftstellern auch sein.

Wie es an anderer Stelle steht: «In Notlagen erheben sich die Geringern zu des Wortes Stärke; dann können sie hören, können sie reden. Die großen Künstler sind immer in solchen Notlagen.»

Die ganze Kunst des Schreibens besteht darin, daß man kein Wort verwendet ohne volle Verantwortung.

*

Politische, soziale Schriftsteller: Diese haben fast niemals Kunst geschaffen. Denn ihre Werke sind nicht aus Primär-, sondern aus Sekundärmaterialien gebaut; das primäre Erleben war anderswo; Kunst entsteht aber nur unmittelbar aus primärem Erleben, genauer noch, *als* primäres Erleben. Weil der Ort der wirklichen Teilnahme, das eigentliche Erleben jener Schreibenden, bei der sozialen Ver-

wandlung, der politischen Entwicklung liegt, ist,
was sie schrieben, künstlerisch gesehen, blaß,
ohne wirkliche eigene Existenz (was erzieherischen
Wert nicht ausschließt – ganz im Gegenteil; Kunst
ist ein sehr ungeeignetes Instrument der Erziehung; sie setzt vielmehr voraus, daß die Menschen
hoch erzogen sind). – Kunst ist Gipfel eines Er-
lebens selbst, nicht Beziehung zu einem anderswo
stattfindenden Hauptgeschehen, nicht Überliefe-
rung, nicht Duftaufbewahrung, nicht Weg zu einer
anderswo hängenden und reifenden, sondern selbst
die wirkliche Frucht.

*

Sprichwörtliche Wendungen – wie «Haus und
Hof» - dürfen nur in seltenen Fällen verwendet
werden. Wann? Wann die Umgebung erlaubt, zu
sehen, daß es mit vollem Bewußtsein geschehen
ist, was sie fast nie erlaubt – es sei denn, daß man
wenigstens in den Worten eine leichte Änderung,
etwa Umstellung der Wörter, eintreten läßt, die
das Hermetische sprengt, die Worte wieder zum
Leben erweckt, wieder atmen läßt.

*

Er brauchte sehr lange, um ins Wasser zu gehen,
aber kaum drin, wurde er saugrob gegen diejenigen, die noch nicht drin waren.

*

«Beide also haben das Problem falsch gestellt ...»
    Aber die das Problem falsch gestellt haben, sind
mir meistens interessanter, als die es richtig gestellt
haben; denn die es richtig gestellt haben, haben es

meistens überhaupt nicht gestellt. Sie leben dann weiter: aber ihr Leben ist der Tod. Die Zwei in jener Novelle sterben: aber aus ihrem Tod kommt das Leben. Denn durch ihre falsche Problemstellung, die dazu führte, daß sie zerschellten, als sie konsequent wurden, gewinnt das Auge zur Betrachtung der Dinge eine neue Schärfe.

*

Was er redet, ist zwar nichts, aber dafür lang.

*

Einen Mann kennengelernt, der im September fror, weil er die wärmern Kleider erst im Oktober anziehn wollte; der im Oktober wieder fror, weil er noch wärmere Kleider nicht vor November anziehn wollte, um sich später nicht zu erkälten (er war aber schon zwei Monate erkältet); der im November sich noch mehr erkältete und fast zu Tode fror, weil er die wärmste Bekleidung für den Dezember sparte und weil er, wie jeder Erkältete, schon übermäßig empfindlich, doppelt der Wärme bedürftig war. Und so ging es das ganze Jahr, er fror immer und siechte dahin, weil er immer Mittel der Erwärmung zurückhielt, daß er sich nur nicht *verwöhne* – im Mai zum Beispiel das trug, was im August warm genug gewesen wäre. Dieser Mann hieß «Unzahl» und war – wie der Leser sich selbst sagen muß – ein Verrückter.

*

Wer mehr als dreimal nacheinander «warum?» sagt, muß entweder Sokrates sein oder ein Idiot.

Vieles, ganz nahe der Wahrheit, ist ungeheuer fern
von der Wahrheit.

*

Sie hatten sich zuliebe ein Kind und nachher be-
haupteten sie, sie hätten alles den Kindern (es
waren inzwischen noch einige dazugekommen)
zuliebe getan.

*

«Gestaltung». («Man nehme das nicht übel. Eben
dasjenige, was niemand zugibt, niemand hören
will, muß desto öfter wiederholt werden.» Goethe.)
Etwas rein sagen (ohne störende Fremdkörper) ist
nicht nur ungemein viel, es ist alles.

*

Zu untersuchen ist bei allem Geschriebenen, ob
etwas erkauften Glanz hat oder jene *Härte,* die
glänzt.

*

Außerordentlich schwierig ist es, einen gegenwärtigen, das heißt eben erst entstandenen Stil zu beurteilen: weil man die *Distanz* noch nicht kennt, in
der man sich aufstellen muß.

*

Auch ich glaube, daß die Welt eher gut (positiv) ist.
– Das sagt einer nach langer Bahn – und es ist nicht
nötig zu sagen «des Leidens», denn das Leben
ist wesentlicherweise Leiden. – Aber das Glück ist

nicht da, wo man es gewöhnlicherweise vermutet:
Zu sehen, wie, in allen Verhältnissen, *der Geist von
den Dingen sich scheidet,* das ist das Glück.

*

Schauen ist tatsächlich alles, Wissen geht immer fehl
(das heißt das Wissen, das dauern will; das *höchste*
Wissen kann nur einen Moment bestehen, eben den
Moment, da es entsteht, im Schauen enthalten ist).

Schauen ist auch noch darum alles, weil es durch
die vielen Kulissen, durch die vielen wie Kulissen,
oder wie Blätter, hintereinanderstehenden Manifestationen des Dings, hindurchgehen kann; wo-
gegen das Wissen fälschlicherweise nur immer auf
einen Plan – während es doch viele gibt – abstellen
muß.

Wenn Freud wissenschaftlich gewisse Dinge in
Zusammenhang brachte, ja eins als Ersatz des andern nachwies, so überraschte er damit niemals die
schauenden Geister, welche endlos, durch Ewig-
keiten hin immer ein Ding als Ersatz des andern erkennen. Ein Tannzapfen ist einmal ein Element in
meinem Denken, einmal ein anderes Element, anderswo eingefügt; bedeutet da einen Moment lang
die Weltkugel, da ein Pfefferkorn, da beim Ge-
schlechtsverkehr ein Aufglänzen, da beim Anblick
eines Gesichtes die Härte dieses Gesichtes, von der
ich mich abwende. Und was ist er denn selber? Er
muß in großer Eile vorübergehn, von Tausenden
zeugend, von Tausenden her, zu Tausenden hin,
Sinn, tausend fremde und andere Dinge vermit-
telnd (die weiterhin in *alles* hineinreichen) –: in Eile

vorübergehn, er hat keinen Bestand; er ist nur ein momentlanges Auftauchen, er gleicht einer Welle, er ist nur ein Bild; oder er ist ein Spiegel, vielmehr ein Glas, durch das man hindurchschaut, eine Linse, die die Blicke sammelt und ausstreut, in die Ewigkeit. Man muß nur schauen können.

*

Es wäre schön, wenn *schauen* und *erschauern* etymologisch zusammenhingen.

*

Das Gescheiteste, was ich von einem Gott je gehört habe, ist: er geht in Menschengestalt verkleidet umher.

*

Gnade? Dieses allein ist mir ein wahres Bild der Gnade: die Kinder. Das heißt, daß es *immer wieder* Kinder gibt; immer wieder Unverdorbene. – In ihnen wird die höhere Möglichkeit, die der Menschheit gegeben ist, immer neu.

*

Man muß reisen und wenn es auch nur zu dem Zwecke wäre, sich zu überzeugen, daß anderswo auch *so wenig* ist.

*

Nicht nur die neue Kunst hat die alte nötig, mein Kind:

Die alten Bilder leben nicht mehr, wenn sie nicht durch die neuen aufgefrischt werden.

HERBERT EISENREICH

(1925–1986)

Langsam geht's schneller – die meisten Leute, ungeduldig wie sie sind, glauben nur gegenteilig: was schnell getan wird, ist bald fertig. Es ist aber bloß vermurkst und verpfuscht, und man muß von vorne beginnen: die Hektik potenziert sich. Wohl alle in ihrer Art großen Täter haben unendlich viel mehr gedacht als getan, und eben deswegen erwecken ihre Taten den Eindruck von Spontaneität und von Plötzlichkeit, und damit auch von Schnelligkeit. Es ist aber nur das Ergreifen des rechten Moments in dem langen geheimen Prozeß der Reifung, dem eine jede Tat, als Gedanke verpuppt, unterliegt.

*

ARBEIT

Der Gegensatz zur Arbeit ist die Beschäftigung: die organisierte Langeweile.

*

AUSREDE

Ich hab' mir nichts dabei gedacht: diese Ausrede ist nur all zu oft gar keine.

Der Kretin ist ein Trottel mit höherer Bildung.

*

Kopf und Herz reden zwei verschiedene Sprachen.
Wer macht den Dolmetsch?

*

Nicht durch das, was ich tue, sondern indem ich
sage, was ich getan, erfahre ich mich als das, was
ich bin.

*

Die einzige Freiheit des Menschen liegt in dem, zu
erkennen, daß er nicht frei ist. Dies aber erkannt
habend, ist er so frei, wie zu träumen er nie gewagt
hat. Der Irrgarten, dem er gewaltsam entkommen
wollte, öffnet sich ihm zum Universum: im Ein
und Allen kann ihm, was immer geschehe, nichts
mehr passieren.

*

Es ist der Geist, der sich den Körper baut, speziell
ein bestimmtes Glied desselben: Den Liebesbrief
adressiert man zwar an eine andre, die so genannte
geliebte Person, doch man schreibt ihn, bei nüch-
ternem Licht besehn, an sich selber: man dichtet in
ihm die nächstbeste Person, der latenten Verliebt-
heit gemäß, sich zurecht, im scheußlichsten Sinn
des Wortes auf Biegen und Brechen, das heißt man
bereitet das Beilager vorsorglich als ein Prokru-
stesbett, kurz, man erfindet erst unterm Schreiben
des Briefs die Figur, die beim Lesen dann hinterher

haarscharf dazu paßt. So suchen die Liebesbriefe ihren Empfänger sich wie das Fliegenpapier die Insekten: wer anstreift, bleibt kleben.

*

KLEIDUNG

Es ist das Kleid, das sich den Körper baut: in Seide und Samt bewegt man sich anders – geschmeidiger – als im Pelz; in der Toga hält man sich anders – würdiger – als in Shorts.

*

KÖRPER

Zwar sind wir alle verwachsen, verzogen, verbogen, doch tragen die meisten den Buckel innen; daher die ganz regelmäßig gebauten, dem Augenschein schönsten Menschen bei engerem Umgang und näherem Einblick uns weitaus am gröbsten desillusionieren. Der offensichtliche Krüppel hingegen hat überhaupt nichts zu verlieren – und hat in dem Kampf gegen sein Gebrechen oft so viel gewonnen, sei's Fertigkeiten, sei's Anstand und Weisheit, daß er uns schöner erscheint, als Natur je zu bilden vermöchte.

*

Hohe Lebenskunst wäre: die Hoffnungen, ehe sie noch erfüllt, und das heißt: enttäuscht werden, gleich in Erinnerung zu verwandeln.

Wie unkritisch wir doch lesen, enthüllt sich meist dann, wenn wir schriftlich zitieren. Wo wir soeben noch anstandslos drüber hinweg gelesen, da sträubt sich uns nun die Feder, und nicht bloß die Feder: alles wehrt sich in uns gegen hier eine Wortwiederholung und da den Zusammenstoß gleicher Geräuschlaute, dort eine Ballung betonter Silben und dann einen Binnenreim, nun ein verwaschenes Eigenschaftswort, eine irreführende Schachtelung, falsches Passivum, gegen die Auslassung des Artikels nach einem Relativpronomen, gegen pedantisch gequälte Konjunktive, gegen verschlampte Genitiv-Endungen, gegen die hinterdrein hinkenden Zeitwörter ... Daß da irgend was nicht so ganz stimme, nun, das haben wir wohl gemerkt, beim Lesen; allein erst das Abschreiben macht, da wir streng buchstabieren und gleichsam ja selbst formulieren, das Abschreiben also erst macht uns die Mängel und Fehler des Stils, und damit des Gedankens, bewußt. Das Mittel, zu einem durchaus verläßlichen Urteil über Gelesenes zu gelangen, wäre: es Wort für Wort abzuschreiben.

*

Der Kritiker kann nicht den Autor das Schreiben, aber den Leser das Lesen lehren.

*

LIEBE

Das viel und falsch zitierte Wunder der Liebe geschieht in der viel und falsch gefürchteten Selbstpreisgabe: indem man sich hingibt, bekommt man zurück, was man vorher so eigentlich gar noch nicht hatte.

*

Alles kann man mir nehmen, nur das nicht, was ich gegeben habe.

*

RECHTHABEREI

Rechthaberei ist der Ausdruck dessen, daß einer nicht weiß, was er selber für richtig hält.

*

STIL

Um des Stils, nämlich um der Klarheit und Verständlichkeit willen muß man grammatikalische Fehler in Kauf nehmen. Wird der Gedanke dadurch plausibel, dann wird der Fehler alsbald zur Regel.

*

Wir setzen beharrlich auf Rot oder Schwarz – und die Kugel rollt immerzu fort ins Bunte.

*

Er hat sich nie widersprochen. – Er hat also nie gedacht.

Man mache die Probe aufs Exempel und tilge im Goethe sämtliche Widersprüche: es bliebe ein Häuflein bedruckten Papiers, ohne jeden Sinn, ohne Witz, ohne Charme: die gähnende Langeweile.

Und auch die Menschen, die uns langweilen, sind in der Regel jene, die frei sind von inneren Widersprüchen. Da stimmt zwar alles, jedoch – so fragt man sich nach einer halben Stunde –: wozu?

*

Je mehr man sich merkt, desto weniger hat man verarbeitet.

*

Das Leben als Pleite: Statt das, was man hat, sich zu eigen zu machen, das haben wollen, was man nicht hat.

*

Freiheit und Notwendigkeit haben nichts gemeinsam außer den Gegensatz: die Beliebigkeit.

*

Indem wir nicht tun, was getan werden sollte, hoffen wir insgeheim auf einen kommenden Tag: auf ein immerzu längeres Leben. Allein, wir verlängern nicht, sondern verkürzen das Leben um jeden Tag, an dem wir mit dem, was getan werden sollte, uns selber von heute auf morgen verschieben.

*

Wir sind übern Berg, es geht bergab.

Den andern in allem recht geben, aber tun, was man selber für richtig hält. Die Menschen verfahren gemeinhin umgekehrt: handeln den anderen zu gefallen, und sind dann mit ihnen darüber zerstritten.

*

Wer mit der Zeit geht, bleibt sitzen: er sitzt ihr auf, er bleibt auf ihr sitzen.

*

Die Kunst ist Wahrheit just in dem Maße, in dem sie dieselbe offenkundig verschweigt.

*

Alle lügen. Nur, manche belügen erst sich und damit auch die andern, und manche belügen die anderen und dadurch sich. Und mir scheint, daß diese Unterscheidung, in all ihren Konsequenzen, mehr leistet als die zwischen introvertierten und extrovertierten Menschen. Die Lüge ist nämlich der äußerste, als verständlichste Ausdruck der Ohnmacht unseres Willens zur Macht; ist das insofern, als sie das nähestliegende Mittel zum Zweck ist, die objektiven Widerstände, an denen der Eigenwille sich blutig stößt, zumindest subjektiv zu beseitigen. Ja, wir hoffen, mittels der Lüge stärker zu sein als die Realitäten, uns aus der «schrecklichen Gewalt der Tatsachen» zu befreien. Und ob einer nun um das Eingeständnis der Ohnmacht sich drückt auf die Weise, daß er, indem er zuerst schon sich selber belügt und zuerst schon sich selber auch glaubt, den falschen Beweis seiner Macht in sich selbst produziert, oder ob er gedachten Beweises von anderen sich versichern läßt, also erst glauben kann, wenn auch fälschlich, was andre ihm fälschlich glauben: das scheidet die Charaktere von finsterstem Grund auf: Hier haben wir's, wenn auch in pervertierter Form, mit einem Taktiker der Lebensbewältigung, dort, in genau so pervertierter Form, mit einem Künstler der Lebensbewältigung zu tun.

*

Daß das ungenießbare Salz alles andere Ungenießbare schmackhaft macht: diese fundamentale Erkenntnis wäre auch jenseits vom Kochtopf längst fällig: Schönheit wird wahrnehmbar dank einem Schönheitsfehler; den großen Charakter erkennen wir an seinen kleinen Mängeln; die Wahrheit wird verifiziert durch die Fragwürdigkeit. Wir sollten bloß immer und überall wissen, was Salz an sich oder Salz als Geschmack ist: Immanenz oder Transzendenz.

*

Mitunter muß man fünfe auch ungrad sein lassen.

*

Eine Sünde mehrmals, ja häufig begehen, das gibt noch kein Laster. Dieses entsteht nämlich erst auf die Weise, daß einer, der etwas Böses getan hat, dies Böse nun nicht bereut und nach Möglichkeit wieder gut macht, sondern es wiederholt mit dem Hintergedanken, durch ständige Wiederholung dies Böse vor seinem Gewissen als etwas Normales

zu legitimieren: Ich habe Kirschen gestohlen –
die Ehe gebrochen, mein Geld versoffen, den Fis-
kus betrogen, die Kundschaft beschummelt, die
Freunde verraten – schon immer, daher ist das richtig und gut. Das Laster ist also bewußt wiederholte
Sünde. Die unbewußt wiederholte Sünde hingegen
ist bloße Schwachheit, und eigentlich gilt da jedes
Mal neu die Entschuldigung: Einmal ist keinmal.

*

Nachdenken: hinter her denken. Sich selber nachdenken: sich auf die Schliche kommen.

*

Seit es Liebesromane gibt – seit rund zweihundert
Jahren –, liebt man aus Vorsatz: um seine eignen
Empfindungen zu genießen, als läse man sie. Das
Liebesverhältnis ist zum Ersatz der Liebesromane
geworden, und wenn es aus ist, dann ist es aus wie
ein Buch: man leidet nicht unter der Trennung von
dem geliebten Menschen, sondern nur unter dem
Abschied von jenen geliebten Empfindungen.

*

Wenn eine Frau und ein Mann einander mit
Büchern beschenken, dann ist das die offenste wie
auch diskreteste Art von erotischer Korrespon-
denz: sie schreiben einander ihre geheimsten Empfindungen und Gedanken mit fremden Federn.

*

Der Mensch ist der Affe, der über die anderen
Affen lacht.

Warum kennen wir eine typisch russische Physiognomie, eine typisch deutsche, italienische und so
weiter? Es ist die Sprache, die sich das Antlitz baut:
es macht einen bleibenden Unterschied, ob man
die Lippen spitzt oder die Zunge wälzt, ob man
seine Verneinung französisch kurz aus der Nase
stößt oder englisch breit aus dem Munde quetscht,
ob das deutsche Nein als nee oder nö oder noi oder
naa sich artikuliert. Und man redet ja keineswegs
nur mit dem Mund, sondern auch mit der engern
und weitern Umgebung desselben: man atmet anders in jeder Sprache, man grimassiert auch anders
in jeder Sprache, strafft anders die Backen, bläht
anders die Nüstern, hebt anders die Brauen, kurz-
um: in jeder Sprache vibriert man anders. Das
Sprechen ist die Massage des Gesichts; welches
um so prägnanter ist, je prägnanter einer zu sprechen gewohnt ist, man mache die Gegenprobe: die
Menschen, die nur in Klischees der Zeitung oder
der Wissenschaft reden, tragen die Dutzendgesich-
ter, die uns nichts sagen. Einander am ähnlichsten,
innerhalb einer Rasse, sind die Kretins.

*

Wer richtig gelesen sein will, muß so schreiben,
wie man richtig liest: langsam.

*

«Mir fehlen die Worte», das sagen bloß jene, die
auch ansonsten mehr reden als sagen.

Man darf ungestraft nahezu alles tun, doch fast gar
nichts sagen – offenbar gilt das Wort für gefährlicher als die Tat.

*

Ein Buch mit lauter leeren Seiten ist kürzlich als
Novität bestaunt worden – als ob es nicht schon
tausende Bücher gäbe, in denen nichts drinsteht.

*

Freundschaft ist keineswegs Partnerschaft, keine
Geschäftsbeziehung der Seelen, im Gegenteil!
Freundschaft ist lebenslange Paideia: Meister und
Schüler wetteifern ununterbrochen darin, vor ein-
ander in Ehren zu bestehen; dergestalt, daß der
Schüler im Innersten hofft, der Meister möge mit
Anstand ihm unterliegen, der Meister hinwie-
derum, daß der Schüler obsiegt ohne eitel zu wer-
den. So stehen sie beide auf unterschiedlichen Stu-
fen im selben Rang.

*

Wer lernen will, muß vergessen können.

*

Lernen, schon in der Schule, erst recht im Leben,
heißt eigentlich nie etwas anderes als Kritik ertragen lernen.

*

Die Ärzte behandeln ihre Patienten falsch, wenn sie
nicht mehr eingedenk sind der einzigen wirklichen
Todesursache: des Lebens.

Vielleicht sind wir alle schon gestorben, und das, was wir unsere Erde heißen, wäre die Hölle?

*

Sich entleiben, das heißt: die Seele freisetzen; aber zu früh, im noch nicht ganz fertigen Zustand: wie wenn man Obst vor der Reife pflückt.

*

Eines Menschen Treue zu seinen Toten ist der Maßstab seiner Verläßlichkeit gegen die Lebenden.

ANHANG

Zur vorliegenden Ausgabe

Wer einen Roman, sagen wir der Einfachheit halber: einen Roman des 19. Jahrhunderts liest, kann in den Strom der Handlung, der dargestellten Gefühle und der Beschreibungen eintauchen und sich von ihnen mittragen lassen; wer sich eine Sammlung von Aphorismen vornimmt, macht die Erfahrung, daß ihm diese Art des Genusses versagt bleibt. Dem Aphorismus geht, auf dem Papier, nichts voraus, das zu ihm hinführte, und nichts folgt ihm, das seinen Sinn, von hinten sozusagen, erhellte. Es liegt am Leser, ausgehend von dem, was dasteht, den Kontext herzustellen, in dem sich das Bruchstück in ein Ganzes einfügte. Das verlangt eine Anstrengung des Hindenkens und Weiterdenkens – und bei jedem Aphorismus beginnt die Mühe unter veränderten Voraussetzungen von neuem: Die Leseerfahrung ist die eines anstrengenden, aber beglückenden, ständigen Hinein und Hinaus, des Wechsels von Anspannung und Entspannung.

Die List des Aphorismus besteht darin, formal und inhaltlich so geartet zu sein, daß er die zu leistende Leserarbeit durch den in ihm enthaltenen Reiz – zum Beispiel ein Paradox, ein Witz, ein Gedanke, eine Beobachtung, ein Wortspiel, eine

Antithese, die gemäß Nietzsche eine «enge Pforte» ist, «durch welche sich am liebsten der Irrtum zur Wahrheit schleicht» – auslöst. Gefordert macht sich der Leser nach-denkend auf die Suche nach der im Aphorismus enthaltenen Wahrheit. Am Ende des Denkweges kann er sich befriedigt der Illusion hingeben, die gefundene Einsicht sei seine eigene. Freundschaftlich reicht er dem Autor die Hand. Das Einverständnis ist dem Leser verdienter Lohn für die Mühe und der Triumph des Aphorismus, der es sich gutmütig gefallen läßt und den nächsten Leser, oder denselben zu anderer Zeit, kitzelt.

Bleibt der das Nachdenken provozierende Reiz aus, so kann das ein Zeichen für das Mißlingen des Aphorismus sein, aber – wer wüßte nicht, daß man für jeden Reiz nicht zu jeder Zeit empfänglich ist – es empfiehlt sich, die Verantwortung für das verhinderte Erfolgserlebnis nicht voreilig beim Aphorismus zu suchen. In Abwandlung Lichtenbergs ließe sich sagen: Wenn ein Aphorismus und ein Kopf zusammenstoßen und es klingt hohl, ist das allemal im Aphorismus?

Was für alle literarischen Gattungen Geltung hat, gilt im besonderen Maß für Aphorismen, weil das aphoristische Sagen nichts anderes zuläßt: Sie wollen langsam, geduldig und immer wieder gelesen werden. So ereignet sich das Wunder, daß plötzlich hell zu strahlen beginnt, was uns eben noch, gestern noch stumpf, dunkel und unerheblich erschien.

Wer auswählt, läßt weg und wertet. Um diese Wahrheit kommt auch das vorliegende Buch nicht herum. Gelingt es ihm, einen Überblick zu geben über das, was die deutsche Aphoristik an Bleibendem seit Lichtenberg geschaffen hat, vermag es mitzuhelfen, das Bewährte zu wahren und das Vergessene zu beleben, hat es sein Ziel erreicht, denn: «Eines Menschen Treue zu seinen Toten ist der Maßstab seiner Verläßlichkeit gegen die Lebenden.» (Eisenreich)

Das Fundament zu unserer Ausgabe wurde von Federico Hindermann, dem langjährigen Leiter des Manesse Verlags, gelegt. Aus der Überfülle des bereitgelegten Materials habe ich die endgültige Auswahl getroffen mit dem Bestreben, die jedem Autor eigene Physiognomie im Wählen nicht zu entstellen; darüber hinaus fügte ich der von Federico Hindermann erstellten Liste der Autoren den einen oder anderen hinzu, der, meiner Sicht der Dinge nach, in einer Auswahl deutscher Aphoristiker nicht fehlen darf.

Auf die bei den Manesse-Anthologien sonst übliche Vereinheitlichung der Orthographie und Interpunktion wurde mit Grund verzichtet; beim Aphorismus sind sie besonders bedeutsam, denn oft sind es gerade die Abweichungen von normativen grammatikalischen Setzungen, die einen Aphorismus zum Aphorismus machen und zu seinem Verständnis führen. Lediglich bei älteren Druckvorlagen oder kritischen Ausgaben, welche die Texte in ihrer ursprünglichen Form abdrucken, haben wir die Orthographie einer moderaten Modernisierung unterzogen und, in sehr seltenen Fällen, die Interpunktion dem heute Üblichen angepaßt, sofern sie sich für die Sinnfindung als unerheblich erwies.

B. H.

QUELLENNACHWEIS

Die den bibliographischen Angaben folgenden Zahlen verweisen auf die Seiten der Druckvorlagen und ermöglichen dem Leser das rasche Auffinden der Aphorismen im Werk der entsprechenden Autoren; auf jeder der angegebenen Seiten findet sich mindestens *ein* in unserem Band vertretener Aphorismus.

Adorno, Theodor W. (1903–1969): «Minima Moralia»; Suhrkamp Verlag, Frankfurt/Main 1985 (= Bibliothek Suhrkamp). – © Suhrkamp Verlag, Frankfurt/Main 1951.
   55–57, 140 f., 143 f., 252 f., 255, 298 f.
Auerbach, Berthold (1812–1882): «Tausend Gedanken des Collaborators»; A. Hofmann u. Co., Berlin 1875.
   21, 47 f., 50, 53, 55, 59, 77, 89, 91, 99, 107, 114, 116, 127, 129, 147, 167, 233, 267.
Brock, Erich (1889–1976): [A] «Blick in den Menschen»; Fretz u. Wasmuth Verlag, Zürich 1958. – © Maria Luise Pietschmann. [B] «Sätze und Gegensätze»; © Werner Classen Verlag, Zürich/Stuttgart 1970. [C] «Des Lebens Linien»; © Werner Classen Verlag, Zürich/Stuttgart 1975.
   [A]: 7, 12, 22, 24, 26, 30, 33, 36 f., 40 f., 45, 47, 49–51, 57–59, 62.

[B]: 9, 14, 18, 20, 23, 25, 27 f., 31 f., 36 f., 42, 45, 47.

[C]: 8, 19, 29, 32, 48−51, 56.

Burckhardt, Carl Jacob (1891–1974): «Einfälle. Aphorismen und Betrachtungen»; Verlag der Arche, Zürich 1978. – © Verlags-AG *Die Arche,* Zürich.

15−17, 19, 21, 25−30, 32, 34−36, 39 f.

Doderer, Heimito von (1896–1966): «Repertorium», hg. von D. Weber; © Biederstein Verlag, München 1969.

24 f., 35 f., 48, 61−63, 72, 78 f., 86, 91, 106 f., 109, 111, 115, 118, 122 f., 125, 134, 140, 147, 156 f., 161, 163 f., 173−175, 181, 190, 197, 214, 228 f., 231, 252, 267, 277−279.

Ebner-Eschenbach, Marie Freifrau von (1830–1916): «Das Gemeindekind. Novellen, Aphorismen»; Winkler Verlag, München 1956.

865−904.

Eisenreich, Herbert (1925–1986): [A] «Groschenweisheiten»; © Stieglitz Verlag, Mühlacker 1985. [B] «Der alte Adam»; © Stieglitz Verlag, Mühlacker 1985.

[A]: 7, 10 f., 13, 17, 24, 27, 34 f., 45−47, 51, 56 f., 59, 71, 81, 100, 120.

[B]: 9−16, 18, 25, 29, 55, 61, 63, 73−75, 77, 80, 82, 89, 96, 101, 103, 107.

Feuchtersleben, Ernst Freiherr von (1806–1849): «Sämmtliche Werke», hg. von F. Hebbel, Bd. 3, 4 u. 5; Carl Gerold, Wien 1851 f.

Band 3: 185, 192 f., 195, 199, 206, 210 f., 214−217, 219, 221, 224 f., 382 f., 395, 398.

Band 4: 18, 120 f., 155, 158 f.

Band 5: 300, 302, 306 f., 310−312, 314−316, 319, 321.

Friedell, Egon (1878–1938): «Steinbruch. Vermischte Meinungen und Sprüche»; Verlag der Wiener Graphischen Werkstätte, Wien 1922. – © Annemarie Kotab.

16, 23, 31, 36, 39, 43 f., 47, 65, 73, 77−79, 85 f.

Friedländer, Max Jacob (1867–1958): «Erinnerungen und Aufzeichnungen», hg. von R.M. Heilbrunn; Florian Kupferberg, Mainz/Berlin 1967.

20, 22–26, 31–37, 40f., 43, 46, 55, 64.

Goethe, Johann Wolfgang (1749–1832): «Werke» (= Hamburger Ausgabe), Bd. 12, textkritisch durchgesehen von E. Trunz und H.J. Schrimpf; C.H. Beck, München ⁹1981.

365–368, 372, 374, 376, 379, 385, 387–389, 393, 396, 398f., 402f., 406–408, 412, 414–417, 421f., 424, 426, 429, 433, 435, 439, 441, 448f., 451, 456, 458, 464–473, 477, 480f., 483, 485, 487f., 494f., 497–499, 502–506, 508f., 511–514, 516–527, 529–534, 536, 538, 540, 542–547.

Haecker, Theodor (1879–1945): «Tag- und Nachtbücher»; © Kösel Verlag, München ³1959.

45, 58, 74, 77, 81, 123, 134f., 138, 140, 149, 162–164, 174, 209, 236f., 263, 266, 278, 293, 309.

Hofmannsthal, Hugo von (1874–1929): «Gesammelte Werke», Bd.10; Fischer Taschenbuch Verlag, Frankfurt/Main 1980. – © S. Fischer Verlag, Frankfurt/Main 1959.

235–239, 241f., 244–250, 253–256, 258, 260, 262–269, 271, 273, 282, 284–286, 289–291, 294f., 297.

Hohl, Ludwig (1904–1980): «Die Notizen oder Von der unvoreiligen Versöhnung»; © Suhrkamp Verlag, Frankfurt/Main 1981.

9, 28, 37–39, 46, 48, 56f., 65–67, 70, 81, 94, 97–100, 106–108, 126, 174, 203, 205, 211–213, 225f., 233, 274, 320f., 327f., 350, 482, 486, 499f., 506, 519, 521, 606, 624, 633, 723, 732, 737, 743f., 747, 762.

Jean Paul (1763–1825): «Sämtliche Werke» (= Historisch-kritische Ausgabe), 2. Abt., Bd. 5, hg. von E. Berend; Hermann Böhlaus Nachfolger, Weimar 1936.

12, 16f., 21, 26, 29, 33, 35, 37, 46, 51, 53–56, 58f., 61–63, 65, 69f., 72, 74f., 77, 82, 84, 89–91, 93, 95, 127, 139f., 149, 154, 159, 175, 177, 181–183, 192, 196f., 204, 207, 211–213, 219f., 227–230, 232, 238, 252, 274, 278, 282, 286–288, 321f., 330, 335, 345, 348, 372, 380f., 399, 433, 462, 466.

Jünger, Friedrich Georg (1898–1977): «Gedanken und Merkzeichen»; © V. Klostermann, Frankfurt/Main 1954.
5–11, 14f., 17–22.

Kafka, Franz (1883–1924): «Gesammelte Werke», hg. von M. Brod, Bd. 6; Fischer Taschenbuch Verlag, Frankfurt/Main 1976. – © Schocken Verlag, Berlin 1935; © Schocken Books Inc., New York City 1946 bzw. 1963. – Mit freundlicher Genehmigung des Fischer Taschenbuch Verlages, Frankfurt/Main.
30–37, 39f., 60, 62–67, 69f., 77.

Klinger, Friedrich Maximilian (1752–1831): «Betrachtungen und Gedanken»; Verlag der Nation, Berlin 1958.
194, 310, 314f., 325, 330, 332f., 336, 372, 387, 392, 436f.

Kraus, Karl (1874–1936): «Werke», Bd. 3, hg. von H. Fischer; Kösel Verlag, München ²1965 – © Suhrkamp Verlag, Frankfurt/Main.
16, 57, 59, 61, 63, 66–68, 70f., 74–76, 81f., 86, 91, 94, 101, 103, 111f., 115–118, 120, 122, 127, 131–133, 161f., 164, 170f., 177, 314, 319, 322, 332f., 338, 340, 343, 346, 351, 362, 381, 401, 432, 434–436, 438, 441, 444f., 447, 452.

Kudszus, Hans (1901–1977): «Jaworte, Neinworte»; © Suhrkamp Verlag, Frankfurt/Main 1970.
15, 19, 21, 23–27, 31f., 34f., 37, 39–41, 43, 48, 53, 56, 59f., 62f., 66, 69–72, 78, 87, 93, 96.

Lichtenberg, Georg Christoph (1742–1799): «Aphorismen», hg. von M. Rychner; Manesse Verlag, Zürich 1958.

332f., 335, 343, 345, 386, 400, 405, 407–409, 422f., 429, 432, 435f., 446, 463, 465, 469, 484, 486, 488, 491f., 494–496, 500–502, 504, 518, 520, 524–526, 528, 532f., 596f., 604, 609f., 627, 642, 661, 663, 698f.

Band 3: 221, 247, 256, 270f., 330f., 500, 506, 509f., 515f.

Band 5: 87–90, 92, 94f., 97, 99f.

Novalis (1772–1801): «Schriften», hg. von P. Kluckhohn und R. Samuel, Bd. 2 u. 3; Wissenschaftliche Buchgesellschaft, Darmstadt ³1981 bzw. ³1983.

Band 2: 413, 417, 419, 421, 423, 425, 427/29, 431, 437/39, 451/53, 455, 457, 461, 463, 485, 501f., 558f., 562–564, 589, 601, 604, 609, 616f., 621.

Band 3: 253, 291, 352, 360, 411, 465, 471, 562, 564, 574f., 693.

Polgar, Alfred (1873–1955): «Handbuch des Kritikers»; Oprecht, Zürich 1938. – © Rowohlt, Reinbek bei Hamburg.

18, 21f., 24, 26, 34f., 37, 40f., 51f., 54, 57, 60, 69, 74, 81, 91, 113, 116, 119f.

Raabe, Wilhelm (1831–1910): «Jahrbuch der Raabe-Gesellschaft 1960», hg. von K. Hoppe; Waisenhaus-Buchdruckerei und Verlag, Braunschweig o. J.

96, 98–102, 104–106, 108f., 113–117, 121f., 124, 126, 128, 130–133, 135, 138.

Radbruch, Gustav (1878–1949): «Aphorismen zur Rechtsweisheit», hg. von A. Kaufmann; © Vandenhoeck u. Ruprecht, Göttingen 1963.

17, 19, 22f., 25f., 37f., 40, 42, 45, 47f., 51, 58, 61, 63, 66, 70, 73, 75, 79–84, 87f., 90f., 99, 101–103, 105–110, 112–114, 119, 121–123.

Rychner, Max (1897–1965): [A] «Bedachte und bezeugte Welt», hg. von M. Schlösser; © Agora Verlag, Darm-

stadt 1962. [B] «Lavinia oder Die Suche nach Worten»;
Erato Druck 2, © Agora Verlag, Darmstadt 1962.

[A]: 273–279, 281 f.

[B]: 32 f., 36, 38, 53, 57.

Schlegel, Friedrich (1772–1829): «Kritische Friedrich-
Schlegel-Ausgabe», hg. von E. Behler, Bd. 2 (hg. von
H. Eichner) und Bd. 18 (hg. von E. Behler); Ferdinand
Schöningh, München/Paderborn/Wien u. Thomas Ver-
lag, Zürich 1967 bzw. 1963.

Band 2: 147–150, 153–156, 158 f., 161, 166–168, 170–173,
176, 178–180, 191, 196–198, 210, 215, 225 f., 229, 231,
237, 240–243, 251, 253, 255, 257–259, 264, 266 f., 269,
404.

Band 18: 63, 83, 89, 97, 126, 147 f., 257, 262, 318, 374, 498.

Schnitzler, Arthur (1862–1931): «Gesammelte Werke», Bd.
Aphorismen und Betrachtungen, hg. von R. O. Weiss;
© S. Fischer Verlag, Frankfurt/Main 1967.

19, 34, 37, 47, 50 f., 53, 58 f., 61 f., 65–70, 92–95,
104–106, 109, 113, 126–133.

Schopenhauer, Arthur (1788–1860): «Sämmtliche Werke»,
Bd. 5; Insel, Leipzig 1919.

293, 317, 337 f., 495 f., 529, 542–544, 603 f., 606, 637,
640, 646, 655, 704–706.

Schröder, Rudolf Alexander (1878–1962): «Aphorismen und
Reflexionen», hg. von R. Exner; © Suhrkamp Verlag,
Frankfurt/Main 1977.

18, 20 f., 23, 27, 33 f., 37 f., 45, 47–50, 55, 58 f., 61, 65,
67, 73, 97, 101–105, 111, 116 f.

Seume, Johann Gottfried (1763–1810): «Sämmtliche Werke»,
Bd. 4; Johann Friedrich Hartknoch, Leipzig 1853.

156, 160, 165, 173, 177, 183, 200 f., 203–205, 209–212,
217, 222, 225, 237 f., 254, 258, 260, 263, 270 f., 276,
280 f., 285.

Simmel, Georg (1858–1918): «Fragmente und Aufsätze», hg. von G. Kantorowicz; © Drei Masken Verlag, München 1923.

8–15, 17f., 23–25, 27, 29–32, 34–37, 40f., 110.

Strauß, Ludwig (1892–1953): «Wintersaat»; Manesse Verlag, Zürich 1953. – © Eva Strauß.

14, 18f., 24, 26, 28–30, 32f., 40, 45, 47, 52, 54–56, 58, 62, 67, 77f., 82, 86, 89–91, 97, 99.

Tschopp, Charles (1899–1982): [A] «Aphorismen»; Schweizer Spiegel Verlag, Zürich 1938. [B] «Neue Aphorismen»; Schweizer Spiegel Verlag, Zürich 1947. – © (für beide Bände) Klara Tschopp.

[A]: 5, 8f., 13, 16, 18, 21, 26f., 30, 35, 39f., 43, 45f., 51, 58, 61, 67, 69, 79, 82, 84.

[B]: 10, 13f., 17f., 21f., 26, 38, 49, 58, 62, 75, 77f., 85.

Tucholsky, Kurt (1890–1935): «Gesammelte Werke», hg. von M. Gerold-Tucholsky und F.J. Raddatz, Bd. 2 u. 3; © Rowohlt Verlag, Reinbek bei Hamburg 1960.

190, 357, 367, 776, 833f., 865, 897, 942, 960, 976, 1000f., 1028f., 1040f., 1061f., 1078, 1087f., 1091.

Der Manesse Verlag dankt für die Nachdruckgenehmigung den Inhabern der Rechte; sie sind im Quellennachweis aufgeführt. Bei einem Autor waren die Rechtsnachfolger nicht eruierbar. Der Verlag ist hier bereit, allfällige Ansprüche in angemessener Weise abzugelten.

INHALT

Anhang